Reitschuster
Der neue Herr im Kreml?

W0083476

Boris Reitschuster

Der neue Herr im Kreml?

Dmitrij Medwedew

Econ

Econ ist ein Verlag
der Ullstein Buchverlage GmbH

ISBN: 978-3-430-20049-3

© der deutschsprachigen Ausgabe
Ullstein Buchverlage GmbH, Berlin 2008
Alle Rechte vorbehalten
Gesetzt aus der Sabon
Satz: LVD, Berlin
Druck und Bindearbeiten: GGP Media GmbH, Pößneck
Printed in Germany

Inhaltsverzeichnis

Man soll den Spiegel nicht schelten,
wenn er eine Fratze zeigt

Alte russische Redensart
nach Nikolaj Gogol (1809–1852)

Vorwort

»Es ist leichter, ein Buch über einen leeren Aktenordner zu schreiben als über Dmitrij Medwedew.« Das war mein erster Gedanke, als Wladimir Putin am 10. Dezember den unscheinbaren Juristen aus Petersburg zu seinem Nachfolger auserkor und ich den Auftrag für das vorliegende Buch bekam. Doch dieser Eindruck täuschte gewaltig: Schon die ersten Recherchen machten deutlich, dass der Stoff weit mehr hergibt als eine langweilige, pflichtschuldige 08/15-Biographie – ja sogar größte Brisanz besitzt. Denn die Intrigen und Machtkämpfe, die Winkelzüge und Ablenkungsmanöver, die Medwedew in den Kreml brachten, haben weniger mit traditioneller Herrschaftsbestellung zu tun, wie in westlichen Demokratien üblich, sondern eher mit Zuständen wie am Hofe der Borgia.

Die vermeintliche Farblosigkeit des neuen russischen Präsidenten wich bei den Recherchen immer mehr bunten Zügen. Der Blick auf Medwedews Wurzeln gibt spannende Hinweise auf Sollbruchstellen und potentielle Konflikte mit seinem Förderer Putin, der ihn einst in den Kreml holte. Aber er raubt auch so manche Illusion, Medwedew werde sich vom »Ziehsohn« eines demokratischen Saulus quasi über Nacht zum Paulus Gorbatschow'schen Formates wandeln.

Als deutscher Korrespondent, der seit vielen Jahren in Moskau lebt, war ich gelegentlich sehr überrascht, wie naiv und arglos Beobachter im Westen die Potemkinschen Dörfer im heutigen Russland für bare Münze nehmen und Medwedew mit Vorschusslorbeeren und Etiketten wie »Liberaler« bedenken. So fatal es wäre, dem neuen russischen Präsidenten keine

Chance zu geben und ihn von vornherein als Marionette Putins oder Anhänger autoritärer Ideen abzutun, so falsch wäre es, genau diese Gefahr zu ignorieren. Gerade um mit Medwedew eine Basis des Austauschs und der Zusammenarbeit zu finden, um im Rahmen des Möglichen Einfluss nehmen zu können und ihn letzten Endes womöglich zu mehr Demokratie zu bewegen, ist ein kritischer Blick hinter die Kulissen des Systems vonnöten, das ihn in den Kreml brachte – und damit eine schonungslose Bestandsaufnahme und Analyse des heutigen Russlands.

Immer wieder ergab sich beim Schreiben das Problem, dass die russische Alltagswelt dem westlichen Leser, der die Verhältnisse in Moskau nicht Tag für Tag am eigenen Leib erlebt, unrealistisch, ja beinahe bizarr anmuten muss; deswegen verfolgt das Buch auch das Ziel, eine Art »Übersetzungsarbeit« zu leisten: Es ist der Versuch, die oft kaum nachvollziehbaren Verhältnisse in der »gesteuerten Demokratie« des neuen Jahrtausends anschaulich und greifbar zu machen. Denn wie Recht und Gesetz sowie elementare Menschenrechte heute in Russland verletzt werden, geht weit über die Vorstellungswelt der Menschen in westlichen Demokratien hinaus und wird in letzter Konsequenz genau deshalb oft gar nicht wahrgenommen.

Diesen fehlenden Erfahrungshorizont nutzen die Propagandisten im Kreml und ihre Unterstützer im Westen geschickt, indem sie unbestreitbare Missstände wieder und wieder relativieren und auf – durchaus vorhandene – demokratische Defizite und Ungerechtigkeiten im westlichen Ausland verweisen. Damit vergleichen sie aber nicht nur Äpfel mit Birnen, sondern sprechen vor allem all jenen Menschen Hohn, die in das stählerne Räderwerk der Putin'schen Macht geraten sind, das jeden Rechtsstaatsgedanken ad absurdum führt.

Schon die äußeren Umstände der Entstehung dieses Buches haben deutlich gemacht, dass Demokratie unter Wladimir Putin anstatt, wie vielfach behauptet, »lupenrein« zu sein, vielmehr mit der Lupe gesucht werden muss. Fast alle Gesprächspartner, die auch nur ansatzweise kritische Bemerkungen über den neuen

Präsidenten wagten, haben darauf bestanden, namentlich nicht genannt zu werden. Manche baten sogar, Gespräche nur unter freiem Himmel zu führen und dabei auf die Mitnahme von Handys zu verzichten, aus Angst, auch diese könnten manipuliert sein und abgehört werden. Ein solches Klima der Angst stellt Berichterstatter vor große Herausforderungen: So sparsam man in offenen Gesellschaften mit dem Benutzen von anonymen Quellen sein muss, so fahrlässig wäre es, in einer geschlossenen Gesellschaft auf diese zu verzichten. Umgekehrt erfordert ihr Einsatz ein Höchstmaß an Vorsicht, Umsicht und Übersicht; es bedarf jahrelanger Kontakte und Erfahrungen, um seriöse Informanten ohne eigennützige Interessen von windigen Gerüchtemachern oder obskuren »Quellen« zu unterscheiden, die gezielte Desinformation verbreiten oder gar Rufmord betreiben wollen.

Wer hingegen auf anonyme Quellen verzichtet, ist auf die offizielle Propaganda angewiesen – und könnte dann allenfalls »Kreml-Astrologie« betreiben: So nannte man in der Sowjetunion den Versuch, die Politik anhand von Halbsätzen in der Parteizeitung »Prawda« zu deuten und zu erklären. Zuverlässigere Methoden waren nicht möglich, weil alles Politische hinter den Kremlmauern verborgen war und niemand auch nur die kleinsten Indiskretionen gewagt hätte.[1]

Nach acht Jahren unter Wladimir Putin gelten in Moskau wieder die Worte Winston Churchills, die der britische Premier einst auf die Sowjetführung münzte: Er verglich die Machtkabalen im Kreml mit einem Kampf von Bulldoggen unter einem Teppich – von außen ist nur schemenhaft zu sehen, dass sich unter der Oberfläche sehr viel Ungemütliches tut. Damals wie heute weiß man nie, wer und was am Ende wirklich dabei herauskommt. Wer Putins Nachfolge antritt, ist mittlerweile bekannt – nicht jedoch, in welche Richtung sich der neue Mann an der Macht langfristig bewegen wird. Da heute jedoch zuweilen, um bei Churchills Bild zu bleiben, Männer mit Einblick unter den Teppich durchaus aus dem Nähkästchen plaudern, ist es möglich, zumindest in groben Zügen das Kampfgeschehen zu skizzieren, im Klartext: zu überlegen, ob ein politischer Kurswechsel im Kreml wahrscheinlich ist – und welche Folgen er für die Menschen in Russland und im Westen haben könnte.

Da sich Moskaus Machtelite abseits ihrer oft bis in kleinste Fragen gesteuerten Pressekonferenzen und offiziellen Verlautbarungen in Schweigen hüllt, ist der traditionelle journalistische Grundsatz des »audiatur et altera pars«, also immer alle beteiligten Seiten zu Wort kommen zu lassen, im heutigen Russland nur sehr bedingt realisierbar. Die meisten staatlichen Stellen lassen Anfragen offensichtlich fast schon aus Prinzip unbeantwortet. Im Falle von Dmitrij Medwedew war allein der Versuch, einen Kontakt herzustellen, ein einziger Hindernislauf: Auf der Internet-Seite der Regierung, der Medwedew als Vize-Premierminister angehörte, waren und sind keinerlei Kontaktmöglichkeiten zur Pressestelle zu finden. Doch selbst die Kenntnis einer Telefonnummer half nicht weiter: Niemand nahm den Hörer ab. Im Kreml war zwar ein diensthabender Sprecher zu erreichen. Der wiederum konnte, wie sich zeigte, auch nicht weiterhelfen und verwies zwar durchaus korrekt, jedoch wenig hilfreich darauf, Medwedew habe mit dem Kreml nichts zu tun, wohl aber mit der Regierung – deren Nummer, bedaure, sei ihm indes nicht bekannt. Die Pressestelle des Energiegiganten Gasprom, dessen Aufsichtsrat Medwedew zum Zeitpunkt der Interviewanfrage noch leitete, zeigte sich hilfsbereiter und versprach immerhin, die Durchwahl seines Vorzimmers in der Konzernzentrale zu besorgen – um dann kurz darauf zu vermelden, diese Nummer habe man leider nicht. Auch bei der Frage nach Medwedews Kontaktdaten in der Regierung musste Gasprom passen. Als nach endlosen Versuchen tatsächlich im Vorzimmer des Regierungssprechers jemand den Hörer abnahm, kam auf die Interviewanfrage des Autors die Antwort: »Schreiben Sie einen Brief mit der entsprechenden Bitte und adressieren Sie ihn an den Leiter des Pressediensts.« Eine Antwort auf den Brief liegt bis heute nicht vor – was allerdings auch nicht anders zu erwarten war.

Statt kritischen Journalisten Rede und Antwort zu stehen, schüchtert die Moskauer Führung sie lieber ein. Kleine Schikanen sind an der Tagesordnung, aber auch kaum verblümte Morddrohungen durchaus keine Seltenheit. Ausgewählte Hofberichterstatter aus dem Westen dagegen werden regelrecht gehätschelt, von weither zu Treffen mit Präsident Putin eingeflogen und von staatsnahen Unternehmen zu stolzen Preisen für Vorträge oder Studien engagiert. Die nötige Distanz zu den Interessen der Auftraggeber bleibt da leicht auf der Strecke: Viele der Umworbenen verzichten, offenbar im Gegenzug, auf kritische Fragen. Kreml-Kritiker sprechen wohl nicht zu Unrecht von der »Fünften Kolonne« Putins im Westen. Wer, wie fast alle deutschen Moskau-Korrespondenten und immer noch viele und umso mutigere russische Kollegen, allen Versuchungen widersteht und seinem kritischen Berufsethos treu bleibt, sieht sich immer öfter mit lauten Vorwürfen konfrontiert: Von böswilliger Propaganda ist ebenso die Rede wie von »Kampagnen-Journalismus« und »Verachtung für das russische Volk«. Dabei trifft genau das Gegenteil zu: Schweigen wäre Verrat an den russischen Menschen.

Doch wer den Mund auftut, lebt gefährlich. Wie die zwei Kollegen, mit denen ich im Sommer 2007 auf Recherchereise in Sankt Petersburg zusammenarbeitete. Einer sitzt seit mehreren Monaten unter fadenscheinigen Vorwürfen in Untersuchungshaft, ein Haftprüfungstermin wurde ihm wochenlang verweigert. Der anderen Kollegin, der moldawischen Staatsbürgerin Natalja Morar, verweigerte der Geheimdienst FSB im Dezember 2007 bei der Rückkehr von einer Dienstreise nach Israel ohne Angabe von Gründen am Moskauer Flughafen Domodedowo die Einreise, und sie wurde trotz gültiger Papiere nach Moldawien abgeschoben. Als Morar kurz darauf ihren russischen Verlobten heiratet, wodurch sie nach geltendem Gesetz das Recht zur Einreise hat, wiederholt sich das Drama am 27. Februar 2008. Wieder halten Grenzbeamte des FSB sie am Flughafen auf. Sie weigert sich, zurückzufliegen. Daraufhin halten die Beamten die attraktive 24-Jährige und ihren Mann drei Tage lang am Flughafen fest; obwohl Morar an einer Nierenkrankheit leidet, verweigern sie ihr lange Zeit Wasser und Grundnahrungsmittel. Sie verbieten dem Ehepaar, die Bänke im Wartezimmer zusammenzuschieben, um zu schlafen, und die Steckdosen zum Aufladen ihres Handys zu nutzen; sogar die Toilette dürfen die beiden nur in Begleitung von Beamten aufsuchen.[2] Morar will einen Brief an Medwedew schreiben und ihn an seine Rechtsstaat-Versprechungen erinnern. Die Beamten geben ihr kein Papier. Nach drei Tagen gibt das junge Paar aus Angst um Nataljas Gesundheit auf und fliegt zurück nach Moldawien. Die Journalistin hatte kurz zuvor über schwarze Kassen des Kreml zur Wahlkampf-Finanzierung berichtet.

Dem Autor ließ ein ranghoher Beamter mehrfach mitteilen, er solle sich Gedanken über seine Sicherheit machen. Nach dem Erscheinen meines Buches »Putins Demokratur« im Sommer 2006 bekam ich Warnungen, ich hätte damit mein Todesurteil unterschrieben. Die größte Boulevard-Zeitung im Land, die »Komsomolskaja Prawda«, rückte mich gar in die Nähe der Spionage.[3] Ich wurde von Polizisten attackiert, geschlagen, absichtlich mit dem Auto angefahren, festgenommen. Alles blieb ohne juristische Folgen, die Verantwortlichen wurden nie zur Verantwortung gezogen. Das Signal ist eindeutig: Journalisten sind für die Staatsgewalt Freiwild. Die russischen Kollegen haben nicht einmal eine Botschaft im Rücken, die sie im Zweifelsfall schützt.

Schon im Altertum wurden Überbringer schlechter Botschaften geköpft – eine Logik, die Russlands Machthaber offenbar nie völlig ablegen konnten. Im 19. Jahrhundert nahm der große Satiriker Nikolaj Gogol mit einem unvergessenen Satz die Dünnhäutigkeit und Kritikfurcht der Autokraten aufs Korn: »Man soll den Spiegel nicht schelten, wenn er eine Fratze zeigt«. Noch fast zwei Jahrhunderte später klingen Gogols Worte im heutigen Russland aktueller denn je.

Teil I
Operation Nachfolge

Das Überraschungsei

Als das Schauspiel seinen Höhepunkt erreichte, stümperte die Regie. Und so hatte die Schlüsselszene etwas Irreales: Vier Vorsitzende kremltreuer Parteien traten am 10. Dezember 2007 im Arbeitszimmer von Wladimir Putin an, um vorzusprechen; wie Musterschüler, die Hände artig gefaltet, nahmen sie an einem Tisch mit dem Staatschef Platz. »Wir würden Ihnen gerne eine Kandidatur vorschlagen, die wir alle unterstützen. Es ist die des Ersten Vize-Premierministers Medwedew, Dmitrij Anatoljewitsch«, sagte Boris Gryslow, Duma-Vorsitzender und Chef der Kreml-Partei »Einiges Russland«. »Wir gehen davon aus, dass er der am sozialsten orientierte Kandidat ist.«[1] Putin hörte aufmerksam zu, tat so, als sei der Vorschlag für ihn eine Überraschung, legte seine Stirn in Falten und sagte nach kurzem Nachdenken: »Was die Kandidatur von Medwedew, Dmitrij Anatoljewitsch angeht, so kenne ich ihn seit mehr als 17 Jahren sehr gut und unterstütze diese Kandidatur voll und ganz.«[2]

So erfuhren Millionen Russen aus den Fernseh-Nachrichten, wer ihr neuer Präsident werden sollte. Und nur die wenigsten von ihnen glaubten, dass die Szene im Kreml etwas mit der Wirklichkeit gemein hat. Niemand, der die Machtverhältnisse in Putins Russland auch nur halbwegs kennt, könnte sich vorstellen, dass sich die Chefs kremltreuer Parteien zusammensetzen und die wichtigste Personalentscheidung im Land ohne den Präsidenten treffen. Selbst kremltreue Politiker machen keinen Hehl aus ihrer Überzeugung, dass in Wirklichkeit alles genau umgekehrt ablief: Wladimir Putin war es, der seinen Nachfolger auswählte – und die Parteichefs mussten dann die Entscheidung ihres Präsidenten brav als die eigene ausgeben und sie Putin vorschlagen.

Die absurde Szene gab erstmals eine Antwort auf die Frage, die ganz Russland jahrelang in Atem gehalten hat: Wie wird Wladimir Putin sein ganz persönliches »Jahr-2008-Problem« lösen? Bis drei Monate vor der Präsidentschaftswahl am 2. März 2008 war unklar, ob sich der Präsident wirklich an die Verfassung halten und nach zwei Amtszeiten wie vorgeschrieben abtreten würde – und wer dann sein Nachfolger werden könnte. Fast das gesamte politische Leben in Russland oder das, was in Putins »gesteuerter Demokratie« noch davon übrig geblieben ist, drehte sich seit 2006, der Mitte von Putins zweiter Amtsperiode also, kaum noch um Sachthemen, sondern um die »Nachfolge-Frage«.

Dem Mann, den der Ruf Putins ereilte, schien erst einmal der Schreck im Nacken zu sitzen. Reglos, mit versteinerter Miene und großen Augen saß Dmitrij Medwedew einen Tag nach seiner Ernennung am 11. Dezember 2007 steif hinter einem gewaltigen Schreibtisch und las monoton einen Text vom Teleprompter ab, den Blick starr auf die Kamera gerichtet. Hinter ihm hing eine viel zu große russische Flagge, daneben stand ein winziger Marmorständer mit dem Staatswappen in Gold. Medwedew hatte seine Hände übereinander gelegt, wie man es in einem Gottesdienst tut, und bewegte sie kein einziges Mal. Seine Worte klangen, als lese er sie aus einem Amtsblatt vor: »Ich betrachte es als von höchster Bedeutung für unser Land, Wladimir Wladimirowitsch Putin im höchsten Amt der Exekutive zu halten, dem Amt des Regierungschefs der Russischen Föderation.«[3] Die Ansprache lief in den wichtigen russischen Fernsehsendern in voller Länge als *die* wichtigste Nachricht des Tages.

Das bislang streng geheime Drehbuch der Machtübergabe schien damit Konturen anzunehmen: Putin geht – und bleibt, als Ministerpräsident, formal also als zweiter Mann im Staat. So

16

lautet zumindest die offizielle Version. Denn was die Fernsehsender und Nachrichtenagenturen in aller Welt verkündeten, war in Wirklichkeit nur die winzige, entschärfte Bühnenfassung eines Dramas, das sich seit Jahren hinzog, hinter dem Vorhang dramatische Züge annahm – und dessen Ausgang auch nach Medwedews Einzug in den Kreml offen bleibt: der »Operation Nachfolge«.

Die Quadratur des Kreml

Die schlimmste Falle im Kreml hat sich Wladimir Putin selbst gestellt. Dabei war jahrelang alles nach Plan gegangen, und der Petersburger mit dem etwas entenhaften Gang hatte es all seinen Gegnern gezeigt. Was hatten sie gelacht – und wie sehr war ihnen das Lachen vergangen! Den Charme eines getrockneten Haifisches hatten sie ihm nachgesagt, als er im August 1999 von dem angeschlagenen Boris Jelzin als Ministerpräsident ins Weiße Haus an der Moskwa geschickt wurde. Und kaum jemand glaubte, dass es der Petersburger Geheimdienstler im Regierungssitz länger aushalten würde als sein Vorgänger, Sergej Stepaschin, den Jelzin nach weniger als drei Monaten wieder entlassen hatte. Die Wahlen im Jahr 2000 rückten unerbittlich näher, der Sieg der Opposition schien sicher. Jelzin und seinen Getreuen drohte in diesem Fall, dass die Justiz sich plötzlich näher ansehen würde, unter welch höchst merkwürdigen Umständen sie so reich geworden waren; das gigantische Vermögen, das sie angehäuft hatten, wäre damit gefährdet gewesen, ja selbst ihre Freiheit. Die Meinungsforscher waren sich einig: So unbeliebt waren Jelzin und sein korrupter Clan, dass nur noch ein Wunder oder eine Katastrophe ihn und seinen »Ziehsohn« Putin retten konnten. Und genau Letzteres trat dann auch ein. Im September 1999 kommen bei Explosionen in russischen Städten rund 300 Menschen ums Leben. Der Kreml macht Tschetschenen für den Terror verantwortlich; Wladimir Putin lässt

Truppen in der Kaukasus-Republik einmarschieren. Vom Ziehsohn des verhassten Jelzin wandelt sich der drahtige Mann mit den markigen Sprüchen in den Augen der Russen zum Retter des Vaterlands. Dank Putin und den Anschlägen hat der Jelzin-Clan um Milliardäre wie Boris Beresowskij und Roman Abramowitsch seine Freiheit und sein Vermögen retten können. Die Sache hat nur einen Schönheitsfehler: Um die Bombenanschläge ranken sich zahlreiche Rätsel, es gibt viele Merkwürdigkeiten, die nie aufgeklärt werden; viele Kreml-Kritiker sehen deshalb den Geheimdienst FSB hinter den Bluttaten – ungeheuerliche Vorwürfe, die niemals bestätigt, aber auch nicht entkräftet wurden. Die Behörden jedenfalls trugen nichts zur Aufklärung, aber viel zur Vertuschung der Spuren bei.

Als Jelzin an Silvester 1999 völlig überraschend zurücktritt und das Amt seinem Prinzregenten Putin überlässt, gilt der Tschetschenien-Feldherr bei Gegnern wie Freunden immer noch als schwache Figur. Viele haben nur Spott für ihn übrig. Doch kaum im Amt, schlägt der neue Staatschef die ersten Haken. Im April 2001 wird der Medienkonzern Media-Most des Oligarchen Wladimir Gussinskij, bekannt für seine kremlkritischen Berichte, zerschlagen und vom Energie-Riesen Gasprom übernommen. Gussinskij wird inhaftiert; er berichtet später, die Ermittler hätten ihn erpresst und vor die Wahl gestellt, entweder seine Unternehmen zu verkaufen oder in der Zelle zu schmoren. Putin leitet liberale Wirtschaftsreformen ein, lässt die Einkommenssteuer auf 13 Prozent senken und sorgt dafür, dass die Willkür der bisher allmächtigen Gouverneure in ihren Provinzen eingeschränkt wird; dabei setzt die Zentralmacht auch auf ruppige Methoden. Etwa in Kursk im November 1999: Nach Einbruch der Dunkelheit marschieren Uniformierte in der Stadt auf, Männer mit Maschinenpistolen beziehen vor der TV-Station und dem Radiosender Stellung. Mitten in der Nacht ist auf dem Kanal des Staatsfernsehens nur noch Rauschen zu hören. Dann erscheint plötzlich auf dem Bildschirm eine bleiche Frau vor einer Staatsflagge und liest mit zitternder Stimme einen Text vor. Der besagt, der Name des Amtsinhabers Alexander Ruzkoj sei von den Wahlzetteln für die Gouverneurswahl zu streichen – Stunden vor der Öffnung der Wahllokale. Mit Aktionen wie diesen gewinnt Putin immer mehr Ansehen bei der Bevölkerung, die das Treiben der Politiker und Beamten satt hat. Und er verschafft sich Respekt bei der Nomenklatur, denn die begreift rasch, dass da ganz anders als unter Boris Jelzin jemand im Kreml sitzt, der durchgreift.

Viele westliche Beobachter zeigten sich zwar besorgt angesichts der autoritären Tendenzen des neuen Kremlherrn – doch nach den Jahren des Chaos und des schwachen Staats unter Boris Jelzin herrschte durchaus Verständnis dafür, dass Putin die Zügel anziehen musste. Doch so straff? Auch den superreichen Oligarchen macht Putin schnell klar, wo ihr Platz ist: nämlich in der Wirtschaft, und nicht in der Politik. Putin verbittet sich jede Einmischung. Einer aber stellt sich ihm in den Weg: Michail Chodorkowskij, der es unter Jelzin mit dubiosen Methoden hart an der Grenze der Legalität zu einem Milliardenvermögen brachte und zum reichsten Mann Russlands wurde. Vor laufender Kamera beklagt sich der Chef des Yukos-Konzerns im Frühsommer 2003 bei einem Treffen im Kreml bei Putin bitter über Korruption, Amtsmissbrauch und die unfairen Taktiken des staatlichen Ölkonzerns und Yukos-Konkurrenten Rosneft – dessen Aufsichtsrat heute von Putins Vertrautem, Vize-Präsidialamtschef Igor Setschin geleitet wird. Chodorkowskij unterstützt die Opposition bei den damals kurz bevorstehenden Parlamentswahlen und kritisiert Putin lautstark. Ein Tabu-Bruch. Wenige Monate später stürmen uniformierte Geheimdienstler mit Kalaschnikows und Masken das Privatflugzeug Chodorkowskijs bei einem Zwischenstopp in Nowosibirsk. Einen Haftbefehl gegen den Multimilliardär haben die Beamten nicht.

Nach Angaben von Kreml-Insidern haben neben den politischen Gründen auch handfeste wirtschaftliche Interessen den Zorn der Mächtigen auf den Milliardär ausgelöst: Die meisten anderen Oligarchen, die unter Boris Jelzin auf dubiose Weise zu enormem Vermögen und Einfluss gekommen sind, hielten sich demnach nicht nur an die Vorgabe, sich nicht mehr in die Politik einzumischen. Sie mussten auch Teile ihrer Unternehmen und de facto teilweise auch die Kontrolle über große Aktienpakete in die Hände der neuen Männer im Kreml legen – diskret getarnt über Briefkastenfirmen und Holdings. Chodorkowskij soll sich den Angaben zufolge geweigert haben, auf einen solchen Deal einzugehen, überschätzte dabei aber offenbar die eigenen Einflussmöglichkeiten und die Unterstützung durch den Westen, insbesondere die USA und das Weiße Haus. Noch im Moskauer Untersuchungsgefängnis »Matrosenruhe« soll eine Abordnung von Geheimdienstlern bei Chodorkowskij in der Zelle vorgesprochen und ihm einen Handel angeboten haben – die kampflose Übergabe seines Konzerns gegen eine milde Bewährungsstrafe. Doch der inhaftierte Milliardär soll hart geblieben sein. Zu belegen sind diese Angaben nicht, angesichts der russischen Verhältnisse klingen sie aber alles andere als abwegig.

Die Reformer stehen nach der Festnahme Chodorkowskijs unter Schock, das Wort vom KGB-Putsch macht die Runde. Der wichtigste Mann aus dem Team von Boris Jelzin, der noch im Kreml geblieben ist, Präsidialamtschef Alexander Woloschin, tritt zurück: Putin hat politisch endgültig mit seinem Ziehvater gebrochen. Chodorkowskij wird später zu acht Jahren Arbeitslager verurteilt. Generalstaatsanwalt Wladimir Ustinow zerschlägt Yukos, Rosneft verleibt sich die Filetstücke des Konzerns weit unter Marktpreis ein. Nicht von ungefähr: Der Rosneft-Chefkontrolleur und Putin-Vertraute Setschin und der Generalstaatsanwalt sind verschwägert, Ustinows Sohn ist mit Setschins Tochter verheiratet.

Die Yukos-Affäre bringt Putin in den Zenit seiner Macht. Die Wirtschaftsführer zeigen sich, das Schicksal Chodorkowskijs vor Augen, ausgesprochen kleinlaut; herrschte im Kreml bislang ein labiles Gleichgewicht zwischen Liberalen, Männern aus der alten Jelzin-Mannschaft und Putins Geheimdienst-Kollegen, so verschieben sich die Gewichte nun immer weiter zu Gunsten

Letzterer. Putin hat sich vom braven, unscheinbaren Kronprinzen zum allmächtigen Zaren gewandelt und eine Macht in seinen Händen konzentriert, wie sie wohl kein anderer Staatschef in Europa besitzt. Seine Beliebtheit steigt beinahe ins Unermessliche. Dies liegt zum einen an den sehr guten Wirtschaftsdaten: Das Wachstum liegt jahrelang stabil über 6 Prozent, das reale verfügbare Einkommen verdoppelt sich zwischen 1999 und 2006; der Prozentsatz der Bevölkerung, der unter dem Existenzniveau lebt, verringert sich von 30 Prozent im Jahr 1999 auf 17 Prozent im Jahr 2007. Die Arbeitslosigkeit erreicht ein im westeuropäischen Vergleich niedriges Niveau von 6,3 Prozent.[4] Kreml-Kritiker verweisen allerdings darauf, dass diese guten Daten vor allem auf den hohen Ölpreis zurückzuführen sind und andere GUS-Staaten mit vergleichbaren Grundbedingungen deutlich höhere Wachstumsraten aufweisen. Die Mehrzahl der Russen bekommen solche kritischen Stimmen aber nicht zu Ohren: Die wichtigsten Medien, allen voran das Fernsehen, sind stramm auf Kreml-Kurs, Kritik ist allenfalls an Regierungsmitgliedern erlaubt, nicht aber am Präsidenten. Kritiker bemängeln deshalb, Putins Beliebtheit sei vor allem das Produkt staatlich gelenkter Medien.

Trotz der hohen Zustimmungsquoten hört Putin nicht auf, die Daumenschrauben weiter anzuziehen; seine Politik wird immer noch autoritärer und repressiver. Die Gewaltenteilung ist aufgehoben; das Parlament, die Gerichte, die Staatsanwaltschaft, die wichtigsten Medien sind brave Erfüllungsgehilfen des Kreml. Oppositionelle Kräfte, die ihr Vorgehen nicht mit dem Kreml abstimmen, werden unterdrückt; Bürgerrechte existieren im Großen und Ganzen nur auf dem Papier, statt Rechtsstaatlichkeit herrscht Allmacht der Bürokratie. Russland unter Putin erfüllt wesentliche Merkmale einer autoritären, nicht totalitären Diktatur: Gesetzt wird auf paranoide Feindbilder und die Unterordnung des Einzelnen unter den Staat zur Erreichung »höherer Ziele«. Man propagiert Intoleranz gegenüber Minderheiten, fördert Opportunismus und Denunziantentum, lehnt die

Menschenrechte als angebliche Erfindung des Westens ab, setzt auf Propaganda und unterdrückt freie Meinungsäußerung bis auf einige Feigenblätter. Die Justiz ist in Putins Reich Mittel im politischen Kampf, der Geheimdienst spielt eine starke Rolle und wird zur Bekämpfung politischer Gegner eingesetzt, die Wahlen werden manipuliert, es gibt einen Führerkult. Im Gegensatz zu klassischen Diktaturen gibt es heute in Russland aber kein Heilsversprechen und keine allgemeinverbindliche Ideologie; die Staatsmacht hält sich aus dem Privaten weitgehend heraus und gewährt ihren Bürgern, soweit sie dem Machtanspruch der Regierenden nicht in die Quere kommen, sehr weit gehende Freiheiten. Anders als zu Sowjetzeiten können die Menschen heute frei ins Ausland reisen, im Privaten frei ihre Meinung äußern, und die Mangelwirtschaft und Warteschlangen unter den Kommunisten sind Vergangenheit. Moskau wurde zu einem Konsumparadies, das selbst den Westen in den Schatten stellt. Ein Klima der Angst herrscht allenfalls bei Teilen der Elite wie unter Wirtschaftsführern, Politikern und kritischen Journalisten, aber nicht in breiten Teilen der Bevölkerung, die weitgehend apolitisch ist und ihren Frieden mit dem System geschlossen hat. Putins Demokratur verwendet eine Mischung aus modernisierten autoritären Methoden und demokratischen Fassaden, setzt mehr auf Manipulation als auf Repression, mehr auf Konsumwahn denn Unterdrückung.

Im Inland gilt Wladimir Putin bei der überwiegenden Mehrheit der Bevölkerung, die die Demokratie unter Boris Jelzin als eine Art kleptokratischen Feudalismus erlebte, als Retter der Nation, der Russland wieder stark gemacht und die Einheit wieder hergestellt hat. So zumindest hören es die Russen fast tagtäglich wieder und wieder im Fernsehen, obwohl der Staat in Wirklichkeit weiter schwächelt und auch die Zerfallstendenzen nicht bewältigt sind. Nach den Demütigungen der Vergangenheit, als Jelzin sich mit betrunkenen Narren-Auftritten im Ausland zum Gespött der Weltöffentlichkeit machte und der russische Präsident international eher als Bittsteller denn als Chef eines stolzen Landes auftrat, schafft es Wladimir Putin, die Nation in den Augen der Menschen wieder als Großmacht zu etablieren.

Tatsächlich ist es ihm gelungen, den Einfluss seines Landes auf der Weltbühne wieder zu steigern. Allerdings um einen hohen Preis: Moskau ist zwar wieder zurück auf dem internationalen Parkett, hat sich dabei aber im Wesentlichen als Störfaktor etabliert, der auch vor engen Kontakten mit problematischen Partnern wie Nordkorea und dem Iran nicht zurückschreckt und bei Krisen gerne zündelt. Kurzfristig gewinnt der Kreml damit zwar an Einfluss, langfristig aber dürfte der Verlust an Ansehen und Vertrauen schwerer wiegen, weil wirklich partnerschaftliche Beziehungen so schwerer geworden sind. Der »gefühlte Weltmachtstatus« beruht zudem in vielem auf Autosuggestion, etwa in Form von militärischen Muskelspielen; ausländischen Beobachtern, die diese nicht nur aus den nationalpatriotischen Hurra-Schreien des russischen Fernsehens kennen, kann derlei Gebaren zuweilen nur höchst befremdlich erscheinen, etwa wenn die russische Fahne auf dem Grund des Nordpols ausgebracht wird, völlig veraltete Tupolew-Bomber weit ins Hinterland der Nato fliegen oder regelmäßig die Nachricht gestreut wird, man habe wieder eine neue Wunderwaffe entwickelt.

In Anbetracht seines autoritären Gebarens ist es erstaunlich, wie stark Putins Position im Westen nach wie vor ist. Auch wenn nur noch sehr wenige Politiker zwischen Washington und Warschau Russland heute das Prädikat »lupenreine Demokratie« erteilen würden, hält sich das Gros mit wirklich deutlicher Kritik auffallend zurück und akzeptiert auch bedenkliche Entwicklungen – oder ignoriert sie gar einfach. Zum einen sind sich die Politiker im Westen bewusst, dass ihre Einflussmöglichkeiten eher klein sind. Dass sie in der Regel auch diese nicht nutzen und klare Rechtsverstöße wie etwa Manipulationen bei Wahlen oder die Unterdrückung der Pressefreiheit lange Zeit beinahe schweigend hinnahmen, ist wohl vor allem mit der Sorge zu erklären, Russland als einen der wichtigsten Energielieferanten und Absatzmärkte zu verlieren. Dabei unterstellt diese Angst Russland ein erstaunliches Maß an Instabilität und Unberechenbarkeit: Wären die Verhältnisse in Moskau so sicher, wie sie viele westliche Politiker gerne darstellen, so gäbe es keinerlei Grund, aus Angst vor einem Abdrehen des Gashahnes Kritikpunkte zu verschweigen.

Wladimir Putin erleichtert seinen Unterstützern im Westen ihre Lobbyarbeit, indem er sich beinahe in allen Reden als überzeugter Demokrat zeigt; fast schon gebetsmühlenartig beschwört er seine Treue zur Demokratie, zur Pressefreiheit, zur freien Marktwirtschaft. Wer die Manuskripte seiner Auftritte liest und die Realität in Moskau nicht aus eigenem Erleben kennt, kann wirklich zu dem Schluss kommen, in dem ehemaligen KGB-Offizier, der einst unter Erich Honecker in der DDR als Spion diente, einen lupenreinen Demokraten vor sich zu haben. In diesem Spagat zwischen autoritärem Regieren und demokratischem Repräsentieren liegt wohl ein Großteil des Erfolgsgeheimnisses Putins begründet. Doch genau dieser Spagat ist es auch, der ihn ins Straucheln brachte – und in die wohl größte Systemkrise während seiner Zeit im Kreml: eben die Nachfolge-Falle.

Es wäre müßig zu spekulieren, wann es Wladimir Putin zu dämmern begann, dass er sich mit dem von ihm selbst so zielstrebig errichteten System selbst ein Bein gestellt hat: So konsequent er den gesamten russischen Staat und das Amt des Präsidenten auf seine Person zuschnitt und parallel vor allem im Westen seine Verfassungstreue und demokratische Gesinnung beteuerte – so sehr scheint er dabei ein ganz entscheidendes Moment vernachlässigt zu haben: dass er nach den Vorschriften eben dieser Verfassung nach zwei Amtszeiten abtreten muss. In der politischen Ordnung, die er geschaffen hat, gibt es keinen ausreichend wichtigen und einflussreichen Posten für einen ehemaligen Präsidenten; es gibt zwar ein Gesetz, das früheren Staatschefs echte Sicherheitsgarantien zusichert, aber kein funktionierendes Rechtssystem, das die Anwendung dieses Gesetzes garantiert. Unter diesen Bedingungen drohte die Auswahl des

Nachfolgers zum gefährlichen Vabanque-Spiel zu werden. Ein Blick in die Vergangenheit genügt: Lehrt schon die Ermordung Caesars durch Brutus, welch schwerwiegende Folgen die Wahl der falschen politischen Weggefährten haben kann, so hat sich auch in der Geschichte Russlands so mancher vermeintlich schwache Politiker als politischer Königsmörder erwiesen.

Wladimir Putin, einer der mächtigsten Männer der Welt, war damit in einem eminent wichtigen Feld auf gewisse Weise ohnmächtig – bei der eigenen Zukunftsplanung. Wer den Schaden hat, braucht für den Spott auch dann nicht zu sorgen, wenn er im Kreml sitzt und die meisten Medien gleichgeschaltet hat. Die russische Wirtschaftszeitung »Wedomosti«, eine der wenigen – und wenig gelesenen – Inseln der Pressefreiheit im Land, riet dem allmächtigen Staatschef im Dezember 2006 zu einem ungewöhnlichen Instrument zur Lösung seines Nachfolger-Problems: einem Lügendetektor. »Damit könnte er zum Ende seiner zweiten Amtszeit den Richtigen aussuchen. Wer die Frage ›Genosse, gibst du mir nach vier Jahren den Stuhl auch zurück?‹ bejahen kann, ohne dass der Detektor anschlägt, der darf sich schon als künftiger Präsident sehen«, schrieb das Blatt damals.

Putin stand vor der wohl schwierigsten Entscheidung seines Lebens. Die Verfassung zu ändern und selbst im Amt zu bleiben, hätte bedeutet, die Potemkinsche Fassade gegenüber dem Westen endgültig einzureißen. Das wäre gefährlich gewesen, da gute Beziehungen zum westlichen Ausland für den Großteil der Herrschaftselite unter Putin sehr wichtig sind: Öffentlich schüren sie zwar Ressentiments gegen den Westen und buhlen mit harschen Sprüchen um die Sympathien der Wähler – doch privat haben viele von ihnen ihre Konten in westlichen Banken, ihre Häuser an der Côte d'Azur, ihre Kinder an Hochschulen in den USA und ihre Frauen in Zweitwohnungen oder -villen in London. Doch nicht nur die Beziehungen zum Westen hätte »Putin hoch drei«, wie eine mögliche dritte Amtszeit in Moskau im Spaß genannt wurde, belastet. Auch in Russland selbst wäre eine solche »Verlängerung« auf viel Widerstand gestoßen. Zu den ungeschriebenen Spielregeln der Demokratur – die Regierung tut so, als regiere sie demokratisch, die Bevölkerung tut so, als halte sie die Regierung für demokratisch und habe sie rechtmäßig gewählt – gehört das Einhalten von gewissen Mindeststandards und Schamgrenzen. Und eine davon ist ohne Zweifel das Verbot einer dritten Amtszeit.

Doch so allmächtig Putin nach außen hin erscheint, er war nicht mehr allein Herrscher über sein eigenes Schicksal. Hinter den Kulissen des Kreml entbrannte ein heftiger Machtkampf, der zuweilen weniger an eine politische Auseinandersetzung erinnerte als an einen Mafia-Thriller – handfeste Momente eingeschlossen.

Der Kampf der Agenten

Die Szene auf dem Moskauer Flughafen Domodedowo am 2. Oktober 2007 erinnerte an einen Agentenfilm. Alexander Bulbow, ein stämmiger Mann mit milden Augen, war gerade gelandet und betrat mit einigen Kollegen die Gangway, als unten plötzlich ein Großaufgebot von bewaffneten Männern auf ihn zustürmte. Die Begleiter Bulbows wollten sich wehren, es kam zu einem Handgemenge, doch die Angreifer waren stärker und überwältigten sie. Was auf den ersten Blick wirkte wie die Festnahme eines Verbrechers, war in Wirklichkeit die Eskalation eines gnadenlosen Machtkampfes zwischen zwei Kreml-Clans.[5]

Denn Bulbow ist kein steckbrieflich gesuchter Mafia-Pate, sondern hochdekorierter Afghanistan-Veteran und General bei der Drogenpolizei – eine der mächtigsten Behörden im Land, die ein eigenständiger Geheimdienst ist. Geleitet wird sie von Viktor Tscherkessow, einem engen Vertrauten von Wladimir Putin. Er ist vor allem dafür bekannt, dass er im damaligen Leningrad als KGB-Chef noch Dissidenten festnehmen ließ, als die Perestroika bereits in vollem Gange war. Tscherkessow gilt als Anführer des zweitmächtigsten Geheimdienst-Clans im Kreml –

der »Leibwächter«, oder »Silowiki 2«, wie die Gruppe nach dem russischen Wort für »starke Männer aus den Sicherheitsorganen« genannt wird. Ein weiterer Anführer dieses Clans ist Viktor Solotow, schon in Petersburg Putins Leibwächter und heute als einflussreicher Chef der Präsidentenwache mit ihren angeblich 12 000 Mitarbeitern persönlich für die Sicherheit des Staatschefs verantwortlich. Zu den »Silowiki 2« gehört auch Solotows formaler Chef, der Armeegeneral Jewgenij Murow, Leiter des Föderalen Wachdienstes, einer mächtigen und eigenständigen Sicherheitsbehörde, die aus der 9. Abteilung des KGB hervorging und für die Bewachung von Politikern, Staatsgästen und Regierungsgebäuden zuständig ist.

Festgenommen wurde der Vize-Chef der Drogenpolizei von einer Sondereinheit des KGB-Nachfolgers FSB. Der mächtigste Geheimdienst im Land wird geleitet von Nikolaj Patruschew. Der wiederum ist eng mit Putins Sekretariatschef Igor Setschin und dem früheren Generalstaatsanwalt und heutigen Justizminister Wladimir Ustinow verbunden: Sie bilden den wohl mächtigsten Geheimdienst-Clan im Kreml – die FSB-Fraktion, oder »Silowiki 1«. Und die befindet sich in einer erbitterten Fehde mit dem Clan um den obersten Drogenbekämpfer Tscherkessow.

Vordergründig geht es bei der Fehde zwischen dem FSB und der Drogenpolizei, die auf dem Flughafen Domodedowo eskaliert, um dubiose Geschäfte im Agentenmilieu, bei denen sich die beiden Geheimdienste in die Quere gekommen sind: die »Drei-Wale-Affäre« und die »Chinesische Schmuggel-Affäre«. Wären sie Gegenstand eines Drehbuchs für einen Mafia-Film, würden Kritiker die Handlung sicher als überzogen und realitätsfern bezeichnen.

In der Schmuggel-Affäre ließ sich die Spur von elf Eisenbahnwaggons, die mit chinesischen Waren vollgeladen waren, bis in die geheimdiensteigene Kaserne Nr. 54729 verfolgen, wo sie eindeutig nichts verloren hatten.[6] Fünf hochrangige Generäle des Geheimdienstes mussten wegen der Vorwürfe ihren Hut nehmen, wurden aber nicht vor Gericht gestellt. Gedeckt wurden die Schmuggler aus dem Geheimdienst offenbar von keinem Geringeren als Generalstaatsanwalt Wladimir Ustinow von den »Silowiki 1«, dessen Sohn wie erwähnt mit der Tochter von Putins Sekretariatschef Igor Setschin verheiratet ist. Die Schmuggel-Affäre gilt als Auslöser dafür, dass Ustinow später ins Justizministerium »strafversetzt« wird und mit Jurij Tschaika ein Beamter, der eher dem konkurrierenden »Leibwächter«-Clan »Silowiki 2« nahesteht, die Schlüsselposition des Generalstaatsanwalts besetzen darf.

In der »Drei-Wale-Affäre« wurden im Jahr 2000 offenbar für rund zwei Millionen Euro 400 Tonnen teurer Möbel von deutschen und italienischen Firmen unter falscher Deklaration nach Moskau geschmuggelt, um die hohen Zollgebühren zu umgehen, und in zwei Möbelzentren mit den Namen »Drei Wale« und »Grand« an Moskauer Ausfallstraßen verkauft. Dabei wurden die Täter offenbar von hochrangigen Beamten des Geheimdienstes FSB gedeckt; weil sich aber die Polizei, das Innenministerium und der Zoll um ihren Anteil betrogen fühlten, kam der Skandal an die Öffentlichkeit. Jahrelang geschah nichts: Die Staatsanwaltschaft stellte die Ermittlungen ein, nachdem ein zufällig eingesetzter, unvoreingenommener Chefermittler des Innenministeriums, der seine Arbeit ernst nahm, nach drei Monaten abgesetzt und dann sogar selbst wegen »Amtsmissbrauchs« verurteilt wurde. Jetzt ging die Staatsanwaltschaft gegen den Zoll vor, der die Vergehen mit aufgedeckt hatte – bis sich der Mafia-Jäger und Duma-Abgeordnete Jurij Schtschekotschichin einschaltete und über den Sicherheitsausschuss der Duma erreichen konnte, dass die Ermittlungen wieder aufgenommen wurden, allerdings nur gegen die verdächtigen Unternehmer, nicht gegen ihre Unterstützer in den Sicherheitsbehörden. Im Sommer 2003 kam Schtschekotschichin unter bislang ungeklärten Umständen ums Leben. Offenbar auf Druck von ganz oben wurde ein Studienfreund von Putin als neuer Ermittler eingesetzt.

Zu ersten Festnahmen kam es erst im Juni 2006. Dass sich die Untersuchung so lange hinzog, liege daran, dass die Verdächtigen, so berichtete der zuständige Ermittler Wladimir Loskutow, »unter dem Schutz von Amtspersonen in den Sicherheitsbehörden standen« und dass es mehrfach Versuche gegeben habe, die Ermittler zu bestechen.[7] Das trifft wohl zu; ausschlaggebend für die Verzögerungen war aber wohl auch, dass von ganz oben keine Genehmigung für effizientes Ermitteln erfolgte, vermutet Roman Schlejnow, Journalist bei der »Nowaja gaseta«, der sich jahrelang mit der Affäre beschäftigt hat. Laut Loskutow wurde die Staatsanwaltschaft der rund 700 Kilometer entfernten Leningrader Region auf den Fall angesetzt, weil die Beschuldigten zu enge Kontakte zu korrupten Beamten in den Moskauer Sicherheitsbehörden hatten; angeblich sollen an diese zwei Millionen Dollar Bestechungsgeld geflossen sein.

Eben wegen jener engen Kontakte der Verdächtigen zu den Sicherheitsbehörden hatte angeblich Putin höchstpersönlich neben dem Ermittler aus dem fernen Petersburg eine Institution auf die beiden Skandale angesetzt, die zwar eigentlich überhaupt nicht zuständig war, von der der Staatschef aber eine unabhängigere Untersuchung erwartete: die Drogenbehörde. Nicht etwa, weil sie als unbestechlich gelte – im Volksmund wird sie »Drogenhandelsbehörde« genannt. Doch waren ihr zumindest in diesen beiden konkreten Fällen keine engen Kontakte zu »Figuranten«, wie Verdächtige auf Russisch heißen, nachzuweisen. Eine Zeit lang ging in Moskau sogar das Gerücht, der Chef der Drogenbehörde, Tscherkessow, könne nach seinen Ermittlungserfolgen endlich seinen Karrieretraum verwirklichen und FSB-Chef werden.

Wichtigster Aufklärer in den beiden Kriminalfällen, in die auch Männer aus der Führungsebene des Geheimdienstes FSB verwickelt waren, wurde so ausgerechnet Alexander Bulbow, eben jener General der Drogenbehörde, den das FSB-Rollkommando im Oktober 2007 auf dem Moskauer Flughafen Domodedowo festnahm. Offiziell wird Bulbow und seinen Mitarbeitern vorgeworfen, er habe illegal Telefone abhören lassen – in Moskau sonst eher eine Selbstverständlichkeit denn ein Grund zu Ermittlungen. Zudem soll der Drogenfahnder seine Amtsbefugnisse überschritten und zwielichtige Geschäfte betrieben haben, wobei Letzteres ein Vergehen ist, das man nach Überzeugung von Insidern heute beinahe jedem höheren Amtsträger in der Hauptstadt nachweisen kann. Konsequenzen hat dies freilich nur dann, wenn er sich illoyal verhält oder auf irgendeine Weise in Ungnade fällt. »Alle unbestechlichen Beamten, die keine krummen Geschäfte machen, wurden längst aus dem Staatsdienst entfernt«, bestätigte sogar der frühere Generalstaatsanwalt Jurij Skuratow, »denn sie sind unbequem, weil man sie nicht mit kompromittierendem Material in Schach halten und erpressen kann.«[8] Wer die Verhältnisse in Russland kennt, weiß, dass solche Aussagen, so ungeheuerlich sie auch erscheinen mögen, offenbar nicht allzu weit von der Realität entfernt sind.

Und so klingt denn auch das, was der Geheimdienst FSB dem Drogenbekämpfer Bulbow vorwirft, für die meisten Russen alles andere als unglaubwürdig: Dass er seine Amtsgewalt missbraucht haben soll, um einige Firmen schützend unter seine Fittiche zu nehmen – gegen Bezahlung, selbstverständlich. Diese moderne Form der Schutzgelderpressung ist heute in Russland gang und gäbe, Wirtschaftsexperten sagen gar, ohne sie sei unternehmerische Tätigkeit gar nicht mehr möglich. Anders als zu Jelzins Zeiten, als die »Beschützer« meist aus dem kriminellen Milieu stammten und noch schwer bewaffnet mit bulligen Jeeps vor Geschäften vorfuhren und Bares forderten, kommen heute Unternehmer in vielen Fällen selbst auf die Behörden zu, weil sie im Bürokratie- und Bakschisch-Dschungel eine Patronage von oben benötigen. Dazu schließen sie ganz legal Verträge über »Beratungsdienste« oder »Sicherheitsdienste« mit nach außen hin eher unverdächtigen Firmen ab, die dann über etliche Ecken von Beamten kontrolliert werden, die im Gegenzug nicht nur schützend die Hand über das Unternehmen halten, sondern es vor allem auch vor der Willkür der eigenen Behörde bewahren. Im Volksmund spricht man von einer »Kryscha«, einem »Schutz-Dach«. Kriminelle als »Kryscha« gelten heute eher als unsichere

Kantonisten und Billigvariante; wer etwas auf sich hält, leistet sich ein Schutzdach durch die Sicherheitsbehörden. Die Luxusausführung ist ein Schutzdach durch den Geheimdienst FSB.

Für die Menschen in Russland sind die Sicherheitsbehörden wie Polizei und Justiz weniger Freund und Helfer als vielmehr eine ständige Bedrohung: Die Willkür reicht von der Erpressung einfacher Bürger und Unternehmen durch Polizisten etwa mit fingierten Vorwürfen über körperliche und sexuelle Gewalt vor allem gegen Frauen bis hin zur gewaltsamen Übernahme ganzer Firmen. Oft werden Verbrechen just durch jene gedeckt, die sie eigentlich bekämpfen sollten. So stehen Mitarbeiter der Drogenpolizei im Verdacht, selbst mit Rauschgift zu handeln und Dealer zu decken; selbst nach dem Mordfall an der Journalistin Anna Politkowskaja im Oktober 2006 kamen die Ermittler zu dem Ergebnis, dass die mutmaßlichen Täter offenbar Helfer bei Polizei und Geheimdienst hatten. Die Staatsorgane hätten in manchen Bereichen gar die Rolle der Verbrecher von gestern übernommen, glaubt die Zeitschrift »Russkij Reportjor«; ein Vorwurf, der, so abwegig er klingen mag, nicht von der Hand zu weisen ist. Kaum ein Russe glaubt, dass es bei Festnahmen wie der von Drogenpolizist Bulbow am Moskauer Flughafen wirklich um die Bekämpfung von Verbrechen geht. Es gilt vielmehr als ausgemacht, dass es sich lediglich um einen Machtkampf handelt und der Staat kriminelles Handeln seiner Diener akzeptiert, solange sie loyal sind.[9]

Alexander Bulbow jedenfalls konnte sich als General im Staatsdienst ein Domizil im Moskauer Nobelviertel »Rubljowka« leisten. Noch am Tag der Verhaftung suchten FSB-Männer dort nach Reichtümern, argwöhnisch beäugt von ebenfalls hastig angerückten bewaffneten Kämpfern der Rauschgift-Fahnder, die ihnen fünf Stunden lang den Zutritt verwehrt hatten.[10] Prompt wurden Gerüchte laut, Bulbow habe noch die wichtigsten Spuren verwischen lassen können, aber es seien leere Juwelen-Schachteln gefunden worden. Die Zeitung »Iswestija« druckte eine Aufstellung der Immobilien des Inhaftierten ab und stellte vermeintlich naiv die Frage, wie sich der General all das von seinen schmalen Bezügen leisten konnte.[11]

Mit der »Image-Attacke«, wie Angriffe auf die Glaubwürdigkeit in Russland heißen, will der FSB offenbar zeigen, dass nicht nur er korrupte Abweichler in den eigenen Reihen hat, die ihre Posten für krumme Geschäfte missbrauchen. Und fährt damit wiederum Breitseiten gegen den Chef der Drogenpolizei, Tscherkessow. Denn der versucht, sich als Saubermann zu profilieren und damit Sympathie-Punkte zu gewinnen.

Als Reaktion auf die Festnahme seiner rechten Hand greift Tscherkessow zu einer Waffe, die unter Geheimdienstlern als Tabubruch gilt: Er macht den Streit öffentlich und schreibt einen Artikel für die Zeitung »Kommersant«, die Alischer Usmanow gehört, einem Moskauer Milliardär mit engen Verbindungen zu Gasprom und zu Dmitrij Medwedew. In einem regelrechten Manifest ruft der Ex-KGB-Mann zur Einheit aller »Tschekisten« auf; so nennen sich die russischen Geheimdienstler unter Berufung auf die »Tscheka«, die 1917 gegründete Ur-Mutter des KGB, im Parteijargon der »bewaffnete Arm der Diktatur des Proletariats«, die nach mehreren Umbenennungen und Umstrukturierungen 1954 zum KGB – Komitee für Staatssicherheit – wurde. Sie war unter anderem für die blutige Unterdrückung Andersdenkender und Massenterror verantwortlich und bekannte sich stolz zum »Roten Terror«. In seinem Artikel stellt Tscherkessow nun Behauptungen auf, die man wohl aus dem Munde jedes Kreml-Kritikers schnell für überzogen halten würde. Er spricht von einem »Krieg«, der gegen seine Behörde geführt werde: In einem solchen Bruderkrieg innerhalb der »Firma«, wie die Tschekisten den Geheimdienst bezeichnen, könne es keine Sieger geben – damit riskiere man nicht nur ein Auseinanderbrechen der »Firma«, sondern auch des Landes. Tscherkessow ruft deshalb zur Einheit der Tschekisten auf. Seine Rauschgift-Behörde sei so erfolgreich, weil sie auch gegen »Hundesöhne« in den eigenen Reihen vorgehe, ganz anders als die Kollegen vom FSB, die zwielichtige Geschäfte ihrer Kollegen deckten. Dass der KGB-Nachfolger jetzt die Drogenpolizei angreife, die solche Skandale aufgedeckt habe, sei sicherlich kein Zufall. Seinen Geheimdienstkollegen vom FSB wirft Tscherkessow vor, die Ermittlungen gegen korrupte Mitarbeiter weiter massiv zu behindern – etwa durch eine Haussuchungsaktion in der Privatwohnung eines der Ermittler.[12]

Tscherkessows Brief ist eine bitterböse Abrechnung mit den Zuständen in den Geheimdiensten und damit auch im Staat, wie sie die Opposition kritischer kaum vorbringen könnte. Wenn es weiter keine verbindlichen Regeln gebe, werde die Tschekisten-Gemeinschaft auseinanderbrechen, schreibt der oberste Drogenfahnder. Und er gesteht – wenn auch nur indirekt – das ein, was Unterstützer Putins im Westen immer wieder verneinen: Dass sich die Stabilität im Lande im Wesentlichen auf den Geheimdienst stützt. Tatsächlich ist dessen Einfluss in Putins Russland gewaltig. Seit der KGB-Oberst 1999 die Macht übernommen hat, ist, so fand die Elitenforscherin Olga Kryschtanowskaja heraus, der Anteil der Geheimdienstler am führenden Personal im Staatsdienst auf knapp 80 Prozent gestiegen. Dazu dürften wohl noch viele nicht enttarnte Geheimdienstler kommen: So galt Premierminister Michail Fradkow als Zivilist, bis er nach seiner Entlassung im Herbst 2007 überraschend zum Chef des Auslandsgeheimdiensts ernannt wurde – ein klares Indiz dafür, dass er auch schon früher engste Kontakte mit dem Dienst gehabt haben muss. Die Agenten a. D. sind heute in der Führung von Ministerien, staatlichen Organisationen und großen Unternehmen allgegenwärtig.[13]

Wer sich den Geheimdienst-Clans entgegenstellt, muss mit dem Schlimmsten rechnen: Nicht einmal eine enge Freundschaft mit Wladimir Putin ist dann noch eine Garantie für Sicherheit. Das musste der Finanzminister und Vize-Premier Alexej Kudrin erfahren. Der Mann mit dem schüchternen Lächeln und dem Lockenkopf gilt seit Petersburger Zeiten als einer der engsten Vertrauten von Wladimir Putin und pflegt auch gute Kontakte zu Dmitrij Medwedew; er war es, der den damals arbeitslosen

Ex-KGB-Oberst Putin 1996 bei seinen ersten Schritten Richtung Kreml in Moskau begleitete. Mit seinen zumindest in Wirtschaftsfragen eher liberalen Ansichten geriet Kudrin immer mehr in Konflikt mit dem »Silowiki-1-Clan«, der sich für eine starke Einmischung des Staates in die Wirtschaft und für sogenannte »Staats-Kooperationen« einsetzt, also große Holdings unter der Führung von Beamten. Der wichtigste Konfliktpunkt zwischen den Geheimdienstlern und dem Zivilisten, der Russlands Finanzministerium führt, ist aber ein gewaltiger Schatz: der sogenannte Stabilitätsfonds. Darin legt der Staat einen großen Teil der Einnahmen aus Rohstoffverkäufen, die dank hoher Ölpreise enorm gestiegen sind, für schlechtere Zeiten an. Natürlich wecken die gut 141 Milliarden Dollar, die im Oktober 2007 auf der hohen Kante lagen, Begehrlichkeiten, wie ein Insider berichtet. Die Geheimdienstler versuchten vehement, Zugriff auf diese Gelder zu bekommen und sie für ihre Projekte zu nutzen; doch sie scheiterten am erbitterten Widerstand Kudrins.

Die Quittung erfolgt im November 2007: Kudrin tritt eine Dienstreise an; sein Ziel ist das Treffen der Finanzminister 20 führender Industrienationen in Südafrika. Im Flugzeug wundert er sich, dass sein Stellvertreter, der grauhaarige Finanzexperte Sergej Stortschak, fehlt, obwohl der erfahrene Unterhändler unbedingt hätte mitkommen sollen. Wie sich später herausstellt, hatte Stortschak eine triftige Entschuldigung: Noch am Vorabend war er in seinem Landhaus vor den Toren Moskaus von Mitarbeitern des Geheimdienstes FSB festgenommen worden – wegen angeblicher Unterschlagungsversuche. Genaueres teilen die Ermittler zunächst nicht mit, auch nicht Kudrin selbst. Der vollbärtige Finanzexperte und Vize-Minister hatte noch drei Tage vor seiner Festnahme im Beisein von Präsident Putin vor laufenden Kameras ein Schuldenabkommen mit Indien unterzeichnet. Er gilt als einer der Köpfe hinter dem Stabilitätsfonds und Kämpfer gegen dessen Verwässerung. Kudrin ist empört: Die Anschuldigungen gegen Stortschak seien ihm unverständlich. Wochenlang bemüht sich der stellvertretende Regierungschef und Finanzminister darum, seinen Vize wenigstens in der Moskauer Haftanstalt »Matrosenruhe« besuchen zu dürfen – doch obwohl er das mit dringenden Staatsgeschäften begründet, wird er nicht vorgelassen. Stortschak erklärt aus seiner Gefängniszelle, jeder Tag seiner Haft koste den Steuerzahler mindestens eine Million Dollar, da durch seine Festnahme der Abschluss wichtiger Kreditverträge mit anderen Ländern verschoben werden musste. Bei seiner Inhaftierung wurden laut Kudrin Unterlagen beschlagnahmt, die dringend für Verhandlungen mit anderen Staaten notwendig sind. Erst nach 30 Tagen kann Finanzminister Kudrin endlich die aktuelle Finanzlage Russlands mit seinem Stellvertreter besprechen – in einer Besucherzelle des Gefängnisses.

Das Verfahren gegen Stortschak führt das »Ermittlungskomitee« – eine Behörde, die Putin 2007 als Gegengewicht zur Generalstaatsanwaltschaft neu eingeführt hat. Während Letztere von einem Beamten geführt wird, der den »Leibwächtern«, also dem »Silowiki-2-Clan«, nahesteht, leitet das »Ermittlungskomitee« mit Alexander Bastrykin ein Mann des verfeindeten »Silowiki-1-Clans«. Der einzige Grund für die Schaffung einer zweiten Ermittlungsbehörde sei es gewesen, dass Putin den »Silowiki-1« ein Zugeständnis machen und ihnen auch eine eigene Strafverfolgungsbehörde in die Hand geben wollte, nachdem sie die Kontrolle über die mächtige Generalstaatsanwaltschaft verloren hatten, glauben Kreml-Kritiker. Der Staatschef habe so das Gleichgewicht zwischen den beiden verfeindeten Clans wieder austariert, um zu vermeiden, dass einer zu mächtig werde, ganz nach dem Motto: Teile und herrsche!

Während das Ermittlungskomitee respektive der »Silowiki-1-Clan« alles tut, um Stortschak hinter Gittern zu behalten, versucht die Generalstaatsanwaltschaft, respektive der »Leibwächter-Clan«, den Vize-Premier zu entlasten – eine der beiden Anklagen gegen Stortschak wird nach zwei Tagen fallengelassen. Die Konkurrenten vom Ermittlungskomitee sind darüber so verärgert, dass sie ankündigen, die Kollegen von der Staatsanwaltschaft deswegen zu verklagen. Fachleute sagen zwar, die Vorwürfe gegen Stortschak seien gleichsam über Nacht aus dem Hut gezaubert worden. Eine Tatsache ist aber auch, dass die Ermittler in der Wohnung des Vize-Ministers mit einem eher bescheidenen Gehalt eine Million Dollar in bar beschlagnahmten. Stortschaks Anwalt begründet dies damit, sein Mandant habe just zu diesem Zeitpunkt eine Datscha kaufen wollen. Angesichts solcher Vorfälle kommt einem unwillkürlich die These der Opposition in den Sinn, Bestechlichkeit sei heute in der Regierung die Regel und nicht die Ausnahme, und sie werde nur dann nicht mehr geduldet, wenn politische Motive ins Spiel kommen. Eine Aussage, die hinter vorgehaltener Hand übrigens auch Männer aus dem Machtapparat bestätigen.

Das Ermittlungskomitee besteht darauf, dass der Vize-Minister in Haft bleibt – die Begründung: Fluchtgefahr. Im Fernsehen sind Bilder von Stortschak zu sehen, wie er in einem Gitterkäfig vor Gericht vorgeführt wird. Der Tenor der Berichterstattung: Seine Festnahme sei ein weiterer Meilenstein im Kampf gegen die Korruption.

Die Verhaftung von Vize-Minister Stortschak und die Attacke auf die Drogenfahnder haben eines gemeinsam: Es geht nicht nur um dubiose Geschäfte oder die Rache einer Behörde gegen die andere. Die wirkliche Ursache liegt tiefer: Hier geraten Clans und Kräfte aneinander, die erbittert um den wachsenden Einfluss im Kreml kämpfen – besonders aber um die Nachfolge-Frage. Putin erscheint dabei manchmal eher als Getriebener denn als die treibende Kraft. Im »Drei-Wale-Skandal« unterschreibt er glaubwürdigen Berichten zufolge im Jahr 2006 einen Ukas, in dem er die Entlassung hochrangiger FSB-Mitarbeiter anordnet, unter anderem von Generalleutnant Alexander Kuprjaschkin, Chef der Verwaltung für innere Sicherheit, sowie Generaloberst Sergej Schischin, Leiter des Dienstes für Aktionssicherung. Der Erlass aus dem Kreml wird aber nicht umgesetzt, die beiden Generäle bleiben weiter in Amt und Würden.[14] Das wirft die Frage auf, ob Wladimir Putin nicht die nötige Macht hat, um solche Personalentscheidungen durchzusetzen – oder vielleicht nicht den Willen. Wahrscheinlich ist, dass er – aus Angst, etwas aus dem Gleichgewicht zu bringen – in seinem Umfeld jede heftige Bewegung vermeiden möchte. Er erinnert dabei an einen Dressurreiter, der sein Pferd zwar ständig bewegt, aber statt es in eine bestimmte Richtung zu lenken, mit leichten, trippelnden Bewegungen de facto auf dem Fleck stehen bleibt. Bis es im Februar 2007, gut ein Jahr vor den Präsidentschaftswahlen, auf einmal so scheint, als habe Wladimir Putin zu einem Sprung angesetzt.

Variante Iwanow

Für einen kurzen Moment geriet Wladimir Putin ins Stocken und blätterte angespannt in seinem Notizblock. Niemand könne zwischen zwei Stühlen sitzen, sagte der Kremlchef dann mit monotoner Stimme, den Blick Richtung Tisch gesenkt. Deshalb müsse Verteidigungsminister Sergej Iwanow sein Amt aufgeben. Ein paar Meter weiter am Kabinettstisch saß der Genannte und strahlte über das ganze Gesicht, wie ein Einserschüler beim Verlesen der Noten. Die Entlassung des eher biederen Ex-KGB-Generals am 15. Februar 2007, da zeigten sich die Beobachter sofort sicher, war in Wirklichkeit eine Beförderung – und ein Paukenschlag im Kampf um die Nachfolge des Kremlchefs. Denn der ehrgeizige Iwanow wurde zum neuen »Ersten Vize-Premierminister« ernannt und damit in den Augen vieler Moskauer Politiker zum Top-Favoriten für die »Thronfolge«.

Zwar hatte Putin noch kurz zuvor im Kreml versichert, seinen Nachfolger werde nicht er selbst, sondern das Volk wählen. Doch vom eingefleischtesten Putin-Kritiker bis zum bravsten Anhänger des Präsidenten ist fast jeder in Russland überzeugt, dass der Kreml-Chef höchstpersönlich entscheidet, wer als sein Nachmieter in den Kreml und die prächtige Dienstvilla in Nowo-Ogarjowo einzieht – wenn er sie denn überhaupt räumt.

Laut Meinungsumfragen sind 57 Prozent der Russen bereit, denjenigen Kandidaten zu wählen, den Putin vorschlägt.[15] Ein Phänomen, das hier noch eingehend zu untersuchen sein wird.

Vieles spricht dafür, dass sich Putin zu diesem Zeitpunkt selbst noch nicht entschieden hat, wem er sein Zepter in die Hand geben wird – und ob er überhaupt abtreten wird. Die »Kreml-Astrologie« lebt wieder auf: Analysierten ausländische Beobachter zu Sowjetzeiten akribisch, wer bei den Paraden am Roten Platz auf dem Lenin-Mausoleum auf welchem Platz stand und zogen daraus mangels anderer öffentlich zugänglicher Kenntnisse ihre Rückschlüsse auf die Machtverhältnisse hinter den Kremlmauern, so werden heute viele Worte von Wladimir Putin auf die Goldwaage gelegt.[16] So horchten die »Kreml-Astrologen« verwundert auf, als der »Zar und Herr«, wie Putin von einigen seiner Getreuen halb ironisch, halb ehrfurchtsvoll genannt wird, in einem Interview mit dem arabischen Sender El Dschasira eine überraschende Eröffnung machte: Er bekomme oft den Rat, auch nach 2008 im Amt zu bleiben – von Politikern aus Europa ebenso wie aus Russland. Aber das sei noch nicht das ganze russische Volk, fügte Putin eher kryptisch hinzu.

Tatsächlich hatte der Präsident zwar immer wieder betont, er werde sich an die Verfassung halten und nicht ein drittes Mal in Folge als Präsident antreten. Gleichzeitig deutete er aber unmissverständlich an, dass er sich 2008 keineswegs aus der Politik zurückziehen werde. Im Nachfolge-Krimi gibt es deshalb im Februar 2007 kaum eine Variante, die Experten für unmöglich halten: Eine »Kreml-Rochade«, also ein Austauschen von Figuren wie beim Schach, gilt als ebenso wenig ausgeschlossen wie das Szenario, dass Putin im alten Sowjet-Stil nach einer plötzlichen Krise von den »werktätigen Massen« gedrängt wird sich aufzuopfern, die Verfassung allen Versprechen zum Trotz doch noch zu ändern und »gegen seinen Willen« weiter zu regieren. Dabei könnten die Vollmachten des künftigen Präsidenten, wie bei der britischen Königin, gegen Null gehen. In Wirklichkeit würde dann ein allmächtiger Regierungs-, Partei- oder Gasprom-Chef den Ton angeben – also niemand anderes als Putin. Andererseits halten sich in Moskau hartnäckig Gerüchte, dass der Präsident zuweilen amtsmüde ist. So soll er sich schon einmal im engen Kreis bei Wirtschaftsführern beklagt haben, sie machten sich ein schönes Leben auf Yachten im Mittelmeer, während er zu Hause in Moskau den »Laden am Laufen halten« müsse.

Als aussichtsreichste Kandidaten auf die »Thronfolge« gelten zu diesem Zeitpunkt zwei enge Mitarbeiter Putins: Dmitrij Medwedew, Gasprom-Aufsichtsratschef und bis zur Beförderung von Iwanow einziger »Erster Vize-Premier«. Dass Iwanow jetzt gleichzog und ebenfalls stellvertretender Regierungschef wurde, sei ein Zeichen dafür, dass Medwedews Stern im Sinken begriffen sei, so der Tenor der Beobachter. Medwedew hat das Manko, dass er offenbar nicht beim KGB war, und deshalb den Geheimdienstlern in Putins Umgebung ein Dorn im Auge ist. Zudem wird Medwedew eine zu enge Nähe zu den »Liberalen« nachgesagt. Im Kreml geht die Angst um, der eher westlich ausgerichtete Jurist könnte als neuer Präsident von Putins nationalistischem Kurs abweichen.

Iwanow dagegen steht im Ruf, ein Patriot und bedächtiger Falke zu sein, der dem Westen sachlich, aber doch eisern die Stirn bietet. Der 53-Jährige soll Putin in gemeinsamen Zeiten beim KGB in Leningrad kennengelernt und als sein Vorgesetzter beschützend unter seine Fittiche genommen haben. Ihm eilt der Ruf voraus, dass es ihm weniger um den eigenen Geldbeutel als um die Stärke Russlands gehe.

Im staatlich gesteuerten Fernsehen sind die beiden »Kronprinz-Anwärter« Iwanow und Medwedew allgegenwärtig. Teilweise nimmt es absurde Züge an, wie die Fernsehjournalisten die beiden beweihräuchern: Während sich der nicht eben leutselige Iwanow unter Veteranen mischt und dabei gequält wirkt wie ein Kardinal im Tanzlokal, beteuert Medwedew schon mal mit bemüht bedeutender Miene, der Fischverbrauch sei Anzeichen für die Zivilisiertheit eines Volkes und die Russen müssten mehr Fisch essen – aber auch weniger Trockenmilch konsumieren.

Kaum ist Iwanow befördert, schon heißt es aus dem Umfeld des Kreml, dass viele Beamten eilig versuchen, sich bei ihm einzuschmeicheln. Skeptiker warnen, die Liebedienerei könne verfrüht sein: Zum einen werde Putin sich hüten, seinen »Nachfolger« zu früh zu ernennen, denn das würde ihn politisch zur »lahmen Ente« machen. Zum anderen sei es durchaus möglich, dass der Präsident wieder einmal alle überrasche und in letzter Sekunde einen Trumpf aus dem Ärmel ziehe, etwa in Gestalt eines bislang kaum bekannten Politikers. Einen Präzedenzfall dafür gibt es: Wladimir Putin selbst. Nur Eingeweihte kannten den damaligen Geheimdienstchef, als ihn Boris Jelzin 1999 zu seinem Nachfolger erklärte und ihm wenige Monate später die Macht übergab.

Die Chancen Iwanows, so heißt es aus dem Umfeld des Kremls, seien nicht sonderlich hoch: Der General ist dem Oberst Putin zu ambitioniert. Vor allem aber hat er zu wenig Verbündete – er gehört keinem der einflussreichen Clans an, schwebt sozusagen im freien Raum und muss sich von Fall zu Fall die Unterstützung einer der mächtigen Gruppen sichern. Auf der einen Seite käme er damit natürlich als Kompromissfigur und Mittler in Frage. Doch der »Silowiki-1-Clan« bekämpft Iwanow erbittert – und auch Dmitrij Medwedew soll sich hinter den Kulissen schon seit Jahren nach Kräften mühen, am Image seines möglichen künftigen Konkurrenten zu kratzen.

Dabei kommt Iwanow zunächst noch unbeschadet davon, als sein Sohn im Mai 2005 an einem Zebrastreifen eine Rentnerin anfährt und tödlich verletzt. Sofort fahren Autos mit getönten Scheiben vor, Männer mit Kalaschnikows übernehmen am Unfallort die Regie, führen den Schwiegersohn der Sterbenden im Polizeigriff ab und setzen ihn in einen ihrer Wagen. Russlands breite Öffentlichkeit erfährt von dem Unfall nichts. Die einzige Fernsehjournalistin, die berichten will, Olga Romanowa, steht vor einem verschlossenen Studio: Sicherheitsleute verweigern ihr den Zutritt, ihr Sender, REN-TV, entlässt sie. Die Staatsanwaltschaft stellt die Ermittlungen gegen Iwanows Sohn wegen fahrlässiger Tötung nach einigen Monaten ein. Von ausländischen Journalisten später auf den Unfall angesprochen, dreht Iwanow den Spieß um: Sein Sohn habe nicht nur psychisch, sondern auch physisch stark unter dem Unfall gelitten. Die Verwandten der Toten hätten ihn heftig verprügelt. »Er hatte eine Gehirnerschütterung, aber jetzt geht es ihm wieder besser«, klagt der damalige Minister. Statt gegen Iwanows Sohn, den Todesfahrer, ermittelt die Staatsanwaltschaft nun gegen den Schwiegersohn der Toten, wegen Körperverletzung.

Anfang des folgenden Jahres hat Iwanow weniger Glück. Misshandlungen von Wehrpflichtigen sind zwar eher die Regel als die Ausnahme in der Armee, für die er als Verteidigungsminister verantwortlich ist. Doch völlig überraschend greifen die sonst so braven Fernsehsender, die den Unfall von Iwanows Sohn noch verschwiegen, im Januar 2006 einen besonders schweren Fall von Missbrauch in der Armee auf. Kameraden hatten den 19-jährigen Andrej Sytschow in einer Kaserne in Tscheljabinsk am Ural tagelang geprügelt, schließlich an einen Stuhl und ein Bett gefesselt und nach Presseberichten auch vergewaltigt. Die Vorgesetzten verweigerten ihm eine medizinische Behandlung, ja warfen ihm vor, sich selbst verstümmelt zu haben. Erst als er am vierten Tag nicht mehr aufstehen konnte, kam er in die Krankenabteilung. Zwei weitere Tage vergingen, bis er auf die Intensivstation eines Krankenhauses verlegt wurde. Doch zu spät: Die Ärzte mussten dem 19-Jährigen beide Beine, einen Finger und die Genitalien amputieren. Eine schwere Blutvergiftung setzte Sytschow zu; wochenlang kämpften die Ärzte um sein Leben.

Den Nachfolge-Kandidaten Iwanow erwischt der Skandal auf dem falschen Fuß. Als Journalisten den Minister nach dem Fall Sytschow fragen, der bereits groß in den Schlagzeilen ist, antwortet er vor laufender Kamera: »Ich war die letzten Tage fernab von Russland, hoch in den Bergen, von einem Vorfall in Tscheljabinsk weiß ich nichts. Aber ich denke, dass es nichts sehr Ernstes ist. Denn andernfalls hätte ich davon erfahren.«

Die Image-Katastrophe für Iwanow ist damit perfekt. Er selbst, so heißt es aus seiner Umgebung, ist überzeugt, dass ihm seine Widersacher eine Falle gestellt haben.

Tatsächlich ist angesichts der gesteuerten Medienlandschaft andernfalls schwer zu erklären, warum ein Fall von Misshandlung in der Armee plötzlich für großes Aufsehen sorgt, statt als winzige Randnotiz aufzutauchen. Die ermittelnde Militärstaatsanwaltschaft jedenfalls untersteht Generalstaatsanwalt Ustinow – also dem »Silowiki-1-Clan«, der Iwanow erbittert bekämpft.

Auf dem Höhepunkt der Sytschow-Affäre habe Iwanow die Nerven verloren und im Kreml bei Putin vorgesprochen, berichtet ein Insider. Er habe sich bitter über die »Kampagne« gegen ihn beschwert und dahinter neben dem »Silowiki-1-Clan« seinen Widersacher Medwedew und Vize-Präsidialamtschef Wladislaw Surkow ausgemacht. Lautstark habe er Putin aufgefordert, dem Treiben ein Ende zu bereiten. Tatsächlich verschwanden die Berichte über den Fall Sytschow so abrupt von den Bildschirmen, wie sie aufgetaucht waren. Putin, so der Kreml-Insider, sei es damals aber sehr bitter aufgestoßen, dass Iwanow, der früher beim KGB sein Vorgesetzter war, sich in einem derart fordernden Ton an ihn wandte. Dieses Gespräch könnte mit dazu beigetragen haben, dass Putin bei dem Gedanken, den energischen Iwanow zu seinem Nachfolger zu ernennen, zunehmend mulmig wurde. Das würde damit zusammenpassen, was ein Mann mit besten Kontakten zur Staatsspitze berichtet, der wie alle Informanten nicht genannt werden will. Er hat sogar eine ganz andere Erklärung für Iwanows Ernennung zum Vize-Premier parat: »Alle hielten es für eine Beförderung und dachten, Iwanows Chancen im Kampf um die Nachfolge seien damit gestiegen. In Wirklichkeit war das Gegenteil der Fall. Iwanow war Putin unheimlich geworden.« Der Gedanke, dass der General eine millionenstarke Armee befehlige, habe dem Staatschef immer mehr Sorgen gemacht – und misstrauisch, wie der KGB-Oberst Putin von Berufs wegen ist, habe er nicht für völlig ausgeschlossen gehalten, dass Iwanow einen bewaffneten Putsch wagen könnte. »Putin mag verstanden haben, dass diese Angst irrational ist, aber er schläft wesentlich ruhiger, seit Iwanow nicht mehr ein Millionenheer, sondern nur noch ein Sekretariat mit sieben Angestellten unter seinem Befehl hat und als Vize-Premier ein Kriegsherr ohne Krieger ist.« Ob dem tatsächlich so ist, weiß nur Putin selbst. Tatsache ist, dass der Präsident im September 2007 eine neue Volte vollführt.

Variante Subkow

Die Fernsehbilder wirken wie aus Sowjetzeiten: Mit stockender, fast weinerlicher Stimme, den Blick Richtung Tisch gesenkt, bittet Ministerpräsident Michail Fradkow, ein Technokrat ohne größeren Einfluss und Hausmacht, seinen Chef Wladimir Putin im September 2007 um die Entlassung. Einen erkennbaren politischen Grund für das angebliche Rücktrittsgesuch gibt es nicht. Er wolle das Handtuch werfen, damit der Präsident bei den anstehenden Wahlen »volle Entscheidungsfreiheit« habe, sagt der gemütsweiche Fradkow und scheint dabei eine Träne zurückzuhalten. »Sie haben Recht«, antwortet Putin kühl.

Fradkow wird zum Bauernopfer in der »Operation Nachfolge« – und sein Rücktritt zum Auftakt einer großen Personalrochade. Sechs Monate vor dem Tag X, den Wahlen am 2. März 2008, bringt Putin einen treu ergebenen Gefolgsmann in Stellung: Er ernennt Viktor Subkow zum neuen Regierungschef und damit zum zweiten Mann in Staate. Der Präsident kennt den 66-Jährigen aus gemeinsamen Zeiten im Petersburger Rathaus. Als Zeichen inniger Vertrautheit zwischen den beiden werten russische Medien die Anekdote, dass Subkow einst Putins Geburtstagskerzen auspusten durfte. Zuletzt war der eher farblose Apparatschik mit der Ausstrahlung eines Buchhalters für die Bekämpfung der Geldwäsche zuständig. Außer Fachleuten kannte den früheren KP-Parteifunktionär bis dato kaum jemand.

Das hindert Moskaus Politprominenz nicht, Subkow sofort mit Lob zu überhäufen und Putin zu seinem genialen Schachzug zu gratulieren. Subkow wird der »Nachfolger«, so der einhellige Tenor in Russland. Die Lobeshymnen, die sieben Monate zuvor noch auf Iwanow gesungen wurden, gelten jetzt Subkow. Er sei »der ideale Mann« für das Präsidentenamt, sagt Alexander Dugin, Chef der offensichtlich vom Kreml geförderten, am rechten politischen Rand angesiedelten Moskauer Eurasien-Bewegung, kurz nach der Ernennung Subkows bei einer Expertenrunde in Moskau. »Putin ist überall, Putin ist alles, Putin ist absolut, Putin ist unersetzbar.« Und dank seiner klugen Entscheidung, seinen Vertrauten Viktor Subkow zum Premierminister zu machen, gebe es jetzt Putin für die Ewigkeit, meint Dugin und setzt zu einer umständlichen Erklärung für die neue Regierungsrochade des Präsidenten an. Der bärtige Mittvierziger ist kein Wunderheiler oder TV-Komiker, und es ist keine Sekte und keine Selbsthilfegruppe, bei der er seine Parolen verkündet. Er hat namhafte russische Prominente und Journalisten zu einem runden Tisch geladen, Gastgeber ist die bekannte Zeitung »Iswestija«, die zum Gasprom-Konzern gehört, für den auch Altbundeskanzler Gerhard Schröder tätig ist. Das Thema der illustren Runde: »Der Nachfolger. Die Nachfolge-Regelung. Das Imperium.«

Dugin, der Dauergast in den zentralen russischen Fernsehsendern ist und sein radikales Gedankengut dadurch landesweit verbreitet, sieht an seinem Präsidenten nur ein einziges Manko: Dass Putin nach zwei Amtsperioden abtreten müsse, sei das größte politische Problem im heutigen Russland. Aber der Kremlchef habe wie immer eine geniale Lösung gefunden: die Ernennung Subkows zum Premierminister – und damit zum Nachfolger. Er sei der ideale Mann, um den Amtssessel im Kreml warm zu halten, bis Putin laut Verfassung wieder neu antreten dürfe. Die verbietet lediglich zwei Amtszeiten nacheinander; wäre etwa Subkow auch nur einen Tag Präsident und würde zurücktreten, dürfte sich Putin erneut um eine dritte Amtszeit bewerben. Subkow »ist völlig unfähig, Außenpolitik zu betreiben. Das ist ein ganz wichtiges Plus, das ihn als Nachfolger qualifiziert«, meint Dugin. Der neue Präsident müsse ja nicht mehr tun als etwa der US-Außenministerin die Hand schütteln – entscheiden würde im Hintergrund sowieso ausschließlich Putin.

Der Wähler, da sind sich die Experten am Tisch einig, habe ohnehin nichts mitzureden. In keinem Land werde bei den Wahlen entschieden, wer an der Macht bleibt, verkündet Michail Leontjew, prominenter Chefredakteur des Magazins »Profil« mit bestem Draht zum Kreml und eigener Sendung direkt nach den Hauptnachrichten im 1. Kanal. »Demokratie ist nichts anderes als die Steuerung des Volkes durch die Eliten.« Echte Demokratie gebe es überhaupt nicht, beteuert der Fernsehstar: »Der Unterschied ist, dass man im Westen nicht merkt, wie die Demokratie gesteuert wird, wie alle Medien gesteuert werden, man hämmert den Menschen Märchen in den Kopf, die gesamte Opposition steckt in Fesseln.« Russland tue doch auch nichts anderes, ärgert sich Leontjew, »nur sind unsere Methoden offensichtlicher, weniger schön.« Und deshalb werde Russland kritisiert. Doch davon dürfe man sich nicht abschrecken lassen. »Unsere heutigen Machthaber sind für immer gekommen. Man mag schreien, sie seien blutig, oder sie seien Gauner. Das ist nicht wichtig. Wichtig ist, dass sie wissen, dass sie die Macht für immer behalten werden.«

Russland könne es sich nicht leisten, seine Souveränität aufzugeben und sich seinen Willen von fremden Ländern aufzwingen zu lassen, mahnt Leontjew mit Blick auf den Westen. Als abschreckendes Beispiel nennt er die Tschechen. Die seien sogar stolz darauf, dass Prag nie zerstört wurde; dabei seien sie völlig fremdbestimmt, die Menschen darbten regelrecht unter dem amerikanischen Joch – es klingt so, als sei das Land ein Hort tiefster Unzufriedenheit. Hört man Leontjew zu, könnte man annehmen, es müsse eine Fluchtwelle von Tschechien nach Russland geben. Keiner der Gäste und Journalisten stellt eine kritische Frage.

»Die westlichen Werte, das westliche Recht hat Russland nie angenommen«, verkündet Dmitrij Jefremow, Chefredakteur des Internet-Senders Eurasia-TW. »Anders als die Europäer sind wir Russen bereit, unsere Frauen, unsere Kinder zu opfern für ein höheres Ziel, und deshalb haben wir Städte gebaut wie Petersburg, und eine Eisenbahn durch Sibirien.« Es regt sich kein Widerspruch im Saal.

So viel Lob müsste Putin, der ein paar hundert Meter weiter im Kreml residiert, eigentlich sehr freuen. Doch es gibt auch Momente, die Gefahr signalisieren. Allzu beständig, so wird auf Dugins Expertenforum deutlich, ist die Lobhudelei nicht – und so mancher scheint sich schon auf den vermeintlichen Nachfolger umzustellen. Radiomoderator Rustam Arifdschanow etwa preist den neuen Premierminister, den 24 Stunden zuvor noch kaum jemand in Russland kannte und dessen Ernennung niemand erwartet hatte: »Subkow ist ein Mensch, der absolut ehrlich ist, absolut klug, man kann nur Gutes über ihn sagen. Er ist absolut sauber. Dass er ernannt wird, war vorherzusehen. Seine Ernennung ist ein exzellenter Schritt.«

Sergej Markow, Leiter des kremlnahen Instituts für politische Forschung, zeigt sich am runden Tisch begeistert über Putins neue Personalentscheidung: »Beim KGB hat Putin eben gelernt, gut zu desinformieren.« Außerhalb des Iswestija-Gebäudes klingen andere Töne an. Die Ernennung Subkows habe »nichts mehr mit Politik zu tun, sie lief im Stil einer Geheimdienstoperation«, meint Oleg Saweljew vom unabhängigen Moskauer Meinungsforschungsinstitut Levada-Zentrum. »Statt Erklärungen wird Propaganda serviert. Das vom Kreml kontrollierte Fernsehen macht aus einem Unbekannten einen Helden.«

Das ganze politische Leben in Moskau dreht sich in diesen Septembertagen um eine einzige Frage: Was hat Putin mit Subkow wirklich vor? Hat er ihn tatsächlich zu seinem Nachfolger auserkoren? Oder hat er mit seiner Ernennung nur wieder ein Ablenkungsmanöver gestartet, um später einen anderen Kandidaten zu präsentieren oder einen Kniff zu finden, um selbst doch noch im Amt zu bleiben? Sergej Iwanow erwartete an dem Tag, an dem Subkow ernannt wurde, seine eigene Bestellung zum Premier – vergeblich. Aus Kreml-Kreisen hieß es, die Fehlinformation über Iwanows Ernennung sei von ganz oben gestreut worden: nämlich von Putin selbst.

Subkow könnte eine Kompromissfigur im Kampf der Clans sein. Er ist mit Putins Sekretariatschef Igor Setschin von den »Silowiki 1« eng verbunden. Andere Clans wie etwa die »Liberalen« und die Jelzin-Familie wären wohl zu schwach, um Subkow zu schaden, denn er pflegt aus seiner Zeit im Petersburger Rathaus auch gute Beziehungen zum dritten mächtigen Kreml-Clan – dem sogenannten »Datschen-Clan«. Der besteht aus den wichtigsten Gründungsmitgliedern der Datschen-Kooperative »Osero«, zu Deutsch »See«, vor den Toren Petersburgs: dem mächtigen Banker Jurij Kowaltschuk, seinem Bruder Michail, Leiter des Moskauer Kurtschatow-Atominstituts, Eisenbahn-Chef Wladimir Jakunin, Bildungsminister Andrej Fursenko und dem Unternehmer Wladimir Smirnow. Ein weiteres Gründungsmitglied hat einen noch beachtlicheren Karrieresprung hinter sich: Wladimir Putin. »Osero« gilt heute als eine Art »Politbüro« von Putins Russland. Der auf dubiose Weise privatisierte kleine Fleck am Ufer des Komsomolskoje-See vor den Toren Petersburgs hat einen eigenen Hubschrauberlandeplatz. Die dreistöckigen Anwesen sind für russische Datschen etwas üppig ausgefallen, und neben ihnen finden sich Gebäude, die bei Landhäusern hierzulande sonst eher selten sind: ein Funkturm und eine Wetterstation. Ein Schlagbaum und frei laufende Schäferhunde halten Fremde fern. Der neue Regierungschef Subkow soll den »Datschlern« als Vize-Gouverneur des Leningrader Gebiets einst bei der – umstrittenen – Baugenehmigung für ihre Landhäuser geholfen haben.

In den zentralen Fernsehsendern mutiert der in Russland noch wenige Tage zuvor völlig unbekannte Subkow zum Supermann. Vor laufender Kamera staucht er Minister und hohe Beamte bei Regierungssitzungen zusammen wie ein Kolchosdirektor seine

Bauern. Bei seinen Fahrten durch das Land zeigt er sich von seiner gütigen Seite und hält überall Wohltaten für einfache Bürger bereit. Wie eine russische Variante von Robin Hood ist er gleichzeitig stets auf der Suche nach bösen, korrupten Beamten, die er dann vor laufenden Kameras zur Ordnung ruft. Würde man die Wunschvorstellungen der Russen nach dem idealen Präsidenten mit dem Bild vergleichen, dass die Fernsehsender von Subkow zeichnen, sie wären identisch. Ein starker, durchsetzungsfähiger, strenger, aber gütiger neuer Zar zeichnet sich da auf der Mattscheibe ab.

Nur wenn die Kameras ausgeschaltet sind, begeht Subkow offenbar Fehler. »Er war so naiv, zu glauben, er habe als Regierungschef jetzt etwas zu sagen«, berichtet ein Kreml-Insider, »und er wollte Finanzminister Kudrin nicht mehr in seinem Kabinett sehen, weil der ihm zu liberal war.« Putin sei angesichts solcher Eigenständigkeit regelrecht in die Luft gegangen und habe Subkow klar gemacht, dass er offenbar nicht verstehe, welche Rolle er spiele – nämlich gar keine. Prompt bestand der Präsident nicht nur darauf, dass sein Vertrauter im Kabinett bleibt, er beförderte ihn als klares Signal auch noch zum Stellvertreter Subkows. Der musste mit einer Art Demutsgeste Abbitte leisten: Sein Schwiegersohn Anatolij Serdjukow, ehemaliger Möbelhändler, bereits seit Februar 2007 Verteidigungsminister und nun plötzlich mit dem Schwiegervater an einem Kabinettstisch, muss seinen Rücktritt einreichen – wegen der engen verwandtschaftlichen Verbindung zum neuen Regierungschef. Der Demutsgeste lässt Putin einen Gnadenakt folgen und nimmt den Rücktritt von Serdjukow nicht an: Er darf Verteidigungsminister bleiben. Die Eigenständigkeit, die Subkow zeigte, habe Putin aber erschreckt, so der Kreml-Insider – und ihm Zweifel eingeflößt, ob sich Subkow als möglicher Nachfolger wirklich loyal verhalten würde. Dabei war offenbar bereits eine Übereinkunft mit dem Multi-Milliardär und Putin-Freund Roman Abramowitsch getroffen worden. Dieser sollte Subkow fürstlich dafür entlohnen, dass er sich als Nachfolger Putins in den Kreml wählen lässt, dort aber nur den Prinzregenten gibt und nach einiger Zeit den Thron für Putin wieder frei macht. In Putins Russland, in dem Politik als Geheimsache betrieben wird, ist es unmöglich, solche Informationen zu prüfen. Als Beobachter ist man darauf angewiesen, sie anhand der Zuverlässigkeit der Quelle und ihrer Plausibilität zu prüfen und für mehr oder weniger realistisch zu halten. Und so sind die hier angeführten Aussagen durchaus nicht so abwegig, wie sie westlichen Lesern erscheinen mögen.

Ob es nun an der undurchschaubaren Informationslage liegt oder an der jahrelangen Enttäuschung über alles, was mit Politik zu tun hat: Die meisten Moskauer lässt die »Operation Nachfolge« kalt. Sie haben den Eindruck, ihre eigene Entscheidung könne ohnehin nichts bewirken. »Es ist eine Schlammschlacht, mich erinnert das Ganze an einen Kampf unter Mistkäfern«, meint der 32-jährige Mediziner Kirill Schurawljow. »Aber mir ist es egal, was die da oben machen, solange sie mich persönlich in Ruhe lassen.«

Variante P. P.

Die Inszenierung lief wie geschmiert. Nur hatten die Regisseure einige Details nicht beachtet. Auf dem Parteitag der Kreml-Partei »Einiges Russland« meldeten sich im Oktober 2007 angeblich spontan eine Textilarbeiterin, ein behinderter Sportler und ein Universitätsrektor zu Wort. Inständig baten sie Wladimir Putin, an der Macht zu bleiben und als Spitzenkandidat für die Duma-Wahl im Dezember zu kandidieren. Parteichef Boris Gryslow tat, als sei er von den Vorschlägen überrascht, und forderte Putin auf, der neben ihm thronte, sich zu den »spontanen Bitten« zu äußern. Der Präsident ging ans Mikrofon – und las die Antwort von einem vorbereiteten Blatt im DIN-A5-Format ab.

Eine dritte Amtszeit komme für ihn zwar nicht in Frage, weil sie verfassungswidrig sei, antwortete Putin wie immer. Doch die Kandidatenliste der Partei für die Duma werde er anführen. Und dann deutete er zum ersten Mal öffentlich an, wie das Machtgefüge in Russland nach den Wahlen 2008 nun tatsächlich aussehen könnte: Für ihn sei es durchaus vorstellbar, Ministerpräsident zu werden. Die Ankündigung kam völlig überraschend und hatte die Sprengkraft einer Bombe. Die 500 Delegierten und 2500 Gäste reagierten frenetisch: Sie sprangen von ihren Stühlen auf, der Beifall wollte oder sollte nicht enden. Dass diese Option paradox ist, tat der Freude keinen Abbruch: Die Partei »Einiges Russland« ist einerseits ganz auf Putin zugeschnitten, doch selbst als Spitzenkandidat will der Präsident parteilos bleiben, was den Statuten zuwiderläuft. Also wurde hastig die Parteisatzung geändert, um genau das zu ermöglichen. Zwar wollte »Einiges Russland« wie andere Parteien mit einer »Troika«, einem Führungstrio auf dem Wahlzettel, in den Wahlkampf starten, doch nun wird dieser Plan fallengelassen. Offenbar soll sich kein anderer im Glanz Putins sonnen können: Die traditionelle Dreier-Spitze fällt aus, Putin steht allein auf Position 1.

Das Rollenspiel in der Tradition der KPdSU ging auf: »Putin bleibt«, titelten mehrere Moskauer Blätter im Oktober 2007 mit unverhohlener Freude. Tatsächlich bedauern 63 Prozent der Russen laut Umfragen, dass die Verfassung Putin mehr als zwei Amtszeiten nacheinander verbietet. Mit seiner Rochade will der Kreml-Chef das Ruder in der Hand behalten, so die fast einhellige Meinung von Anhängern wie Gegnern. »Indem er alle demokratischen Institutionen konsequent vernichtet und ad absurdum geführt hat, schuf Putin eine Situation, in der niemand mehr seines Lebens und seines Besitzes sicher sein kann – auch ein Ex-Präsident nicht«, schreibt die kritische Zeitung »Nowaja Gaseta«. Die einzige Lebensversicherung für Putin sei es deshalb, an der Macht zu bleiben.

»Als Premier behält er seinen Einfluss und kontrolliert de facto die Regierung und den Präsidenten«, glaubt Andranik Migranjan, kremltreues Mitglied der Gesellschaftskammer, ein von Putin neu eingeführtes Organ, das nur beratende Kompetenzen hat und dessen Mitglieder nicht demokratisch gewählt werden, sondern zu einem großen Teil vom Kreml ernannt werden. »Spätestens 2012 kann er dann wieder Präsident werden, denn eine Rückkehr lässt die Verfassung zu.« Ein weiterer Vorteil der Variante »P. P. – Putin Premier«: Als Regierungschef würde Putin zum amtierenden Staatschef, sollte der Präsident zurücktreten oder ihm etwas zustoßen. Das Ganze hat nur einen Schönheitsfehler: Laut Verfassung ist der Premier in Russland nicht viel mehr als ein Handlanger des Präsidenten. Verantwortlich dafür ist Putin selbst, hat er doch dafür gesorgt, dass der Spielraum für Eigeninitiative in diesem Amt inzwischen praktisch null ist. Der Ministerpräsident habe in etwa die Funktion eines »mongolischen Kosmonauten«, spottet denn auch der Volksmund. Er dürfe zwar mit an Bord sitzen, aber keine Entscheidungen treffen oder Steuerungsgeräte berühren. Und genau darin liegt auch das Risiko: Der neue Präsident könnte selbst einen Premier namens Putin jederzeit entlassen.

Hartnäckig halten sich in Moskau deshalb Spekulationen, dass Putin die Verfassung mit Hilfe der Zwei-Drittel-Mehrheit seiner Kreml-Partei umschreiben und nach deutschem Vorbild den Regierungschef zum starken Mann im Staat machen könnte. Eine derartige Entmachtung des Präsidentenamtes würde aber nur einen Sinn ergeben, wenn er selbst nicht in den Kreml zurückkehren und auf Dauer Ministerpräsident bleiben will. Viele Vollmachten könnten ohne Verfassungsänderung auf den Regierungschef übertragen werden. So steht nirgendwo im Grundgesetz der Russischen Föderation, wer den »Atomkoffer« mit dem »roten Knopf« für die Nuklearraketen mit sich tragen darf, der nicht nur eine Redensart ist, sondern tatsächlich existiert und sich in der Obhut zweier Offiziere befindet, die sich immer in Reichweite des Staatschefs befinden müssen. Putin könnte diesen »Atomkoffer« gleichsam als Statussymbol mit in sein neues Amt nehmen.

Anders als im Westen hätten Verfassungstext und -praxis in

Russland ohnehin wenig miteinander zu tun, gibt der damalige unabhängige Duma-Abgeordnete Wladimir Ryschkow zu bedenken. »Entscheidend sind nicht Posten und Paragrafen, sondern wer die reale Macht besitzt. Stalin war nie Staatschef, doch alle wussten, dass er das Sagen hat. Putin wird an der Macht bleiben, egal wie er seinen Posten auch nennt.«

Putin werde noch alle überraschen, glaubt hingegen Stanislaw Belkowskij, Leiter des Moskauer Instituts für nationale Strategie: »Bisher hat er immer genau das, was er ankündigte, nicht getan. Deshalb glaube ich nicht, dass er Ministerpräsident wird.« Doch eine genaue Prognose, warnt Belkowskij, könne niemand abgeben: »Als Geheimdienstler liebt Putin es, bis zur letzten Sekunde falsche Fährten zu legen.« Tatsächlich deutet sich kurz darauf wieder ein völliger Richtungswechsel an.

Der nationale Führer

Es war eine Premiere der ganz anderen Art, die am 15. November 2007 im Drama-Theater von Twer stattfand. 700 Delegierte aus 79 der 85 russischen Regionen waren in die Industriestadt an der Wolga zwei Autostunden nördlich von Moskau gekommen – mit einem einzigen Ziel: Wladimir Putin zu unterstützen. Es ist die Gründungsversammlung einer neuen »Bürgerbewegung« mit dem Namen »Für Putin«, zu der Pawel Astachow eingeladen hat. Dem stets elegant gekleideten Moskauer Anwalt, der 1991 die KGB-Hochschule absolviert hat, werden sehr enge Drähte zum Kreml nachgesagt. Finanziert werde die Bewegung mit »gesellschaftlichen Geldern und persönlichen Mitteln der Bürger«, erklärt Astachow, ohne Einzelheiten zu nennen und zu erklären, was sich hinter dem schwammigen Begriff »gesellschaftliche Gelder« verbirgt; er selbst reise auf eigene Rechnung durch das Land. Schon seit einigen Wochen tauchte der Advokat in ganz Russland immer wieder da auf, wo es zu angeblich »spontanen« Unterstützungsaktionen für Wladimir Putin kam.

Einfache Russen, so die Botschaft, gingen aus freien Stücken auf die Straße – um für eine dritte Amtszeit des Präsidenten zu demonstrieren: »Herr Putin, verlassen Sie uns nicht.«

Wenige Wochen vor der akuten Sympathiewelle hatte Boris Gryslow, Parlamentspräsident und treuester der treusten unter Putins Vertrauten, den Staatschef zum »nationalen Führer« ausgerufen – und die Parlamentswahlen zum Referendum über Wladimir Putin erklärt. Die Kommunisten zeigten den Parlamentschef daraufhin prompt wegen »Extremismus« an. Sie beriefen sich auf ein Gesetz, das der Kreml offenbar eigens zur Bekämpfung von politischen Widersachern verschärft hatte. Demzufolge ist jeder Aufruf zur Veränderung der verfassungsmäßigen Ordnung verboten. Der Appell, eine Parlamentswahl zum Präsidenten-Referendum zu machen, sei demnach verfassungswidrig. Die Anzeige bleibt natürlich folgenlos.

Ausländischen und kritischen russischen Journalisten gewähren die Organisatoren der »Für Putin«-Versammlung in Twer keinen Zugang – angeblich gibt es im Theater zu wenig Platz; für die Korrespondenten der staatlichen Fernsehsender und großer, kremltreuer Blätter ist allerdings genug davon vorhanden. Der Organisator Astachow gibt an, er habe 30 Millionen Unterstützer-Unterschriften für Putin gesammelt, mehrere Lastwagenladungen voll. Wozu, kann er nicht genau sagen. Auch nicht, wo die Unterschriften sind. Zunächst heißt es, sie seien nach Twer gebracht worden. Aber dort fehlt jede Spur. Astachow kann das nicht verdrießen: »Es ist egal, welchen Posten Putin nach 2008 innehaben wird. Ob Parteichef, Parlamentspräsident oder Premierminister – entscheidend ist, dass er Führer des Landes bleibt«, beteuert er.[17]

Die Bürgerbewegung mit ihrem gigantischen Organisationsaufwand sei »in vielem spontan entstanden, ohne Führung aus einem einheitlichen Zentrum«, versichert Mitorganisatorin Irina Blochina. Es sei einfach so, dass sich in der Gesellschaft ein »soziales Bedürfnis« nach einer Pro-Putin-Bewegung entwickelt habe. Beamte aus mehreren Regionen Russlands berichten dagegen von Briefen aus Putins Präsidialamt mit genauen Anweisungen, wie viele Teilnehmer sie auf welchem Wege zu der Veranstaltung nach Twer zu schicken haben; den Schreiben aus dem Kreml habe auch eine offizielle Einladung der Mitorganisatorin beigelegen. Die Veranstaltungen im ganzen Land haben Blochina zufolge ein Ziel, für das es in der deutschen Sprache, offenbar mangels Bedarf, gar kein Wort gibt: »Prejemstwennost«, was sehr frei übersetzt so viel bedeutet wie »Sicherung der Nachfolge«. »Es sind keine Parteien und keine Beamten, sondern Sie und wir, einfache Leute, die finden, dass die positiven Veränderungen in unserem Land Putins Verdienst sind«, erklärt Blochina, die übrigens auch das Amt einer staatlichen Menschenrechtsbeauftragten für die Twer-Region innehat.[18]

»Wie kann man ruhig und gelassen bleiben, wenn Gefahr besteht, dass wir in zwei Wochen in einem anderen Land leben können? Ich bin heute nicht überzeugt, dass der Erhalt des Machtkurses gewährleistet ist«, sagt Wladimir Woronin, Anführer der Donkosaken, und es klingt, als sei Putins »Operation Nachfolge« eine der größten Sorgen in seinem Leben: Die Donkosaken hätten beschlossen, nicht zu ruhen, bis gewährleistet sei, dass Russland den durch Putin eingeschlagenen Weg auch weiter beschreiten werde. Sätze, die man eher in einem Parteiprogramm erwarten würde als aus dem Mund eines mehr mit den Fäusten als mit der Zunge geübten Kosaken. »Jetzt, wo in unserem Land Stabilität herrscht, geben wir unsere Stimmen dafür her, dass der Präsident an der Macht bleibt«, pflichtet Sergej Minewzew, Chefarzt aus Tjumen bei. Und der bekannte Chirurg Renat Aktschurin fordert: Statt »Für Putin« müsse die Bewegung eigentlich »Vorwärts, Russland!« heißen, denn »Putin baut die Armee wieder auf. Dieser Mensch sichert, ohne sich im Fernsehen groß zu machen, das internationale Ansehen Russlands und besitzt eine enorme Autorität in der ganzen Welt.« Der Schauspieler Goscha Kuzenko appelliert an Putin, »der eine so gewaltige Arbeit für die Wiedergeburt Russland vollbracht hat«, seinen Kurs nicht zu verlassen. Die Bürgerbewegung verabschiedet eine Resolution, in der es wörtlich heißt: »Wir achten die Treue des Staatsoberhauptes zu den Begrenzungen der Amtszeit, die in der Verfassung festgeschrieben sind. Aber wir halten es für lebensnotwendig, seine Politik zum Schutze des Volkes zu unterstützen. Wir müssen alle positiven Errungenschaften der letzten Jahre bewahren, verhindern, dass Glücksritter und Populisten an die Macht kommen, die versuchen, erneut unsere Reichtümer auszubeuten und unser Land zurückzuwerfen in ein Tohuwabohu aus Clan-Streitereien und kleinen Ambitionen.« Das Fazit: Putin sei der »verlässliche und treue Verteidiger der Interessen allen Bürger Russlands«.[19]

Klingen solche Lobeshymnen für westliche Leser wohl eher ungewöhnlich, sind sie für die Russen, die in den Nachrichtensendungen ausführlich von der Versammlung erfahren, Alltag. Es gibt einen regelrechten Wettbewerb, wer das Buckeln am weitesten treiben kann. Beobachter glauben, hinter der Bewegung »Für Putin« stehe der einflussreiche Vize-Präsidialamtschef Wladislaw Surkow, der Russlands Parteienlandschaft de facto wie ein Marionettenspieler lenkt. Surkow habe dem Chef von »Einiges Russland«, Boris Gryslow, durch die Konkurrenz Dampf machen wollen – auf dass dessen Lobpreisungen für den Präsidenten auch ja laut genug ausfallen. »Um ein nationaler Führer zu werden, muss man sich die gewaltige Achtung des Volkes verdienen, das lässt sich doch nicht durch Anweisungen von Apparatschiks von oben verordnen«, empört sich der kommunistische Duma-Abgeordnete Viktor Iljuchin. »Wenn man die reale Lage im Land ansieht, die überhaupt nichts mit dem gemein hat, was uns die kremltreuen Fernsehsender einreden wollen, dann kann von Achtung keine Rede sein.« Iljuchin wirft der »Intelligenzija« Kriecherei vor. »Nationale Führer werden nicht ernannt, sondern gehen aufgrund historischer Verdienste in die Geschichte ein«, sagt auch die Dissidentin Walerija Nowodworskaja, »Atatürk, de Gaulle und Alexander der Zweite brauchten dazu keine Bürgerbewegungen.« Was Putin angehe, so werde er tatsächlich in die Geschichte eingehen – aber nicht als »nationaler Führer«, sondern als »nationale Schande«.[20]

Die Liebedienerei nimmt zuweilen groteske Formen an. Etwa, wenn Nikita Michalkow, der bekannteste Regisseur im Land, den kritische Journalisten »Putins Nachtigall« nennen, in einem in der Regierungszeitung »Rossijskaja Gaseta« abgedruckten offenen Brief gemeinsam mit drei Kollegen am 16. Oktober 2007 »im Namen der gesamten Gemeinschaft der Kulturschaffenden in Russland« den »Hochverehrten Wladimir Wladimirowitsch« Putin um eine dritte Amtszeit bittet: »Die von Ihnen voller Weisheit betriebene Staatspolitik hat es der russischen Kultur erlaubt, ein neues Leben zu beginnen«, schreibt der Spross einer bekannten Künstlerfamilie, dessen Vater schon den Text sowohl für Stalins Sowjethymne als auch für Putins neue Russlandhymne dichtete: »Wir schätzen Ihre enormen Errungenschaften in allen Sphären des Lebens in Russland, wir schätzen, dass dank Ihrer Anstrengungen soziale Stabilität und Fortschritt erreicht wurden«, heißt es dort. Doch damit ist es nicht getan: »Für uns ist es lebenswichtig, dass Sie auch nach 2008 Ihre ausgewogene und wohltätige Politik fortsetzen«, so Michalkow und Kollegen. Nur so könne »die positive Richtung der Staatspolitik« beibehalten werden, nur so sei »ein Aufblühen der vaterländischen Kultur, der besten Traditionen unserer Kunst« zu gewährleisten, »die für eine Stärkung der Maßnahmen zur Sicherung des künstlerischen historischen Erbes und der musealen Schätze sorgt«.[21] Die Botschaft des offenen Briefes, die aus jeder Zeile trieft: Putin habe sein Land aus dem Dreck der neunziger Jahre gezerrt, gewaschen, angezogen und endlich wieder zu einem angesehenen Mitglied der Weltgemeinschaft gemacht.[22]

Dann aber passiert Ungeheuerliches. Es regt sich öffentlicher Widerstand gegen die Lobhudelei Michalkows. Kritische Intellektuelle veröffentlichen einen »Gegenbrief« an Putin und verbitten sich, dass der Regisseur im Namen der gesamten »Intelligenzija« irgendwelche öffentlichen Erklärungen abgibt: »Ein solches Schreiben wirft nicht nur einen Schatten auf die Unterzeichnenden, sondern auch auf Sie als Präsident. In den Jahren Ihrer Herrschaft wurden leider viele Erscheinungen eines für die Sowjetzeiten so charakteristischen Kults wiederbelebt.« Putin solle »unter keinem Vorwand Staatschef bleiben – weder als Präsident, noch als irgendein »nationaler Führer«, den es in der Verfassung im Übrigen gar nicht gebe.[23]

In einer Fernseh-Talkshow im Gasprom-Sender NTW tritt Michalkow daraufhin noch im Oktober 2007 gegen den Schrift-steller Viktor Jerofejew an: Während der vor einem Personen-kult um Putin warnt, beteuert Michalkow, er empfinde eine »aufrechte Liebe zum Präsidenten«. Bei einer Telefonabstim-mung über die Zuschauer-Sympathien verliert Putin-Verehrer Michalkow gegen seinen Kontrahenten Jerofejew mit 52 380 gegen 90 923 Stimmen. »Schreckliches ist geschehen: Das Volk stimmte gegen eine dritte Amtszeit Putins«, kommentierte spitz die Moskauer Boulevardzeitung »Moskowskij Komsomolez«. Die »Intelligenzija«, so das Blatt, habe sich gegen den Präsiden-ten gestellt.[24]

Dass derlei Widerstand nichts ausrichten kann, liegt klar auf der Hand: Wladimir Putin hält die Zügel des politischen Lebens in Russland viel zu straff in der Hand, als dass er sich von einer Zuschauerbefragung oder dem Unwillen einiger Intellektueller das Drehbuch für seine Operation Nachfolge vorschreiben ließe.

Um die Bürgerinitiative »Für Putin« wird es bald sehr ruhig, die Rufe nach einer dritten Amtszeit werden leiser. Die Idee vom »nationalen Führer« dagegen lebt fort – offenbar auch in Wla-dimir Putin selbst. »Ich denke, das ist keine administrative und auch keine politische Kategorie, sie wird nicht dadurch be-stimmt, wie viele Telefonapparate man auf dem Dienst-Schreib-tisch stehen hat. Es ist vielmehr eine moralische Kategorie, und ihre Grundlage ist das Vertrauen des Volkes«, erklärt Putin im Dezember 2007 vor Journalisten des US-Nachrichtenmagazins »Times«, das ihn zum »Mann des Jahres« gekürt hat. Wenig später bricht Putin das Essen mit den amerikanischen Journalisten noch vor dem Hauptgang abrupt ab, weil er offenbar wegen kritischer Fragen am Tisch beleidigt ist, wie ein Teilnehmer später berichtet.

Nicht nur von Journalisten lässt sich Putin höchst ungern Kritik gefallen. Mit brachialen Methoden geht er gegen alles vor, was den Mythos vom »Retter Russlands« ankratzen könnte – und auch nur das geringste Risiko für seine Pläne birgt.

Generalprobe Duma-Wahl

Alexander Nowikow ist sich der Gefahr bewusst und wehrt sich verzweifelt: »Lass mich alleine protestieren, geh weg!« Doch der untersetzte junge Mann mit der Boxernase und weit ins Gesicht gezogener Wollmütze weicht ihm nicht von der Seite, wie ein Manndecker beim Fußball. »Hau ab!«, schreit Nowikow nervös. Er hat ein Schild mit der Aufschrift »Freiheit für Kasparow« um den Hals hängen. Er versucht, wegzulaufen. Erfolglos. Eine Polizeistreife fährt vor, drei hochgewachsene Beamte packen Nowikow und seinen Schatten und zerren die beiden in Richtung ihres Wagens. Obwohl er abgeführt wird, strahlt der Mann mit der Boxernase zufrieden. »Ich habe nichts verbrochen«, schreit Nowikow.

Die bizarre Szene spielt sich vier Tage vor der Duma-Wahl, am 28. November 2007, auf der Petrowka-Straße ab, gegenüber von Hausnummer 38. Dort ist das berüchtigte Hauptquartier der Moskauer Kriminalpolizei in einem gigantischen Bau aus der Stalinzeit untergebracht. Wo sonst Schwerkriminelle eingesperrt sind, sitzt der Kreml-Kritiker und Ex-Schachweltmeister Garri Kasparow isoliert von der Außenwelt eine fünftägige Arreststrafe ab, weil er am vorangegangenen Samstag eine verbotene Demonstration gegen Wladimir Putin angeführt hat. Seine Anhänger wollen Kasparow mit einer Mahnwache vor dem Polizei-Hauptquartier unterstützen. Dabei stoßen sie auf ungewöhnliche Hindernisse.

»Das ist eine illegale Kundgebung«, brummt der Polizist in Richtung Nowikow. »Ich habe ganz alleine protestiert, das ist laut Verfassung erlaubt«, entgegnet Nowikow atemlos. »Nein, Sie waren zu zweit, und das ist schon eine Kundgebung, und die ist illegal«, herrscht der Mann in Uniform zurück. »So machen sie es immer, sobald einer ein Schild auspackt, stellt sich einer der Provokateure daneben und weicht ihm nicht von der Seite«, erzählt eine von Kasparows Anhängerinnen. »Dann kommt sofort die Miliz. Die Provokateure werden offenbar gleich wieder freigelassen, einer jedenfalls war nach kurzer Zeit zurück.« Es schneit, um die Ecke stehen Busse der berüchtigten OMON-Truppen – »Polizei-Einheiten für besondere Aufgaben«. Männer in Kunstlederjacken fotografieren und filmen überall. Auf Fragen antworten sie nicht. »Wie unter den Sowjets, hier sind mehr Geheimdienstler als Journalisten und Kasparow-Anhänger zusammen«, sagt eine alte Frau.

Eine halbe Stunde später wiederholen sich die Jagdszenen. Jetzt hat Nikolaj Ljaskin Stellung bezogen, auch er mit einem Plakat »Freiheit für Kasparow« um den Hals. Die »Gegenseite« wird sofort aktiv: Eine Gruppe von sieben bis acht jungen Männern, die in jedem US-Film als Straßengang durchgehen würde, steht die ganze Zeit über nur ein paar Meter entfernt. Sie haben ihr Auto abgestellt, öffnen immer wieder gelegentlich die Motorhaube. »Wir sind zufällig hier, wir haben Probleme mit dem Motor«, sagen sie. Und sie telefonieren ständig. »Da ist wieder einer«, sagt einer von ihnen ins Telefon – und wartet ab. »Okay, verstanden«, sagt er dann.

Einer aus der Gruppe der vermeintlichen Autoschrauber stellt sich neben Ljaskin, weicht ihm nicht von der Seite. Kasparow-Anhänger versuchen, den Provokateur abzudrängen, doch er versucht sich im wahrsten Sinne des Wortes an die Seite Ljaskins durchzuschlagen und teilt dabei kräftig aus. Einer aus der Gruppe telefoniert kurz und sagt dann ein einziges Wort: »Dawajte!«, zu deutsch: »Los!«. Eine halbe Minute später fährt die Polizei vor. Doch in diesem Moment ist Ljaskin seinem »Manndecker« weggelaufen, der vermeintliche Mitdemonstrant kann ihn nicht einholen, weil ihn Kasparows Anhänger aufhalten. Dennoch wird Ljaskin geschnappt. »Das ist eine illegale Kundgebung«, wirft der Beamte ihm vor. »Ich bin allein, das ist legal«, sagt, wie vorher schon Nowikow, auch Ljaskin. »Nein, Sie sind zu zweit«, sagt einer der Polizisten und schnappt zielsicher den Provokateur aus der Menge. Der zeigt auf einen weiteren Kasparow-Anhänger neben sich: »Hier, nehmt den auch fest, der hat mich behindert.« Die Kollegen folgen prompt und verhaften den dritten Mann. »Fordert einen Bus an für die nächsten Festnahmen, auf der Wache ist alles belegt«, brüllt ein Offizier in sein Handy.

Kurz zuvor hatten sich die Vertreter der Staatsmacht zurückhaltender gezeigt. Vielleicht weil viele Journalisten anwesend waren, als der bekannte Ex-Vize-Premier Boris Nemzow, jetzt Spitzenkandidat der kremlkritischen Partei SPS – zu deutsch: »Union Rechter Kräfte« – bei den Duma-Wahlen, zur Mahnwache am Kripo-Hauptquartier antritt, in dem Kasparow einsitzt. Nemzow ist umzingelt von Obdachlosen mit abstoßendem Äußeren und teilweise von Geschwüren entstellten Gesichtern. Sie versuchen, sich hinter ihm zu positionieren, so dass sie bei den gegenüberstehenden Kameras mit ins Bild kommen. »Kasparow ist unser Präsident«, krakeelen sie. Zwischendurch gehen sie immer wieder zu einer gut angezogenen Frau, die etwas entfernt steht. Die Dame scheint den Umgang mit den ungewaschenen Gesellen nicht zu scheuen. Jedenfalls flüstert sie ihnen immer wieder etwas ins Ohr – wenn sie nicht gerade telefoniert.

»Das ist das wahre Gesicht des Putin-Regimes, es benutzt Obdachlose, um die Opposition zu diskreditieren«, klagt Boris Nemzow. »Nur verkommene Elemente können einen wie Kasparow unterstützen« – das ist offenbar die Botschaft, die der Auftritt vermitteln soll. Denn wo immer Kasparow in den vergangenen Monaten größere Veranstaltungen in Moskau abhielt, waren prompt Dutzende von Obdachlosen mit ihren Foto-Plakaten und Spruchbändern (»Wir sind für Kasparow«)

zur Stelle, um gegen ihn Front zu machen. Statt mit öffentlichen Debatten oder Argumenten bekämpft der Kreml politische Widersacher mit Methoden aus der Mottenkiste des KGB. Mehrere Parteien, die zur Wahl antreten, geben sich als Opposition aus, kritisieren aber in den Fernsehdebatten hauptsächlich die echte Opposition. Sie sind ganz offensichtlich Schöpfungen des Kreml – und von Wladislaw Surkow, dem Chefarchitekten dessen, was neurussisch »Polittechnologie« genannt wird: das Surrogat von Politik durch den Anschein von Politik, ein Kampf ohne Regeln, eine Art Wettbewerb um die erfolgreichsten Fouls und Tricks, etwa so, wie wenn man beim Fußball gar nicht erst versuchen würde, im fairen Kampf auf dem Rasen zu gewinnen, sondern nur durch Bestechung des Schiedsrichters, Manipulation des Balls und Ausschalten gegnerischer Spieler. Die Methode hat Tradition: Schon Putin und seine KGB-Kameraden zogen sich einst in Leningrad Jeans an und diskreditierten, als Oppositionelle verkleidet, die Regimegegner. Noch heute setzt die Regierung neben Gewalt und Repression offensichtlich auch auf bezahlte Demonstranten – Provokateure und Obdachlose –, um ihre Gegner der Lächerlichkeit preiszugeben. Und unterwandert und bespitzelt die Opposition, gegen geltendes Gesetz: Der vermeintliche Demonstrant und Kasparow-Unterstützer Nowikow, von dessen Festnahme oben berichtet wurde, floh zwei Monate später nach Dänemark und outete sich dort als Spitzel des Geheimdienstes. Er habe alle Pläne der Opposition sofort an den FSB melden müssen und konkrete Aufträge erhalten, gestand er nach der Flucht und rief im Beisein von Journalisten seinen nichtsahnenden Führungsoffizier an – der ihn unverblümt warnte, wenn er keine Neuigkeiten liefere, gebe es kein Geld.[25]

Dabei scheinen solche Maßnahmen gar nicht notwendig. Viele Oppositionspolitiker, auch Kasparow selbst, dürfen bei der Duma-Wahl am 2. Dezember ohnehin gar nicht antreten – dafür sorgte ein neues Wahlgesetz mit starken Beschränkungen wie die Anhebung der Prozenthürde von fünf auf sieben, das Verbot von Wahlbündnissen oder die Abschaffung der Direkt-Wahl von Abgeordneten in den Wahlkreisen. Hinzu kamen starke Erschwernisse bei der Registrierung der Parteien und der strikte Kurs der Zentralen Wahlkommission. Deren neuer Chef, Wladimir Tschurow, ist ein Schulfreund und enger Vertrauter Putins. In einem Interview mit der Zeitung »Kommersant« verrät er seinen obersten Glaubenssatz: »Gesetz Nummer eins« sei, dass Putin immer Recht habe. Auf die Gegenfrage, was zu tun sei, wenn der Präsident doch einmal einen Fehler mache, antwortet Tschurow nur: »Wie kann Putin Unrecht haben?« Angesichts solcher Aussagen fürchten viele Beobachter, die Wahl sei von oben gesteuert und der haushohe Sieg der Putin-Partei schon vorab im Kreml beschlossen worden.

»Wir haben jetzt Zustände wie in Weißrussland. Es herrschen Unrecht und Willkür, Putins System ist auf Lüge und Zynismus gebaut«, bestätigt Kreml-Kritiker Nemzow bei der Protestaktion am 28. November gegenüber dem Hauptquartier der Kriminalpolizei. Die Duma-Wahl sei ein Schmierentheater: »Gerade erst wurden 15 000 Broschüren unserer Partei von den Behörden beschlagnahmt, im Fernsehen kommen wir nicht zu Wort, unsere Leute werden eingeschüchtert, die Wahlergebnisse vom Kreml diktiert.« Nachts um 2, 3 oder 4 Uhr riefen Unbekannte an und forderten die Menschen auf, Nemzows kremlkritische SPS zu wählen – eine von unzähligen Provokationsmethoden, um die Partei unbeliebt zu machen. »So sieht der Wahlkampf unter Putin aus – für eine politische Diskussion ist dieses Regime zu feige.«

Einer der Provokateure schreit: »Du bist ein Schuft, du hast mich letzte Woche verprügelt. Du bist ein Gangster.« Ein anderer fragt Nemzow vor den Kameras: »Wann bekommen wir jetzt das Geld, das man uns versprochen hat für das Demonstrieren hier?« Ein Kasparow-Anhänger kontert: »Da bist du an der falschen Adresse, dafür musst du dich an den Geheimdienst wenden.« Die Polizei greift erst zu, als Nemzow und mit ihm der Großteil der Journalisten abgezogen sind. Bis zum frühen Nachmittag werden fünf Kasparow-Anhänger von der Polizei in Gewahrsam genommen; ihnen drohen mehrere Tage Arrest. Schon an den Tagen zuvor gab es der Opposition zufolge mehrere Festnahmen nach dem gleichen Muster.

Doch die Demonstranten lassen sich nicht alles gefallen. Als ein junger Mann mit einem »Freiheit für Kasparow«-Plakat von einem Provokateur in Deckung genommen wird, läuft er weg und bittet die Polizisten an der Straßenecke um Hilfe. Diese drehen sich weg. Erst als sie den ausländischen Presseausweis des Autors sehen, werden sie aktiv und fordern den Provokateur auf, zur Seite zu gehen. Kurz darauf spricht einer der Beamten mit den übrigen Provokateuren. Daraufhin bleiben sie erst einmal bei ihrem Auto stehen. Wenige Minuten später kommen hochgewachsene Männer in Zivil aus dem Polizei-Hauptquartier gegenüber: gestandene Ermittler, die in jedem Krimi den cleveren, sympathischen Kripo-Mann spielen könnten.

»Machen Sie bitte die Straße frei, es wird jetzt hier eine verdeckte Aktion stattfinden, Sie müssen den Gehsteig räumen«, sagen sie betont höflich – weigern sich aber, ihre Dienstausweise zu zeigen. »Ihnen sieht man doch an, dass Sie professionelle Kripobeamte sind. Sie hätten doch weiß Gott Wichtigeres zu tun, als eine Handvoll Demonstranten zu verjagen, warum missbraucht dieser Staat Sie so?«, fragt ein Journalist. Der Beamte schweigt. Lange. Wirft einen vielsagenden, traurigen Blick zurück: »Bitte, verstehen Sie mich! Gehen Sie! Bitte!«

Nach weiteren zwei Stunden sind noch einmal vier Kasparow-Sympathisanten abgeführt worden, außerdem, so berichtet dessen Sprecherin von der Petrowka 38, alle noch anwesenden Presseleute – zwei Journalisten und zwei Fotografen. Bei NTW, einem der wichtigsten TV-Sender, der zu Gasprom gehört, fällt in den 16-Uhr-Nachrichten kein Wort über die Proteste, die Festnahmen. Dafür ist Putin bei einer Ansprache im Kreml zu sehen. Er werde seinen demokratischen Kurs nicht verlassen, betont der Präsident: »Wir kennen den Wert von Demokratie, und ehrliche, faire Wahlen sind unser ureigenstes Interesse. Und wir sind davon überzeugt, dass ein reibungsloser Ablauf diesmal zu gewährleisten ist.«

Unterdessen kommen die Attacken gegen Kasparow buchstäblich von allen Seiten. Da halten Grenzpolizisten seine Frau Dascha mit der einjährigen Tochter am Petersburger Flughafen Pulkowo schon einmal unter einem Vorwand so lange auf, bis sie ihr Flugzeug verpassen. Und Anhänger der vom Kreml gesteuerten Jugendbewegung »Naschi« (»Die Unsrigen«) hängen Bilder des früheren Schachweltmeisters als Zielscheiben aus: In rund 25 »politischen Schießzentren« können Jugendliche nach Herzenslust mit Farbe oder Dartpfeilen ihren Hass auf »die Feinde Russlands« ausleben. Auch der frühere russische Regierungschef Michail Kassjanow, der mittlerweile in die Opposition gewechselt ist, wird als Zielscheibe genutzt. Anfang Oktober nahmen rund 100 junge Menschen der kremltreuen Molodaja Gwardija (»Junge Garde«) an einem Schießspiel unter dem Motto »Wähle mit deinem Gewehr« teil – und schossen mit Farbkugeln unter anderem auf Bilder von Kasparow, Osama bin Laden und dem estnischen Regierungschef Andrus Ansip. Diese Methoden erinnern an finstere Zeiten in der russischen Geschichte; Putins Verteidiger im Westen ignorieren solche Erscheinungen gerne oder tun so, als handle es sich um Auswüchse, für die der Kreml nicht verantwortlich sei. Dabei sprechen die Fakten eine ganz andere Sprache: Der bisherige Chef der Jugendorganisation »Naschi« wurde auf Betreiben des Kreml zum Vorsitzenden eines neu geschaffenen staatlichen Jugendkomitees berufen – offenbar als Belohnung für zuverlässige Stimmungsmache und Angriffe unter der Gürtellinie.[26]

Wahl nach Plan

Es sind unheimliche Szenen, die sich am 2. Dezember 2007 nur ein paar Schritte vom Kreml entfernt abspielen. Riesige Lastwagen versperren den Zugang zum Bolschoj Tscherkasskij Pereulok von beiden Seiten. Menschenleer liegt die ganze Straße da, nur drei Polizeisperren sind zu sehen. Männer in Uniform und Zivil kontrollieren hinter Absperrgittern alle, die passieren wollen. Es ist Russlands Wahlkommission, die so streng bewacht wird, dass die Polizei gleich die ganze Straße blockiert. Offenbar haben die Behörden am Abend der Duma-Wahl Angst vor Bürgerprotesten, wie sie 2004 nach den Wahlfälschungen in der Ukraine zur orangen Revolution geführt haben.

Dabei scheint die Vorsicht völlig unbegründet. Putin und seine Partei »Einiges Russland« sind so allgegenwärtig im Land und vor allem in den Medien, die Opposition ist derart mundtot gemacht, dass niemand ernstzunehmende Proteste erwartet. So verläuft denn auch am Wahlabend alles nach Plan. Nach den ersten Hochrechnungen kommt die Kreml-Partei auf 64 Prozent. Daneben wird die 7-Prozent-Hürde von den kremltreuen »Liberaldemokraten«, der von dem Putin-Vertrauten Sergej Mironow geführten Partei »Gerechtes Russland« sowie den gemäßigt kremlkritischen Kommunisten übersprungen.

Weit abgeschlagen landeten die beiden prowestlichen Kräfte »Jabloko« und »SPS« bei jeweils rund einem Prozent. Die Opposition bezeichnet die Wahl als Farce und klagt über massive Fälschungen, Manipulationen und Behinderungen. Beobachter der Partei »Jabloko« berichten, dass Wähler mit Bussen nacheinander zu verschiedenen Wahllokalen gefahren wurden und ihre Stimme mehrfach abgaben. Anderen Beobachtern zufolge haben einzelne Wähler 15 bis 20 Wahlzettel in die Wahlurnen geworfen. In Anapa am Schwarzen Meer wurde ein Wahlzettel als Muster ausgehängt, auf dem bereits die Kreml-Partei angekreuzt war. In Betrieben und Behörden wurden Beamte und Arbeiter unter Androhung der Entlassung aufgefordert, zur Wahl zu gehen und Putins Partei zu wählen. Beim Militär soll die Stimmabgabe oft per Befehl und unter Aufsicht erfolgt sein.

Die Kommunisten wiederum berichten, dass sich in Mordowien die Beamten allzu sehr für die Kreml-Partei ins Zeug gelegt hätten. Dass »Einiges Russland« 93,41 Prozent der Stimmen bei einer Wahlbeteiligung von 94,5 Prozent bekommen habe, sei schon verdächtig genug. Des Guten eindeutig zu viel sei aber, dass die Partei in einigen Wahllokalen den ersten Protokollen zufolge gar bei 104 bis 109 Prozent lag – weil es die Wahlhelfer offenbar mit der Ergebnis-Aufbesserung übertrieben haben und mehr Wahlzettel heimlich in die Wahlurnen warfen, als Wähler in den Wahllisten figurierten. Ein Handy-Video zeigt, wie eine Mitarbeiterin einer Wahlkommission in Moskau einen Wahlzettel nach dem anderen in eine Wahlurne einspeist. Die Wahlkommission bezeichnet den Film als Fälschung.

Neben den Parteien berichten auch zahlreiche einfache Moskauer von Merkwürdigkeiten. Eine Studentin etwa, die nicht genannt werden möchte, erzählt, wie am Wahltag ein Mann vor ihr wählen wollte, dann aber hören musste, er sei bereits bei der Abstimmung gewesen, man habe ihm schon einen Wahlzettel gegeben. Das passt zu dem Vorwurf, dass die Wahlkommissionen einfach für nicht erschienene Wähler Stimmzettel in die Urnen einwerfen – und so die Wahlbeteiligung und den Stimmen-Anteil der Kreml-Partei erhöhen.

»Heute habe ich begriffen, in was für einem Land ich lebe und unter welchen Leuten, oh Gott«, schreibt eine junge Moskauer Journalistin in einem privaten Brief. »Mein Freund, ein junger, talentierter Arzt, der 2000 bis 3000 Dollar im Monat verdient, erzählte mir lächelnd, wie seine Klinikchefs in ein Parteibüro von ›Einiges Russland‹ einbestellt wurden und man ihnen sagte, dass alle Mitarbeiter verpflichtet seien zu wählen – und so abzustimmen, wie es vorgeschrieben ist.« Bei Zuwiderhandlung an der Wahlurne sei mit der Kündigung oder gar Schließung der Klinik gedroht worden. »Soll ich die Entlassung riskieren?«, fragte der Arzt, der eigentlich nicht wählen gehen wollte und schließlich doch brav sein Kreuz bei der Kreml-Partei machte.

Auffallend hoch ist die Wahlbeteiligung auch in Tschetschenien: Hier liegt sie bei 99 Prozent, was kein Schreibfehler ist, sondern das offizielle amtliche Endergebnis, mit dem die Zentrale Wahlkommission de facto selbst den Beleg liefert, dass es an den Urnen nicht mit rechten Dingen zugegangen sein kann. Noch weniger lupenrein erwies sich die Demokratie in Inguschetien im Kaukasus; 99,86 Prozent der 164 275 Wahlberechtigten gingen demnach zur Wahl – nur 230 blieben zu Hause. So zumindest das offizielle Ergebnis. Die oppositionelle Internet-Seite www.ingushetiya.ru startet daraufhin eine Aktion mit dem Namen »Ich habe nicht gewählt« und versucht, das Ergebnis als Fälschung zu entlarven: 87 340 Inguschen hatten Erklärungen unterschrieben, dass sie gar nicht wählen waren – rund 53 Prozent der Wahlberechtigten. Unmöglich also, dass, wie offiziell behauptet, 159 496 Bürger für die Putin-Partei stimmten (98,72 Prozent). Dabei haben die Menschenrechtler nicht einmal alle Regionen der russischen Teilrepublik mit ihrer Aktion erreicht – 24 Ortschaften blieben außen vor, so dass die reale Zahl der Nichtwähler wohl noch größer ist.[27]

Der Vorwurf der Wahlfälschung in Inguschetien sei »Dummheit und Schwachsinn«, sagt der Chef der dortigen Wahlkommission.[28] Weil die regionale Staatsanwaltschaft in Inguschetien sich weigert, Ermittlungen aufzunehmen, bringen die Menschenrechtler Mitte Januar 2008 die 290 Aktenordner umfassenden Erklärungen der Nichtwähler, getarnt als Warenlieferung auf einem Lastwagen, zur Generalstaatsanwaltschaft – zusammen mit gefälschten Wahlprotokollen, in denen bei vielen Wählern die eingetragenen Passnummern wie auch die Unterschriften identisch sind. Der Chef der Zentralen Wahlkommission in Moskau, Putins Schulfreund Tschurow, erklärt rund einen Monat später, am 13. Februar: »Bei keiner staatlichen Behörde, weder in der Wahlkommission noch in der Staatsanwaltschaft, ist auch nur ein einziges juristisches Dokument eingegangen, das mit der Sache zu tun hat.«[29]

In Inguschetien löst die Polizei eine Kundgebung gegen die Wahlfälschungen mit Gewalt auf. Acht Menschen kommen bis auf Weiteres in Untersuchungshaft, wegen »Anzettelns von Massenunruhen«, wie es heißt.[30] Einen der Organisatoren der Demonstration, Makscharip Auschew, nehmen maskierte Bewaffnete in seinem Heimatdorf fest; er hatte sich dorthin geflüchtet, nachdem Unbekannte das Haus seines Bruders mit einem Granatwerfer in Flammen geschossen hatten.[31] Oppositionelle Medien vermelden am 15. Februar die Festnahme von Magomed Jewlojew; der Anwalt ist Betreiber der erwähnten Internet-Seite www.ingushetiya.ru, von der die Aktion »Ich habe nicht gewählt« organisiert wurde. Mit einem Sack über dem Kopf wird Jewlojew aus seinem Haus abgeführt. Später stellt sich jedoch heraus, dass es sich bei dem Festgenommenen um einen Namensvetter des in Moskau lebenden Anwalts handelt. Die Polizei habe aus Versehen den Falschen erwischt – weil sie das aber nicht zugeben wolle, sitze der Unglückliche, der nicht wisse, wie ihm geschehe, nun seit Wochen in Haft, berichtet www.ingushetiya.ru.[32] Am 26. Februar 2008, sechs Tage vor der Präsidentschaftswahl, verleiht Wladimir Putin dem kremltreuen Präsidenten von Inguschetien, Murat Sjasikow, den Orden »Für Verdienste um das Vaterland« dritten Grades.[33]

Das russische Volk, so formuliert es Kommunisten-Chef Gennadij Sjuganow drastisch, sei bei diesen Präsidentschaftswahlen »vergewaltigt« worden. Die Ergebnisse würden von der Zentralen Wahlkommission einem vorgefertigten Schema untergeordnet – also im Kreml und nicht an den Wahlurnen bestimmt. Sjuganow kündigte an, die Wahl anzufechten. Doch Russlands Justiz hat bisher alle Klagen der Opposition über Manipulationen und Behinderungen abgewiesen.

Parlamentspräsident Boris Gryslow, Vertrauter Putins und Chef der Kreml-Partei »Einiges Russland«, bekräftigte vielmehr, der Urnengang sei »ein Referendum zur Unterstützung der Politik von Wladimir Putin« gewesen. Die Wahl bestätige, »dass Wladimir Putin unser nationaler Führer ist. Seine Politik wird fortgesetzt.« Kreml-Insider berichten jedoch, dass Gryslow lediglich gute Miene zum nicht ganz so erfreulichen Spiel machte. So ansehnlich das Wahlergebnis der Putin-Partei mit 64 Prozent bei einer Wahlbeteiligung von ebenfalls 64 Prozent auf den ersten Blick wirken mag: Wenn man den massiven Druck, das Informationsmonopol und offenbar auch die Manipulationen berücksichtigt, ist es erstaunlich, dass nur knapp 41 Prozent der wahlberechtigten Russen die Kreml-Partei gewählt haben – sieben Millionen Menschen weniger, als Putin bei den Präsidentschaftswahlen 2004 die Stimme gaben. Ein bahnbrechender Erfolg hätte anders aussehen müssen – vor allem, nachdem die Wahl zum »Referendum über den Präsidenten« erklärt worden war. Dass Putin am Wahlabend alle anvisierten öffentlichen Termine absagte, sei denn auch kein Zufall gewesen, berichtet ein Insider: »Der Präsident war bitter enttäuscht über das Ergebnis.« Die Idee vom »nationalen Führer« sei angesichts der 41 Prozent erst einmal auf Eis gelegt worden.

Doch bis zum 2. März 2008 waren es nur noch drei Monate, die Zeit wurde immer knapper: Um dem Wahlvolk den Nachfolger noch schmackhaft machen zu können, musste dieser schnell gefunden werden. Putins Wettlauf gegen die Zeit ging in die heiße Phase. Der Dressurreiter im Kreml musste jetzt aufhören, Bewegung vorzutäuschen – er musste endlich zum Sprung ansetzen. Doch der Spielraum für Manöver ist winzig: Nicht nur, dass 69 Prozent der Russen nach der Duma-Wahl den Verdacht hegen, das Ergebnis sei manipuliert worden. Fast einhellig verurteilen die westlichen Staaten die Unregelmäßigkeiten beim Urnengang am 2. Dezember. Nur Frankreichs Staatschef Nicolas Sarkozy schert aus der kritischen Front aus und gratuliert Putin zum Sieg »seiner« Partei, deren Spitzenkandidat er zwar ist, der er aber formell gar nicht angehört. Dabei war der erst im Mai 2007 gewählte neue Hausherr des Élysée-Palasts in seinem Wahlkampf noch mit massiver Kritik an Putin aufgefallen und hatte einen härteren Kurs gegenüber Moskau gefordert. Ein Schelm, wer den Sinneswandel mit einer russischen Drohgebärde in Zusammenhang bringt: Seit Dezember 2006 hatten russische Behörden massiven Druck auf den französischen Energiekonzern Total ausgeübt und mit dem Entzug von Lizenzen gedroht – wovon dann plötzlich keine Rede mehr war, nachdem sich Putin und Sarkozy beim G8-Gipfel im Juni 2007 in

Heiligendamm in feucht-freundlicher Atmosphäre getroffen und offenbar geeinigt hatten; Sarkozy trat nach der Unterredung sichtlich beschwipst vor die Weltpresse.

Die deutsche Bundesregierung hingegen wählt Worte, die in dieser Deutlichkeit im bisherigen Umgang mit Russland noch nicht zu hören waren: Die Wahlen seien »nicht frei, gleich und demokratisch« gewesen. Lobt ihr Vorgänger Gerhard Schröder Putin bis heute als »lupenreinen Demokraten«, so verkündete Kanzlerin Angela Merkel nach dem Urnengang in einem Interview: »Russland war keine Demokratie und ist keine Demokratie.« Die Wahlbeobachter der OSZE sprechen offen von Machtmissbrauch. Die portugiesische EU-Ratspräsidentschaft bemängelt, der Urnengang habe nicht den »internationalen Standards und Verpflichtungen« entsprochen, zu denen sich Moskau freiwillig bekannt habe. Vor und während der Wahl habe es viele »Einschränkungen der Medien sowie Gängeleien von Oppositionsparteien und Nicht-Regierungsorganisationen« gegeben.

Dass die westlichen Staats- und Regierungschefs ihre Samthandschuhe im Umgang mit Putin ausziehen, liegt nicht nur an den Wahl-Manipulationen. Die hat es auch früher schon gegeben, und der Westen hat sie allenfalls leise und pflichtschuldig moniert. Der Grund für die neuen Töne und die kritischere Haltung ist wohl vor allem in einem Phänomen zu suchen: die antiwestlichen Töne, die in Moskau beinahe monatlich lauter und poltriger werden – und die vielen Politikern im Westen Angst einjagen. Tatsächlich treibt die Stimmungsmache in Russland zuweilen bizarre Blüten.

Kalte Kriegstrommel

»Die Gefahr lauert überall«, glaubt Maria Drokowa. Die 17-jährige Moskauer Verwaltungsstudentin ist deshalb in die Politik gegangen – und »Kommissarin« geworden, also ranghohe

Funktionärin der kremltreuen Jugendbewegung »Naschi«. Drokowa beteiligt sich fleißig an deren Aktionen, etwa gegen den britischen Botschafter in Moskau. Den Diplomaten piesackten »Naschi«-Aktivisten monatelang mit »Protestaktionen« vor seinem Amtssitz. Nach Einschätzung der Briten wurde »Naschi« bei diesen Aktionen vom russischen Geheimdienst unterstützt, denn die Jugendbewegung kannte den Terminplan der Exzellenz vorab bis ins Detail. »Der Botschafter unterstützt die Faschisten, er hat ihnen für die Machtergreifung eine Million Pfund versprochen. Oder war es eine Milliarde!?«, empört sich das Mädchen. Welche »Faschisten«? Auf Nachfrage nennt sie in einem Atemzug die gesamte Spitze der Opposition, von dem eher geschmeidigen Ex-Premierminister Michail Kassjanow bis hin zu Ex-Schachweltmeister Garri Kasparow, der eng mit den linksradikalen »Nationalbolschewisten« zusammenarbeitet. Sie alle würden vom Westen bezahlt, und wenn sie an die Macht kämen, drohe Schreckliches. »Die wollen alle, die über 60 sind, umbringen, weil sie nicht mehr arbeitsfähig sind«, ist sich die »Kommissarin« sicher. »Deshalb opfere ich meine ganze Freizeit für ›Naschi‹. Ich gehe nicht mehr tanzen und habe meine Eltern seit drei Monaten nicht mehr besucht«, sagt sie traurig und fügt hinzu: »Ich kämpfe dafür, dass wir den Weg, den Putin uns vorgibt, weiter beschreiten können.« Das sei sie ihrem Großvater schuldig: »Der ist im Kampf gegen die Nazis gefallen, auch ich muss gegen die Faschisten kämpfen.«

Angst vor der Bedrohung durch den Westen ist das Hauptthema der »Naschi«. »Putin hat die Leute dazu gebracht, an sich selbst zu glauben. Ohne ihn wärest du ein anderer Mensch«, heißt es auf einem Handzettel der Organisation, in dem Parallelen zum Jahr 1941 gezogen werden, als Hitler Russland überfiel: Damals »waren wir nicht bereit zum Krieg und haben 27 Millionen Menschen verloren. 2007 müssen wir entscheiden, ob wir den Kurs von Putin beibehalten – oder eine Rohstoff-Kolonie des Westens werden wollen.«

Solche Ängste kommen nicht von ungefähr, sie wurden gezielt

geschürt. Wladimir Putin höchstselbst hatte den liberalen Oppositionellen im Wahlkampf nachgesagt, sie lungerten wie »Schakale« vor den ausländischen Botschaften herum und würden von diesen bezahlt – womit er der Jugendorganisation »Naschi« und anderen stramm nationalistischen Kräften den Ton vorgibt. In den meisten seiner größeren Auftritte warnt der Präsident vor ausländischen Feinden und vor Gefahren für die Unabhängigkeit Russlands, ruft zur Aufrüstung und zur »Wehrhaftigkeit« auf, zu einer Mentalität der »belagerten Festung«. Meisterhaft spielt er dabei mit den Erfahrungen der Menschen aus der Sowjetunion: Ohne den Westen direkt beim Namen zu nennen und damit erneut zu verärgern, macht er den Menschen überdeutlich, dass er genau ihn im Zielrohr hat. Etwa, wenn er in seiner Rede zur Nation im Mai 2006 sagt: »Kamerad Wolf weiß, wen er zu fressen hat. Er frisst, ohne hinzuhören und hat auch nicht vor zuzuhören.« Kaum ein russischer Zuhörer wird dabei nicht sofort an die USA denken. Selbst kleinere Zwischenfälle wie ein Fischereikonflikt mit Norwegen um einen russischen Fischkutter vor Spitzbergen werden in den Medien zu riesigen Konflikten mit der Nato aufgebauscht. Als im Juni 2006 ein 200 Mann starkes Vorabkommando von US-Soldaten für ein gemeinsames Manöver der Nato mit der Ukraine auf der Krim eintrifft, melden russische Fernsehsender dies als Topnachricht und vermitteln den Zuschauern beinahe den Eindruck, es handele sich um eine Invasion gegen Russland. Generalstabschef Jurij Balujewskij droht fast regelmäßig vor laufenden Kameras mit Raketenschlägen gegen den Westen: Das geplante Raketenabwehrsystem der USA in Osteuropa könne einen russischen Angriff auslösen, ein derartiges Missverständnis sei nicht ausgeschlossen, so sein Wink mit dem militärischen Zaunpfahl im Dezember 2007. Ebenfalls pünktlich zum Wahlkampf kündigte er am 19. Januar 2008 vor Mitgliedern der Moskauer Akademie für Militärwissenschaften an, Russland könne sich unter gewissen Umständen für einen atomaren Präventivschlag entscheiden – und zwar »nicht nur bei Kampfhandlungen, sondern auch zur Demonstration der Entschlossenheit der Staatsführung, die Interessen der Nation zu verteidigen«.[34]

Die »Putin-Jugend«, wie Spötter die »Naschi« nennen, die an Scientology und die frühere sowjetische Jugendbewegung Komsomol – die Nachwuchsorganisation der KPdSU, die die Jugend »zum Kommunismus« erziehen sollte – erinnern, ist vor allem auf den Straßeneinsatz spezialisiert, etwa auf die erwähnten Demonstrationen vor ausländischen Botschaften. Offiziell bezeichnet sich »Naschi« als antifaschistisch, dabei scheinen ihre Methoden aber den Giftküchen der autoritären Regime des vergangenen Jahrhunderts zu entspringen. Der Kampf gegen die Opposition mit allen Mitteln ist offenbar ihr eigentliches Ziel. Denn wer in Russland den Präsidenten kritisiert, wird schnell als Faschist verunglimpft, der im Auftrag des Westens das Vaterland verrät.

Andere kremlnahe Jugendorganisationen wie »Rumol« (»Junges Russland«) agitieren noch krasser. Auf seinem Flugblatt stellt es die Sterne auf der US-Flagge als Hakenkreuze dar, die Streifen als Stacheldraht. Zum Jahrestag der Nato-Gründung kündigen Rumol-Aktivisten schon einmal an, in den Nationalfarben aller Nato-Mitglieder gekleidet vor der Moskauer US-Botschaft in einen symbolischen Fleischwolf zu hüpfen. »Unten kommt blutiges Hackfleisch raus – wie es die Nato aus ihren Mitgliedern macht«, so ein Rumol-Funktionär.

Der antiwestliche Wind weht von ganz oben und ist das Leitmotiv bei der öffentlichen Präsentation der »Operation Nachfolge«. Gebetsmuhlenartig betonen Politiker, Journalisten und Fachleute in Fernsehen, Funk und Presse, wie groß die Gefahr und wie widerstandsfähig und aufs Neue erstarkt Russland heute sei – dank Putins kluger Politik. Kaum eine Nachrichtensendung vergeht ohne einen Bericht über neue Wunderwaffen, Aufrüstung, Manöver und die Stärke der Armee. Regelmäßig werden Drohungen laut, in kriegerischem Tonfall, oft vom Präsidenten selbst mit Zorn in den Augen vorgetragen. So kündigte Putin an, bis 2015 die russischen Streitkräfte mit modernsten

Kampfjets, Atom-U-Booten und neuen Interkontinentalraketen auszurüsten: »Wir werden eine Raketentechnologie entwickeln, einschließlich vollkommen neuer nuklearstrategischer Systeme, vollkommen neu.«[35]

Vieles von dem, was Putin als bahnbrechende Neuerung verspricht, ist nicht mehr als die Wiederholung von älteren, nie umgesetzten Plänen, etwa die Aufrüstung und Erneuerung der Atomstreitkräfte. Andere Ankündigungen, beispielsweise die Wiederausrichtung von Raketen auf Ziele in Westeuropa, sind pure Effekthascherei – ganz anders als die wirklich dringlichen Aufgaben, wie eine Rundum-Modernisierung der konventionellen Streitkräfte, die sich in einem desolaten Zustand befinden. Das Protzen mit vermeintlicher Stärke soll offenbar die wirkliche Schwäche der Armee verdecken und erinnert an das Imponiergehabe von Halbstarken. Und die Fernsehberichterstattung erinnert an Autosuggestion, mit der ein Arzt einem Schwindsüchtigen einredet, er könne Bäume ausreißen. Denn tatsächlich betrug Russlands Militärbudget 2006 nur circa 60 Milliarden Dollar – ein Bruchteil der US-Verteidigungsausgaben und immer noch weniger, als den Franzosen an Etat zur Verfügung steht.[36]

Mit der Mischung aus »Stärkegefühl« und Angst vor dem äußeren Feind will der Kreml offenbar die Bevölkerung zusammenschweißen und von den inneren Missständen ablenken. Im Westen wurden die nationalistischen Parolen lange Zeit nicht wahrgenommen. Nur so ist zu erklären, mit welcher Verwunderung Politiker zwischen Washington und Rom auf die martialischen Töne in Putins Rede bei der Münchner Sicherheitskonferenz im Februar 2007 reagierten. Das hätte ihnen erspart bleiben können, wenn sie nur früher aufmerksam nach Moskau geblickt hätten: Eine Diktion wie im Kalten Krieg ist dort schon länger allgegenwärtig; Putin ließ sie in seiner Rede lediglich erstmals lautstark im Ausland anklingen.

Dabei steckt hinter den aggressiven Tönen neben Taktik sicher auch Überzeugung. Denn die in der Moskauer Politik-Elite allgegenwärtigen Mitglieder der Sicherheitsdienste – bekanntlich knapp 80 Prozent – bekamen in ihrer Ausbildung ein sehr einseitiges Weltbild vermittelt: Alles dreht sich um Krisen, Kampf und Krieg. KGB-Offiziere fühlen sich schnell von Feinden umzingelt, sehen gerne Verschwörungen, Kampagnen und Intrigen, fassen Kritik leicht als Propaganda und Provokation auf und neigen dazu, alle Mittel der Gegenwehr für erlaubt zu halten. Die meisten »Tschekisten« betrachten die Niederlage im Kalten Krieg als Schmach und sehnen sich nach Revanche. Der oberste Anti-Drogen-Kämpfer, Viktor Tscherkessow aus dem »Silowiki-2-Clan«, erklärte etwa, der Westen betreibe eine »Kampagne« gegen Russland und führe einen »Informations- und Psychokrieg«, der »vom Maßstab her dem antikommunistischen Krieg Ende der achtziger Jahre entspricht« – womit er bemerkenswerterweise Glasnost und Perestroika meint.

Doch trotz solchen Säbelrasselns: Eine echte Neuauflage des Kalten Krieges könnte sich Putins neue Elite kaum leisten. Die oberen Zehntausend in Wirtschaft und Politik stehen in Sachen antiwestlicher Rhetorik ihren Vorgängern zu sowjetischen Zeiten zwar manchmal in sehr wenig nach, aber im Gegensatz zu den Kommunisten ist ihr Lebensstil, wie eingangs beschrieben, ganz auf den Westen ausgerichtet – ob Luxus-Residenz auf Mallorca oder Studium in den USA, ob Geld in der Schweiz oder Einkaufsbummel in westlichen Metropolen. Ein neuer Eiserner Vorhang wäre da doch sehr ungünstig.

Und so liegt ein wesentlicher Grund für die antiwestliche Stimmungsmache denn wohl auch in der Operation Nachfolge. Nach einer Umfrage des Levada-Zentrums im Jahr 2007 glauben 75 Prozent der Russen, die USA sei ein Aggressor, der die ganze Welt kontrollieren will; nur acht Prozent gehen davon aus, dass sich die Vereinigten Staaten für Frieden und Demokratie in der Welt einsetzen. 76 Prozent sehen von Washington eine Gefahr für die Sicherheit anderer Länder ausgehen. Auf die Frage, worauf die heutige »Unzufriedenheit« des Westens über Russland zurückzuführen sei, antworteten 76 Prozent, die liege vor allem am unabhängigen Kurs der russischen Führung und ihrem gewachsenen Einfluss in der Welt. Nur jeweils acht Prozent sahen den Tschetschenien-Krieg und die wachsenden autoritären Tendenzen und Menschenrechtsverletzungen als Hauptursache für die Abkühlung im Verhältnis mit dem Westen. Die Stimmungsmache kommt also an – kein Wunder, sind die entsprechenden Affekte aus sowjetischen Zeiten doch noch fest im Bewusstsein der meisten Russen verankert. Nachdem im Inland die antiwestliche Stimmung über Jahre angeheizt wurde, kann der Präsident jetzt bei den Wahlen die Ernte einfahren.

Er hat nur ein Problem: Seine Politik des Steinewerfens hat die Einstellung des Westens zu Russland stark gewandelt. Auch wenn die Führer der Nato-Staaten nach außen hin auf klare Töne verzichten, sprechen sie hinter verschlossenen Türen von einer Bedrohung durch das russische Riesenreich – und suchen nach Abwehrstrategien wie etwa durch die Entwicklung einer gemeinsamen Energiepolitik. Bei der EU in Brüssel ist hinter vorgehaltener Hand bereits von der »Gas-Diplomatie« Russlands die Rede, die es einzudämmen gelte, also Russlands Versuch, seine Gaslieferung als außenpolitisches Druckmittel einzusetzen. Putins Fürsprecher wie Altkanzler Gerhard Schröder oder der frühere italienische Ministerpräsident Silvio Berlusconi geraten mit ihrem Kreml-Lob zunehmend in die Defensive. Es gibt erste Anzeichen dafür, dass die Regierungen im Westen nicht mehr ausschließen, auch die Auslandskonten der Moskauer Führungsriege als Trumpfkarte im politischen Poker zu nutzen – was der GAU für das System Putin wäre. Die Rhetorik des Kalten Krieges, mit der im Inland ein Feindbild geschaffen und der Wähler von sozialen Problemen abgelenkt wird, gefährdet die Interessen der in ihrer Lebensweise sehr westlichen Oberschicht. Ein Witz, der in Moskau die Runde macht, bringt die Problematik auf den Punkt: »Putins Problem ist, dass er regieren will wie Stalin, aber leben wie Abramowitsch«, sein in London lebender Vertrauter und Multimilliardär mit eigenem Fußballclub.

Die Spannungen mit dem Westen sind auch ein wesentlicher Faktor in der Nachfolgefrage – bei der Putin immer mehr in Zeitnot gerät. Ein Gegenmittel muss her, ein Kompromiss, damit die Außenwirkungen des Machtwechsels kontrollierbar bleiben. Ein Kreml-Stratege hätte, dazu befragt, wohl Folgendes formuliert: Es gilt einen Weg zu finden, Wladimir Putin an der Macht zu halten, ohne dass die formellen Vorschriften der Verfassung verletzt werden. Denn ein Verfassungsbruch käme im Westen schlecht an, und als Nachfolger ist ein Aushängeschild vonnöten, das sich fernab der Heimat gut verkaufen lässt – und sich im Inland nicht einmischt.

Endspiel

Es gibt unterschiedliche Mittel, seine Getreuen zu demütigen. Ein besonders perfides ist es sicherlich, sie, gefüttert mit falschen Informationen, an die Öffentlichkeit gehen zu lassen – und sie dann ohne Rückendeckung sich selbst zu überlassen. Genau das jedenfalls widerfuhr zweien der treuesten Sachwalter Putins aus den Korridoren der Macht: den Führern der beiden Kammern des Parlaments. Da ist zum einen Sergej Mironow, ein Geologe mit der Ausstrahlung eines Granitsteins; in seinem Eintrag in der Internet-Enzyklopädie »Wikipedia« ist die Liste seiner Orden genauso lang wie die seiner biographischen Daten. Er kennt Putin aus gemeinsamen Petersburger Zeiten, und ohne diese Verbindung wäre er mangels Charisma wohl kaum über eine regionale politische Karriere hinausgekommen. Die wichtigste Qualifikation des Sprechers des Föderationsrates – der Oberkammer – ist wie bei den meisten Männern, die Putin an den Schlüsselpositionen des Staates platziert hat, unbedingte persönliche Loyalität zum Präsidenten. Mironows Pedant und »Zwilling« ist der Sprecher des Unterhauses und formelle Parteichef von »Einiges Russland«, Boris Gryslow, ein graumelierter Mann, der bei jedem gesprochenen Wort vor der Kamera so wirkt, als habe er den Text vorher auswendig gelernt und nur die einzige Sorge, beim Vortrag irgendwie stecken zu bleiben. Gryslow ist vor allem durch zwei Aussagen bekannt: Er sei bereit, so soll er einst gesagt haben, aus dem Fenster zu springen, wenn Putin ihn dazu auffordere. Noch legendärer und vor allem verbrieft ist sein Bekenntnis, das Parlament, das von ihm geleitet wird, sei kein Platz für politische Diskussionen.

Ausgerechnet diese beiden Getreuen ließ Putin Anfang Dezember 2007 ins offene Informations-Messer laufen – als eine Art politisches Bauernopfer. Mironow, der die vom Kreml initiierte Pseudo-Oppositionspartei »Gerechtes Russland« leitet, kündigte großspurig an, Putin werde nach Sankt Petersburg fahren, dort an einem Parteitag teilnehmen und dabei eine sensationelle Erklärung abgeben. Für alle interessierten Zuhörer war klar, worauf Mironow abzielte: Putin würde seinen Amtsnachfolger ernennen. Tatsächlich reiste der Präsident in seine Heimatstadt – es fand allerdings weder ein Parteitag statt, noch gab es irgendeine sensationelle Erklärung.[37]

Gryslow erging es nicht besser. Er kündigte an, Putin werde seinen Nachfolger auf dem Parteitag von »Einiges Russland« am 17. Dezember ernennen. Der Präsident werde die »richtige Entscheidung« treffen, verkündete Gryslow, und spielte damit darauf an, dass der Staatschef weiter selbst im Amt bleiben werde – ganz wie er, Gryslow, das seit langem vorschlug. Doch auch der Parlamentspräsident stand mit seiner Aussage im Regen.

Nur wenig später erfuhren Gryslow und Mironow, dass die Entscheidung eine ganz andere war – und offenbar von ihnen selbst getroffen worden war. Am Dienstag, dem 11. Dezember, der Kronprinz war soeben ernannt, präsentierte Mironow seine durchaus eigenwillige Version der Kandidatenkür: »Gemeinsam mit Boris Gryslow haben wir am Samstag mit Vorgesprächen begonnen. Hierbei habe ich den Vorschlag Gryslows voll und ganz unterstützt«.[38] Bei diesem »Vorschlag« ging es um niemand anderen als Dmitrij Medwedew. In Begleitung der beiden

Vorsitzenden zweier kleiner Parteien, die ebenfalls als Kreml-Schöpfung gelten und moderate Opposition spielen, waren Gryslow und Mironow, so die offizielle Version, tags zuvor bei Putin angetreten und hatten ihm Medwedew als »Nachfolger« angedient. Als Grund für diese Wahl gibt Mironow nun an, dass Medwedew seit langem »Arm in Arm mit Putin« gearbeitet habe. Sowohl Mironow als auch Gryslow ist angesichts »ihrer« Entscheidung eine gewisse Zerknirschtheit anzusehen; beide hatten bis zuletzt erbittert dafür gekämpft, dass Wladimir Putin selbst im Amt bleiben kann. Und das nicht ohne Grund: Als »Männer ohne Eigenschaften« sind beide mangels eigener politischer Fähigkeiten auf Gedeih und Verderb dem Staatschef ausgeliefert – und ein Abgang Putins könnte auch für ihre Karriere das schnelle Ende bedeuten. »Dass sie die Entscheidung, die sie bis zuletzt geradezu verzweifelt zu verhindern suchten und die für sie eine große Bedrohung ist, auch noch öffentlich als die eigene ausgeben und sich damit in den Augen aller Eingeweihten zum Affen machen müssen, das ist die hohe Kunst des Putin'schen Machiavellismus«, kommentiert ein Insider, der seinen Namen aus verständlichen Gründen nicht öffentlich machen will.

Der Machtkampf hinter den Kremlmauern drohte zu eskalieren. Kurz bevor er die Entscheidung für Medwedew bekannt gab, schickte Putin seinen Vertrauten Setschin vom »Silowiki-1-Clan« auf Zwangsurlaub in den Süden und damit de facto in die Verbannung. Setschin hatte zuvor jahrelang keinen einzigen Tag im Kreml gefehlt, aus Angst, in seiner Abwesenheit könne gegen ihn intrigiert werden. Nun musste der gelernte Militär-Dolmetscher die entscheidenden Tage fernab vom Kreml als Zuschauer erleben – und konnte nicht verhindern, dass sein Intim-Feind Medwedew das zugesprochen bekam, wovon er selbst geträumt hatte: die Nachfolge des Präsidenten.

Aus dem »Exil« unternahm Setschin nun letzte Versuche, Putins Entschluss zu torpedieren, ein Unterfangen, das angesichts der wahren Machtverhältnisse nur verzweifelt zu nennen ist.

Telefonisch wandte er sich ausgerechnet an Föderationsratschef Mironow, einen der loyalsten Diener des Staatschefs, und bat ihn, sich gegen diesen zu stellen und anstelle Medwedews Premierminister Subkow als Kandidaten ins Spiel zu bringen. Mironow lehnte das Ansinnen als einen »Putschversuch« ab.

Die Nervosität im Kreml nahm bislang kaum gekannte Ausmaße an. Aus Sorge um das Wohlergehen seines »Kronprinzen« ließ Putin nach Informationen von Kreml-Insidern im Dezember 2007 dessen bisherige Leibwächter abziehen. Medwedews Schutz übernahm der durch Viktor Solotow von den »Silowiki 2« geleitete Sicherheitsdienst des Präsidenten, obwohl das einem Vize-Premier gar nicht zusteht. Der Grund dafür ist offenbar, dass Putin dem FSB-Chef Nikolaj Patruschew vom »Silowiki-1-Clan« misstraut. Im Umfeld Putins macht sich die Sorge breit, die »Silowiki 1« könnten einen letzten Versuch unternehmen, Medwedew als Nachfolger auszuschalten. Von einer möglichen Destabilisierung der Lage ist die Rede, möglichen Terroranschlägen, gar einem Mordanschlag oder Putsch. So weit kommt es zunächst nicht.

Schon als die Nachfolge-Entscheidung näher rückte, wurden in den Medien Berichte laut von einem angeblich enormen Privatvermögen Wladimir Putins. Über Mittelsmänner kontrolliere er Vermögenswerte in Höhe von 40 Milliarden Euro, behauptete der umstrittene Politologe Stanislaw Belkowskij, eine der schillerndsten Figuren in der seichten Landschaft von »Polit-Technologen«, Informations- und Desinformations-Spezialisten, die sich in Russland noch unter Boris Jelzin herausgebildet und dann unter Putin eine neue Blüte erreicht haben. Belkowskij, der einst mit einer regelrechten Informations-Attacke den Angriff der Staatsmacht auf Chodorkowskij und den Yukos-Konzern einleitete, werden Verbindungen zu Setschin und dem »Silowiki-1-Clan« nachgesagt. Nach Belkowskijs Informationen soll Putin 37 Prozent der Aktien des Ölkonzerns Surgutneftegas kontrollieren, die einen Marktwert von 20 Milliarden Dollar haben. Surgutneftegas ist einer der größten Ölkonzerne im

Land, eine Aktiengesellschaft mit Sitz im sibirischen Surgut, einem Reingewinn von etwa 2,6 Milliarden Euro im Jahr 2005 und undurchschaubarer Eigentümer-Struktur. Der Konzern arbeitet eng mit der in der Schweiz und auf den Virgin Islands registrierten Ölhandelsfirma Gunvor zusammen, deren Haupteigentümer der Putin-Vertraute Gennadij Timtschenko ist; laut Belkowskij besitzt Putin über seinen Freund und einstigen KGB-Kameraden 50 Prozent der Aktien von Gunvor, das 2006 bei einem Umsatz von 40 Milliarden einen Gewinn von acht Milliarden Dollar erzielte und bei Ausschreibungen auffällig oft den Vorzug vor Mitbewerbern bekommt.[39] Darüber hinaus kontrolliere er 4,5 Prozent der Gasprom-Aktien. Beweise für solche Behauptungen gibt es nicht, allerdings werden sie vom Kreml weder dementiert, noch reicht er Klage ein. Bemerkenswert ist zudem, dass es auch in Sankt Petersburg zahlreiche Hinweise aus den unterschiedlichsten unabhängigen Quellen darauf gibt, dass sich Wladimir Putin schon zu seiner Zeit in der Stadtregierung persönlich bereichert hat. Ein pikantes Detail: Einer der Männer, der ihn einst juristisch von solchen Vorwürfen reinwusch, ist Dmitrij Medwedew.

Unabhängig davon, ob sie stimmen oder nicht, haben die Berichte über Putins angebliches Vermögen offenbar das Ziel, den Präsidenten zu diskreditieren und ihm einen Rückzug aus der Politik unmöglich zu machen. Denn solange Putin – egal, welchen Posten er offiziell einnimmt – der wahre Herrscher über den Kreml ist, so lange können sich die Männer in seinem Umfeld, denen er zu enormem Einfluss und Reichtum verholfen hat, sicher fühlen. Dazu gehören nicht nur die Geheimdienstler vom »Silowiki-1-« und »Silowiki-2-Clan«: Auf Gedeih und Verderb abhängig von Putin ist auch der bereits erwähnte »Datschen-Clan«, zudem noch Männer wie Ex-Verteidigungsminister und Vize-Premier Sergej Iwanow sowie Telekommunikationsminister Leonid Rejman, der den Telekommunikationsgiganten Telecominvest zu eigenen Gunsten privatisiert und Putins Gattin Ljudmila dort als Moskauer Niederlassungsleiterin beschäftigt haben soll. Innenminister Raschid Nurgalijew, der sich zunehmend vom »Silowiki-1-Clan« emanzipiert und eine eigenständige Rolle spielt, ist ebenso Teil dieser Riege wie Sergej Tschemesow, der einst mit Putin in Dresden diente und heute mächtiger Chef von Rostechnologia ist, einem neu gegründeten, gigantischen staatlichen Konglomerat von Technologie- und Rüstungsfirmen. Nicht zu vergessen auch Zollchef Andrej Beljaninow, zu Putins DDR-Zeiten Finanzkurier zwischen Moskau und Honeckers Reich.

Die Putin-Vertrauten sind bitter enttäuscht, dass er ihrem Drängen nicht nachgab und die Verfassung nicht für eine dritte Amtszeit ändern ließ. Ausschlaggebend für seine Standhaftigkeit in dieser Frage war nicht nur das Bangen um sein Ansehen im Westen und sein Bild in den Geschichtsbüchern, sondern sicher auch die Sorge, die von der Propaganda schöngefärbten Probleme im Land könnten sich in einer großen Krise oder Destabilisierung entladen: Risikofaktoren sind die desolate Infrastruktur, die Allmacht von Bürokratie und Korruption, der Niedergang der Armee, die explosive Lage im Nordkaukasus, die Monopolisierung und Ölabhängigkeit der Wirtschaft und ein mögliches Platzen einer Spekulationsblase etwa im Immobiliensektor. Die Vertrauten des Kreml-Chefs plagen freilich ganz andere Sorgen: um ihre persönliche Sicherheit, ihr Vermögen und ihren Einfluss. Für sie ist Medwedew ein Unsicherheitsfaktor – und Putin ein Garant für Stabilität.

Umso mehr atmen sie auf, als Medwedew einen Tag nach seiner »Ernennung« zum Kronprinzen am 11. Dezember verkündet, er werde als künftiger Präsident Wladimir Putin zu seinem Premierminister machen. Die Botschaft an die mächtigen Männer im Umfeld des Kreml ist klar: Putin wird den Status quo garantieren, der »Neue« wahrt primär die Fassade, er ist mehr Aushängeschild denn neuer Herr des Kreml. An dieser Botschaft liegt es denn wohl auch, dass die befürchtete »Destabilisierung« ausbleibt und Medwedews Gegenspieler sich auffallend ruhig verhalten – zumindest bis zu den Wahlen. Dabei dürfte sie wie viele Russen die entscheidende Frage bewegen: Hat Putin wirklich seine Karten auf den Tisch gelegt, will er tatsächlich als Premierminister der starke Mann im Staat bleiben? Oder plant er eine langsame Übergabe der Macht an Medwedew? Oder, und diese Frage quält die Moskauer Macht-Elite wohl am meisten: Könnte sich Medwedew vom braven Prinzregenten zum Machtpolitiker wandeln, der seinen »Puppenspieler« um die Fäden wickelt, an denen dieser ihn lenkt? Um eine Antwort auf diese Frage zu finden, muss die Figur Medwedew genauer betrachtet werden.

Teil II
Medwedew, der »Wesir«

Der kleine »Alte«

Irgendwo in der Informationsabteilung des Kreml muss es eine genaue Instruktion geben, wie man Politiker, die von heute auf morgen ins Rampenlicht gehoben werden, den Menschen in Russland am besten vorstellt. Egal, ob Wladimir Putin, Viktor Subkow oder Dmitrij Medwedew, kaum war ein neuer Anwärter für das Präsidentenamt erkoren, schon machten sich handverlesene Journalisten der Staatssender und großen Blätter auf den Weg zu seiner ehemaligen Schule, befragten seine ehemaligen Lehrerinnen – und kamen, welch Wunder, zu dem Schluss, dass der Auserwählte schon als Jugendlicher etwas ganz Besonderes war, klüger, zielstrebiger und fleißiger als die Mitschüler, ja so bestechend in seinen Fähigkeiten, dass, so habe man schon bald erkannt, ihm Großes vorherbestimmt war.

Auch nach der »Ernennung« Medwedews zum »Thronfolger« am 10. Dezember bedurfte es mithin keiner großen hellseherischen Fähigkeiten, um zu ahnen, was nun über ihn zu lesen, zu hören und zu sehen sein würde. »Als er in die Schule kam, konnte er schon lesen und schreiben«, berichtete Vera Smirnowa, Medwedews frühere Klassenlehrerin in der Schule Nr. 305 im damaligen Leningrad, in Russlands größter Boulevard-Zeitung, der »Komsomolskaja Prawda«, und zeichnet damit das Bild von einem wissbegierigen, strebsamen Kind, das den anderen früh weit voraus war. Zwischen den Zeilen ist allerdings auch zu lesen, dass Medwedew ein bisschen an das erinnert, was man einen Streber nennt – und in Russland noch weniger angesehen ist als in Deutschland. »Wenn er die Antwort kannte, konnte er nicht stillhalten, er sprang auf, schrie und bettelte: »Wieso fragt mich denn keiner, ich weiß es doch!« Der kleine Dima, so die russische Koseform von Medwedews Vornamen Dmitrij, habe dauernd ihre Nähe gesucht: »Er war einer, der immer nach dem ›Warum‹ fragte, er hat mich mit seinen Fragen regelrecht gequält.« Insgesamt ergibt sich – wie sollte es anders sein – ein vorteilhaftes Bild: das eines angepassten, zielstrebigen Jungen, der keine Probleme machte, stets einfach gekleidet, aber immer sehr ordentlich und gepflegt. Seine Handschrift sei erst etwas schlampig gewesen, doch dann habe er fleißig geübt und es schließlich zu einer echten Schönschrift gebracht; bemerkenswert auch, dass der Schüler Medwedew wenig später nicht mit kyrillischen, sondern lateinischen Buchstaben unterschrieb.[1] »Würdig«, so eine andere Lehrerin, habe er sich gar benommen – aufrecht sitzend, die Brust nach vorne, das Kinn stets nach oben gereckt.

Unterschiedlicher als die seines Ziehvaters Putin konnte Medwedews Kindheit nicht sein. Der wohlbehütete Sohn einer Philologin am Pädagogischen Institut und eines Dozenten an der Technischen Hochschule wächst in einem neunstöckigen Mietshaus am Stadtrand von Leningrad auf – Plattenbauten, so weit das Auge reicht. »Kuptschino«, so der Name dieses Bezirks, ist eine typische »Schlafstadt«, wie in Russland die gigantischen Trabantenstädte um die großen Metropolen heißen, Betonsilos, die arm sind an Infrastruktur und deren Bewohner im Wesentlichen nur abends zum Schlafen dort weilen, während sie den Großteil des Tages bei der Arbeit oder in weniger unwirtlichen Gegenden verbringen. 420 000 Menschen leben in Kuptschino, eine halbe Stunde Metrofahrt vom Stadtzentrum entfernt. Und damit auch von der Baskow-Gasse, wo der 13 Jahre ältere Putin seine Kindheit verbrachte, in einem alten Arbeiterviertel aus dem 19. Jahrhundert, mit verkommenen Mietshäusern und einem Labyrinth von finsteren Hinterhöfen, nur wenige Autominuten von den Prachtbauten der Eremitage und des Newskij Prospekts gelegen. Putins Baskow-Gasse war Gosse, zwielichtiges Gesindel hatte das Sagen, und in den Höfen herrschte das Faustrecht. Der schmächtige Putin, früh auf sich gestellt, lernte Judo und strebte von klein auf nach Stärke. Während er sich regelmäßig prügelte und die rohen Sitten seines Viertels später sogar als »Straßen-Universität« pries, ist bei Medwedew nichts dergleichen bekannt. Er galt eher als der nette, brave Junge von nebenan. Der kleine Putin kratzt und beißt, reißt seinen Gegnern büschelweise die Haare aus, kommt regelmäßig mit blauen Flecken und Schrammen nach Hause, ist »nicht kräftig, aber sehr frech«, wie seine Lehrerin später klagte, und will immer beweisen, dass er den anderen überlegen sei.

Ganz anders Medwedew. Auch bei ihm in der Trabantenstadt geben die Arbeiterkinder den Ton an, und das ist ein rauer Ton. Handgreiflichkeiten und Prügel sind an der Tagesordnung, regelmäßig kommt es auch zu Massenschlägereien. Aber Dmitrij Medwedew schlägt nicht mit, er schimpft nicht einmal. Er will immer beweisen, dass er ein guter Junge ist, brav, erfolgreich, mit hervorragenden Noten – ein kleiner Streber eben, von den anderen Kindern damals oft als »Botaniker« verspottet. Von seinem Vater, für den der Bücherschrank der Mittelpunkt seiner kleinen Wohnung ist, erbt der kleine Dima die Liebe zum Lesen: Bereits in der dritten Klasse schmökert er sich durch Papas Enzyklopädie in zehn Bänden; besonders angetan haben es ihm die Karten, Tierbilder und Biographien. Ehemalige Mitschüler schildern ihn als Einzelgänger, Musterschüler und Besserwisser, der, von vielen geschnitten, sehr wohl schon mal Prügel bezog. Gut dreißig Jahre später indes, Medwedew wurde soeben zum »Thronfolger« ernannt, hört man von allen Befragten nichts anderes als großes Lob. Allseits beliebt und umgänglich sei der künftige Präsident gewesen, berichten die Zeitungen. Und die Schulkameraden sprechen mit einem Mal nur von glorreichen Situationen: Wenn er eins auf die Nase bekam, habe er niemals geweint, er habe es vielmehr verstanden, sich zur Wehr zu setzen, und sei schon als Kind ein »Leader«, eine Führernatur gewesen. Das erinnert verdächtig an die Worte, mit denen ehemalige Klassenkameraden nach Wladimir Putins Aufstieg ihren Freund von einst bedachten.[2] Wobei es nach russischem Verständnis auch ungeschickt wäre, jemanden aus den eigenen Reihen, der plötzlich zum Präsidenten gekürt wird, nicht lautstark zu loben.

Interessant ist, dass auch Medwedew selbst nach seiner Ernennung zum Kronprinzen im Winter 2007 neue Töne anschlägt. Nun erzählt er, er habe den Großteil seiner Kindheit auf der Straße verbracht, und die habe ihn viel gelehrt – was ebenfalls nur allzu sehr nach Putins Worten klingt.[3] Seltsam nur, dass Medwedews Lehrerin Smirnowa genau das neun Monate vorher noch ganz anders in Erinnerung hatte: »Man konnte ihn nur selten draußen mit anderen Kindern sehen. Er war eines von diesen Kindern, die schon ein bisschen wie alte Männer sind.«[4]

Konnte Putins Vater, ein Kriegsveteran und Fabrikarbeiter, nie Gefühle gegenüber seinem einzigen Kind zeigen und den kleinen Wladimir schon mal mit dem Gürtel prügeln, so herrschte in der Dozentenfamilie Medwedew ein ziviler Umgangston mit Dmitrij, der ebenfalls ein Einzelkind war. Die Mutter beschützt ihren einzigen Sohn nach Kräften, vielleicht etwas zu sehr. Sie ist Dauergast in seiner Schule, begleitet die Klasse sogar bei Ausflügen. Medwedews Vater hat in der Nachbarschaft den Spitznamen »Professor«. »Strenge Bestrafungen lernte ich nie kennen, das Schlimmste war, dass ich bis zum Alter von sieben Jahren mal in die Ecke gestellt wurde«, erinnert sich Medwedew: »Gürtel und Schläge halte ich nicht für die besten Überzeugungsmethoden.«[5] Auch dem eigenen Sohn sei er deshalb ein milder Vater, und seine Frau klage zuweilen, es fehle ihm an Strenge – aber er habe das eben aus seiner Kindheit so verinnerlicht.

Musste Putin in einer »Kommunalka«, der sowjetischen, unfreiwilligen Variante der Wohngemeinschaft, seine Wohnung mit anderen Familien teilen, mit einem ins Treppenhaus gebauten Bretterverschlag als Toilette vorliebnehmen und im Flur schon einmal Jagd auf Ratten machen, so wuchs Medwedew für damalige Verhältnisse in bescheidenem Wohlstand auf: Seine Eltern hatten ihre eigenen vier Wände, was für Leningrad in den sechziger Jahren alles andere als eine Selbstverständlichkeit war. »Viele hätten zu jener Zeit mit Vergnügen ein Zimmer in einer überfüllten Kommunalwohnung im Zentrum gegen eine eigene, und sei es kleine Wohnung am Stadtrand getauscht«, erinnert sich Medwedew. Die Wohnung war 40 Quadratmeter groß und hatte nur eine kleine Küche, aber dafür waren Bad und Toilette getrennt – was damals durchaus als Luxus galt.[6] Das Schlafzimmer der Eltern diente gleichzeitig als Wohnzimmer, jeden Morgen und jeden Abend wurde das Sofa zusammen- und auseinandergeklappt. Medwedew verbringt den Großteil seines Lebens in dieser kleinen Wohnung; erst nach dem Tod seines Vaters 2004 holt er seine Mutter zu sich nach Moskau. Sogar seine Diplomarbeit habe er in der Wohnung geschrieben – eingeengt oder beeinträchtigt habe er sich dort aber niemals gefühlt. Nachdem Putin Medwedew im Dezember 2007 zu seinem Wunschnachfolger auserkoren hat, hängen Unbekannte im Aufgang des Hauses in Kuptschino ein Schild auf mit der – nicht ganz korrekten – Aufschrift: »Hier kam der künftige Präsident Russlands zur Welt.«

Während der kleine Putin von seinem Großvater, der einst Koch bei Lenin und Stalin und damit sicher auch Mitglied des Geheimdienstes war, Geschichten voll des Lobes über den sowjetischen Diktator hörte, kamen die Verwandten von Medwedews Großmutter in den Wirren der Revolution um, und sie wuchs als Waise auf. Putins Vater, Parteifunktionär in seiner Fabrik, ist ein strammer Kommunist. Medwedews Mutter unterrichtet Russisch für Ausländer am Herzen-Institut und leitet später Führungen durch den Zarenpalast in Pawlowsk vor den Toren Sankt Petersburgs. Ihrem Sohn erzählt sie oft von Russlands Geschichte. Das Lieblingsbuch des kleinen Dmitrij dürfte Putins Großvater und Vater ganz und gar nicht gefallen haben: Michail Bulgakows »Hundeherz«, eine bitterböse Satire auf die Sowjetmacht, die damals nur als handgetippte Loseblattsammlung erhältlich war, weil sie unter die Zensur fiel. Ein sowjetischer Wissenschaftler pflanzt darin einem Straßenköter die Hirn-anhangsdrüse eines toten Kriminellen ein, und aus Bello wird der Genosse Bellow, der auf den Hinterbeinen geht und sogar alle fünf Minuten ein Wort spricht – allerdings nicht ohne zu fluchen, Frauen zu belästigen, zu trinken, zu stehlen und zu töten. Vielleicht tröstete die böse Parabel auf die Grobheit der Proleten den braven Musterschüler Medwedew über so manch rohe Gemeinheit der Altersgenossen hinweg. Jedenfalls passte das Werk nicht in die Welt der Breschnew-Zeit, in der das Land in tiefster Stagnation versank und Medwedew und seine Klassenkameraden mit den roten Halstüchern der Pionierorganisation bei Appellen auf dem Schulhof die Tugenden des Kommunismus beschwören mussten.[7]

Wurde Wladimir Putin einst wegen seiner Prügeleien erst mit Verspätung bei den Pionieren aufgenommen, ist über Medwedew nichts von einem derartigen Sündenregister bekannt. Seine ersten wirklichen politischen Erfahrungen machte der spätere Präsident als Jugendlicher. Er wird Mitglied im Komsomol-Komitee seiner Schule, damals eine Formsache, um die kaum einer herumkam. Die kommunistische Jugendorganisation galt als Karrieresprungbrett für diejenigen, die sich besonders engagierten. Wer das tat, wollte etwas werden – machte sich aber damit bei seinen Mitschülern nicht unbedingt beliebt. Aktive Komsomolzen, also nicht diejenigen Karteileichen, die sich zur Vermeidung von Unannehmlichkeiten pro forma aufnehmen ließen, galten als »Wyskotschka«, als Ellenbogentypen. Während Medwedew erste Schritte in Richtung einer Funktionärskarriere machte, versuchten andere Jungen in seinem Alter, mit illegalen Kleingeschäften ihr erstes Geld zu verdienen, etwa indem sie Ausländern Matrjoschka-Puppen oder Anstecker mit Sowjet-Symbolik verkauften, erinnert Medwedew sich später. »Ich selbst habe so etwas nie gemacht, in unsere Trabantenstadt kamen keine ausländischen Touristen, und ich hatte zu Hause genug zu tun.«[8]

Wissenschaftler und Lehrer sind in der Sowjetunion eher

schlecht bezahlt, und so ist das Familienbudget der Medwedews recht klein. Der Vater habe mehr Geld für Bücher als fürs Essen ausgegeben, behaupten die kremltreuen Medien. Das mag übertrieben sein, ist aber von der Tendenz her für viele sowjetische Intellektuelle typisch. Jeden Sommer fährt die Familie ans Schwarze Meer nach Gelendschik, einen eher bescheidenen Kurort, der zur Ferienzeit hoffnungslos überfüllt ist. »Man musste sich einen freien Platz regelrecht suchen«, erzählt Medwedew später über die dicht an dicht belagerten Strände, und »den ganzen Tag mit dem Bauch nach oben zu liegen« sei zu langweilig für ihn gewesen. Der Sommerurlaub hatte zudem unangenehme finanzielle Nachwirkungen – pünktlich zum Geburtstag des Sohnes im September war die Familienkasse in der Regel leer, so dass den Eltern für größere Geschenke meist die Mittel fehlten, vor allem für Jeans und Schallplatten, von denen der Junge so träumte. »Eine echte Wrangler oder Levis kostete damals auf dem Schwarzmarkt mehrere hundert Rubel, während ein Dozent 120 im Moment verdiente«, berichtet er später einmal. Er habe damals von Pink Floyds Doppelalbum »The Wall« geträumt, aber das sei mit 200 Rubeln völlig unerschwinglich gewesen. In der achten Klasse verdient er dann sein erstes eigenes Geld. Für ein Praktikum in einer Mechanischen Fabrik bekommt er zehn Rubel, nach offiziellem Tauschkurs rund 60 Deutsche Mark, für den Jungen ein kleines Vermögen: »Niemals vorher hatte ich so einen Reichtum in Händen gehalten, meine Eltern haben mir, wenn überhaupt, höchstens 50 Kopeken oder einen Rubel Taschengeld gegeben.« Gemeinsam mit Freunden fuhr er mit dem Taxi auf den Newskij-Prospekt, die Petersburger Prachtstraße, kaufte für alle die teuersten Tickets für die Abendvorstellung im Kino – sie kosteten 70 Kopeken – und verschlang danach, so Medwedew, »Eis in industriellen Mengen. Die zehn Rubel waren schnell weg, aber die Erinnerungen blieben lange.«[9]

Obwohl sein Nachname sich von »Medwed« ableitet, dem russischen Wort für Bär, habe er in der Schule nie wie so viele

Namensvettern den Spitznamen »Medwed« erhalten: »Ich zeichnete mich nie durch große Umfänge aus«, sagt Medwedew und spielt damit auf seinen kleinen Wuchs an. So blieb statt einem Spitznamen nur der Kosename: Dima. Dima begann Sport zu treiben. Während der einst schmächtige kleine Putin seine körperliche Schwäche durch den Kampfsport Judo kompensierte, zog es Medwedew zum Einzelsport; er paddelte im Einer-Kanu. »Er lernte schnell, ausdauernd und geduldig zu sein, musste bei jedem Wetter trainieren, auch bei Regen und bei Schnee«, erinnert sich seine damalige Trainerin Ljubow Rudykowskaja. »Das Wichtigste aber war, dass er die hohe Kunst des Balancierens lernte. Egal, in welche Richtung der Wind wehte, er blieb immer über Wasser«,[10] eine Eigenschaft, die Medwedew später auch in seiner Beamtenkarriere nachgesagt wurde. Gepatzt habe er nie, aber auch nie geglänzt, berichtet Rudykowskaja weiter. Die Kanu-Schüler trainieren jeden Tag in aller Früh, ab 6.30 Uhr, im Winter räumen sie gemeinsam mit der Trainerin den Schnee vom Sportplatz der Schule, um ihn startklar zu machen für die Morgengymnastik und das Laufen; vor Schulbeginn geht es noch einmal nach Hause zum Frühstück. Nach anderthalb Jahren Kanu-Training bei Wind und Wetter wechselt Medwedew ans Reck, in die Halle. »Anfangs«, gibt er später zu Protokoll, »schaffte ich da noch nicht mal zwei Klimmzüge, später wurde ich sogar Schulmeister im Reckturnen. Ich kann nicht sagen, dass ich kolossale Erfolge errungen habe, aber physisch bin ich stärker geworden.«

In der Pubertät wird er offenbar auch etwas aufmüpfiger. »Er war kein Musterknabe«, bestätigt auch seine spätere Klassenlehrerin Nina Kurichina. »Er brodelte vor Hormonen, vor Emotionen, ein Teenager, der unbedingt seine Meinung äußern wollte. Wir haben uns oft gestritten.«[11] Der Rockfan Medwedew organisiert an der Schule Rockkonzerte und versucht sich als Discjockey.

In der siebten Klasse verliebt sich Dima in seine Schulkameradin Sweta, seine spätere Frau – so sehr, dass er gar nicht mehr an den Unterricht habe denken können, wie er sich später erinnert. Viel lieber sei er mit ihr spazieren gegangen als Hausaufgaben zu machen. Erst in der zehnten Klasse habe er sich wieder zusammengerissen, seine Gefühle in den Griff bekommen und sich wieder auf die Schule konzentriert; Sweta musste erst einmal zurückstehen. »Ich begriff, ich muss die Situation retten.«[12] Gesagt, getan: Medwedew verbannte alle Dreier aus seinem Zeugnis, und mit lauter Einsern und Zweiern hatte er die Chance, an einer angesehenen Universität aufgenommen zu werden.

Der junge Jurist

So mancher Beruf wurde von den Sowjetherrschern offenbar weitaus höher geschätzt als der eines Juristen. »In den sechziger Jahren des vergangenen Jahrhunderts, als mit allen Kräften am Kommunismus gebaut wurde, hat einer unserer großen Führer die ›geniale‹ Entscheidung getroffen, einen ganzen Jahrgang der juristischen Fakultät für die Post zwangszuverpflichten«, klagt Dmitrij Medwedew Anfang 2008 in einem Interview. »Das lag daran, dass der Staat und das Recht dahinsiechten, und die UdSSR sich mit Siebenmeilenstiefeln Richtung klassenloser Gesellschaft bewegte. Oder dass zumindest die Genossen Vorsitzenden das glaubten. Und das Resultat war, dass Akademiker mit Diplom auf der Post saßen und Stempel auf Briefe drückten.«[13]

So war es auch kein Wunder, dass der junge Medwedew lange Zeit einen gediegeneren Beruf anvisierte: Als Schüler faszinierte ihn die Chemie; seine Tante in Woronesch hatte ihm Reagenzgläser und Geräte geschenkt, und gemeinsam mit einem Freund experimentierte er, »nicht ohne Gefahr für die eigene Gesundheit«, wie er später etwas gestelzt zugibt: »Die nichtorganischen Stoffe, die sich als Ergebnis unserer Experimente bildeten, waren zumindest überriechend, konnten aber auch giftig sein.«[14]

Sein Vater schlug ihm denn auch vor, sich als Student an der Technischen Hochschule zu bewerben, an der er selbst unterrichtete. Ein halbes Jahr lang besuchte Dmitrij Medwedew Vorbereitungskurse an der »Militärisch-mechanischen Hochschule« in Petersburg. Anders als in Deutschland gibt es in Russland keine allgemeine Hochschulreife; um einen Studienplatz zu erhalten, müssen Schulabgänger direkt an der Universität, an der sie sich immatrikulieren wollen, eine Prüfung ablegen. Die Plätze gehen an die Bewerber mit den besten Noten – oder den besten Beziehungen; anders als heute spielten Bestechungsgelder damals aber kaum eine Rolle. In den Vorbereitungskursen konzentrierte sich der spätere Präsident vor allem auf Mathematik und Physik, allerdings ohne besondere Freude, wie er rückblickend gestand. Bald kamen ihm Zweifel, und er überlegte, ob er es nicht seiner Mutter gleichtun und eine geisteswissenschaftliche Laufbahn einschlagen sollte. Er dachte an Sprachwissenschaften und Jura – und entschied sich für Letzteres. Obwohl damals andere Berufe viel höher im Kurs standen: Ärzte, Techniker im Militärbereich, Offiziere etwa, Berufe, die ein – nach sowjetischen Maßstäben – stabiles und hohes Gehalt boten. »In Petersburg«, so berichtet er später, »waren auch noch Sprachwissenschaftler hoch angesehen, weil sie oft für Praktika ins Ausland reisen konnten. Es gab sehr karriereträchtige Fakultäten wie die philosophische, die historische oder die orientalische, aber Schulabgänger hatten kaum eine Chance, da aufgenommen zu werden, da wurden Jungs vorgezogen, die bereits ihren Armeedienst hinter sich oder schon gearbeitet hatten. Die juristische Fakultät war die goldene Mitte.« Und genau die wählte er aus – offenbar ein recht spontaner Entschluss, denn es ist nicht bekannt, dass er jemals zuvor eine Vorliebe für die Juristerei gezeigt hätte.

Die juristischen Fakultäten standen in der Sowjetunion im Ruf, die Nachwuchsschmiede für den Geheimdienst KGB, die Staatsanwaltschaft und die Miliz zu sein. Die Jura-Studenten waren als karrieregeile Spitzel verschrien, schoben in der Intourist-Bettenburg »Pribaltijskaja« am Finnischen Meerbusen

Streife, auf der Suche nach Studienkollegen, die sich vorschriftswidrig in das Ausländer-Hotel eingeschlichen hatten.[15] Auch Medwedews Ziehvater Wladimir Putin sprach mit der Bitte um Anstellung schon als Schüler beim KGB vor. Er bekam die Auskunft, er solle sich um ein Jurastudium bemühen, als Jurist habe er beste Chancen, später angeworben zu werden – was dann auch tatsächlich geschah.

Dem jungen Dmitrij Medwedew aus dem Stadtteil Kuptschino mag all das nicht bekannt sein, als er sich 1982 für die Jura-Aufnahmeprüfung an der Leningrader Universität einschreibt. Sieben Bewerber kommen auf einen Studienplatz. Ob sein Vater dabei behilflich war, etwa indem er einen Dozenten-Kollegen an der juristischen Fakultät kannte, ist nicht endgültig zu klären. Der Einsatz von solchem »Blat«, wie »Vitamin B«, also Beziehungen in Russland genannt werden, wäre zu dieser Zeit aber sicher eher die Regel als die Ausnahme gewesen. Zumal Medwedew einiges riskierte: Ein Scheitern bei den Aufnahmeprüfungen hätte ihm einen Einberufungsbescheid in die Armee einbringen können; dort drohte die Versetzung nach Afghanistan, und das hieß in den Krieg. Studenten hingegen waren damals vom Armeedienst befreit.

Medwedews Ergebnis bei der Aufnahmeprüfung spricht eher dagegen, dass sein Vater die Hand im Spiel hatte: Die für ein reguläres Studium notwendige Punktzahl erreichte er nicht. Dafür bekam er den Trostpreis: Einen Platz für ein »Abendstudium«, das allerdings war deutlich weniger prestigeträchtig. Als »Abendstudent« musste Dmitrij sich einen Arbeitsplatz suchen; der Vater half weiter und verschaffte ihm eine Stelle als Laborarbeiter an seiner Hochschule. Dort machte der Sohn seine ersten Erfahrungen mit der landesüblichen Hochtechnologie, einem Computer vom Typ M-6000. »Außenmaße wie eine sowjetische Wohnzimmer-Schrankwand« habe die Maschine gehabt, erinnert er sich augenzwinkernd. »Meine Aufgabe war es, sie mit Lochstreifen und magnetischen Disks zu bestücken, die restliche Zeit las ich Bücher zur Staats- und Rechtstheorie, was mir erlaubte, die ersten Examen mit guten Noten abzulegen und nach dem ersten Jahr vom Abendstudiengang in ein normales Tagesstudium zu wechseln.«[16]

Als Hausmeister verdient er sich Geld nebenher – und ist unter anderem dafür zuständig, die Umgebung des Kinotheaters »Priboj« zu kehren. »Eine prima Arbeit, du stehst morgens früh auf, fährst aus Kuptschino auf die Wassiljew-Insel [im Nordwesten der Stadt], nimmst einen Besen oder im Winter eine Schneeschaufel in die Hand, absolvierst de facto eine vollständige Gymnastik-Stunde, und um 9 Uhr kommst du in die Uni und bist frisch und wie neugeboren«, berichtet er kurz vor der Wahl 2008 in einem Interview. »1982 verdiente ich damit 150 Rubel im Monat, davon konnte man anständig leben.«[17] Seinem Hang zu wenig geselligen Sportarten bleibt Medwedew auch weiterhin treu, er wird Gewichtheber. Wie schon in der Schule engagiert er sich im Komsomol, der kommunistischen Jugendorganisation. Er macht Karriere, steigt aus dem Komitee seiner Fakultät ins Komsomol-Komitee der gesamten Universität auf. »Ich habe das nie als zusätzliche Arbeit verstanden, sondern es hat mir Vergnügen bereitet«, sagt Medwedew heute über sein Engagement im Komsomol, der damals eher als verpönt galt und von immer mehr Studenten boykottiert wurde. Anders als in der Schule versucht sich der tadellose Jungkommunist nicht mehr als DJ und organisiert auch keine Rockkonzerte mehr. Der Student will offenbar Karriere machen.[18] Doch er nutzt seinen Posten auch, um den Kommilitonen zu helfen. So machte er sich auf einer Sitzung dafür stark, bei denjenigen Studenten, die ein vorgeschriebenes Praktikum nicht absolviert hatten, ein Auge zuzudrücken und sie nicht zu exmatrikulieren. Medwedew spielt im »KWN«-Team seiner Fakultät mit, einer Art politischem Kabarett für Studenten, das in der Sowjetunion enorm beliebt ist und das eine gewisse Narrenfreiheit für Kritik am sowjetischen Alltag bietet.

»Schon äußerlich unterschied er sich von den anderen. Er trug immer einen Anzug und wirkte sehr gepflegt, alle Knöpfe waren stets am richtigen Platz, alle Nähte saßen. Und er hatte immer einen Aktenordner unter dem Arm«, erzählt sein ehemaliger Kommilitone Alexej Markow. »Er war immer ausgesprochen geschäftig und konzentriert.« Obwohl sie mit ihm im selben Jahrgang war, könne sie beim besten Willen so gut wie nichts über ihn berichten, sagt hingegen eine andere Kommilitonin, Jelena Belorukowa. »An unseren Studentenfeiern hat er nie teilgenommen, er hatte seinen eigenen Kreis, mit dem er zusammen war.« Diesen kleinen Kreis von rund zehn Studenten, die ihre »einfachen« Mitstudenten eher meiden und selbst gemieden werden, von denen einige – angeblich auch Medwedew selbst – bereits Parteimitglieder sind, nennen sie an der Uni »die Karrieristen«; man sagt ihnen nach, sie hätten gute Beziehungen. In der Tat machen viele von ihnen später Karriere im Staatsdienst. Anton Iwanow ist heute Vorsitzender des obersten russischen Schiedsgerichts, Nikolaj Winnitschenko oberster Gerichtsvollzieher im ganzen Land, Alexander Guzan Vize des Generalstaatsanwalts für den Nord-West-Verwaltungsbezirk von Russland, seine Frau Natalja Vorsitzende des Statutengerichts der Stadt Petersburg – und Dmitrij Medwedew ist Präsident der Russischen Föderation.[19]

Nikolaj Kropatschow, dem damaligen Dekan seiner Fakultät, fällt der spätere Staatschef nicht auf: »Er war ein guter, kräftiger Student, machte Sport, Gewichtheben. Er hat sogar irgendeinen Preis für die Fakultät gewonnen. Aber im Studium selbst unterschied er sich von den anderen allenfalls durch seinen Ehrgeiz.« Ganz anderes weiß Walerij Muchin zu berichten, sein damaliger Doktorvater, wobei sich natürlich die Frage stellt, wie stark sein Eindruck vom zwischenzeitlichen Karrieresprung des einstigen Studenten gefärbt ist: Trotz seines ruhigen Charakters habe sich Medwedew schon damals durch Führungsqualitäten und ausgeprägten Eifer hervorgetan. Rund zehn Jahre zuvor hatte just jener Muchin übrigens einen anderen Studenten betreut, der später ins höchste Staatsamt aufstieg – sein Name: Wladimir Putin.[20]

Anders als viele seiner Kommilitonen ist Medwedew kaum in der Bierbar neben der Universität zu sehen, stattdessen geht er ganz im Studium und seinem ehrenamtlichen Engagement etwa im Komsomol an der Uni auf. Im zweiten Studienjahr erhält er eine schriftliche Auszeichnung vom Dekan für seine aktive Teilnahme an einer Konferenz zum Thema »Wirtschaftliche Mechanismen des Sozialismus: Ihr Wesen, ihre Probleme und ihre Vervollkommnung«. Medwedew, der anfangs an eine Karriere im staatlichen Justizdienst denkt und sich vorstellen kann, in die blaue Uniform der sowjetischen Staatsanwälte zu schlüpfen, fühlt sich immer mehr zum Zivilrecht hingezogen, ja entdeckt eine regelrechte Leidenschaft für das antike »Römische Recht«. Seinen zu jener Zeit noch eher sowjetisch geprägten Professoren musste das wohl eher suspekt vorkommen, gilt das antike Römische Recht doch als Grundlage des modernen bürgerlichen Rechts – für die Kommunisten ein Unterdrückungsinstrument des Klassenfeindes.

Wie fast alle Studenten in der Sowjetunion mussten auch die künftigen Juristen von der Leningrader Hochschule im Sommer die Studiensäle mit dem Acker vertauschen und in der Landwirtschaft als Erntehelfer mit Hand anlegen. Medwedew musste zur Kartoffelernte in die Pskow-Region nahe der Grenze zu Estland. Dabei kam es zu einer folgenschweren Begegnung. Mit von der Partie war ein Professor, der aufgrund seiner für damalige Verhältnisse liberalen Haltung und seines trockenen Humors bei den Studenten sehr geschätzt war: Anatolij Sobtschak, der Ende der neunziger Jahre auch politisch von sich reden machen würde. Die Legende besagt, dass Sobtschak beim Einsatz auf dem Land auf den jungen, untersetzten Studenten aufmerksam wird – eine schicksalsträchtige Bekanntschaft, wie sich zeigen sollte.

Als Ersatz für den Militärdienst, von dem Medwedew als Student befreit ist, muss er an Wehrübungen teilnehmen. Einmal müssen die künftigen Juristen für anderthalb Monate nach Karelien, in einen Ort mit dem auch für Russen schwer aussprechbaren Namen Chuchojamjaki. Die Studenten, die vor der Immatrikulation bereits in der Armee gedient haben, sind mit einem Mal Vorgesetzte – und schikanieren ihre Untergebenen, die eben noch ihre Kommilitonen waren, dem alten sowjetischen Armee-Brauch gemäß von Anfang an nach Kräften. Einzig Medwedew, so erinnert sich später ein Teilnehmer der Übung, sei diese Plage erspart geblieben. Anders als seine Mitstudenten muss er seltener zum Putzdienst, zum Kartoffelschälen und zum Geschirrspülen anrücken, die »Vorgesetzten« verschonen ihn mit ihren Schikanen, und auch zum Wacheschieben wird er kaum eingeteilt.[21] Auf solche Berichte stützen sich wohl auch die Gerüchte, denen zufolge Medwedew wie viele angehende Juristen damals vom KGB als inoffizieller Mitarbeiter angeworben wurde. Eine Behauptung, für die sich keinerlei Belege finden lassen, wie dies bei Geheimdiensten auch in der Natur der Sache liegt – zumal der KGB, anders als etwa die Stasi, seine Akten nie offenlegen musste und heute bekanntlich unter dem Namen FSB weiter existiert. Für Medwedew muss hier also die »Unschuldsvermutung« gelten.

Der Einsatz des neuen Präsidenten bei einer anderen Behörde ist dagegen verbürgt: Während seines Studiums macht Medwedew ein kurzes Praktikum bei der Staatsanwaltschaft. Dabei zeigt er erstaunlichen Gleichmut. »Ich saß damals mit ihm an einem Tisch in der Anklagebehörde«, erzählt sein Kommilitone Viktor Lugowoj. »Es gab dort mehr Stumpfsinn als die Polizei erlaubt. Aber er hat all das sehr distanziert betrachtet, ohne sich darauf einzulassen. Vielleicht, weil er sich sagte, er könne ohnehin nichts daran ändern.« Auch angesichts handfester Gefahren zeigte sich Medwedew stoisch: »Bei einer Militärübung verluden wir Kisten mit Granaten, scharfen Granaten«, so Lugowoj. »Einmal fielen uns zwei Kisten auf die Beine, wir begriffen, dass wir geliefert waren, weglaufen war sinnlos, wir wären trotzdem in die Luft geflogen.« Statt in Panik zu geraten, sei der spätere Präsident gemeinsam mit ihm seelenruhig stehen geblieben. Nur wie durch ein Wunder war nichts passiert. Medwedew jedoch sei nicht einmal ein Schreck anzumerken gewesen, so Lugowoj. »Wir verluden die Granaten weiter, als sei nichts passiert.«[22]

Medwedew ist im dritten Studienjahr, als im März 1985 ein gewisser Michail Gorbatschow in Moskau zum Generalsekretär der KPdSU gewählt wird. Kaum etwas kündigt die bevorstehenden rasanten Umbrüche im Leben der Sowjetunion und ihrer Bürger an. Auf dem 27. Parteitag der KPdSU am 16. Februar 1986 kündigt Gorbatschow eine Lockerung der Zensur an und spricht zum ersten Mal von Glasnost, einem Wort, das vom russischen »glas« und »golos« abstammt, was »Stimme« bedeutet und Offenheit und Transparenz meint. Immer mehr Studenten kommen vom kommunistischen Kurs ab, handeln in ihrer Freizeit mit Importware aus dem Westen wie amerikanischen Jeans oder Schallplatten, tauschen illegal Devisen, treffen sich in so konspirativen Orten wie dem ersten Undergroundcáfe der Stadt, dem »Saigon« am Ligowskij Prospekt. Medwedew besteht 1986 alle Jahresabschlussprüfungen mit der Bestnote und erhält von seinem Dekan zwei Auszeichnungen. Von insgesamt 180 Studenten bekommen nur Medwedew und zwei seiner Kommilitonen »für herausragende Leistungen im Studium und große gesellschaftliche Arbeit« das Recht zum »freien Besuch« der Vorlesungen, werden also von der Anwesenheitspflicht für das nächste Studienjahr befreit.

Obwohl die juristischen Fakultäten als KGB-Kaderschmieden verschrien sind, waren manche der Professoren demokratischer gesinnt als die künftigen KGB-Kader, die sie unterrichteten. »Wir haben unsere Studenten immer gelehrt, unterschiedliche wissenschaftliche Standpunkte zu tolerieren und sich selbst die Freiheit zu nehmen, ihre eigenen Positionen zu vertreten«, berichtet Wladimir Popondopulo, damals einer von Medwedews Professoren.[23]

Am 27. Januar 1987 kündigt Michail Gorbatschow auf dem Plenum des Zentralkomitees einen Umbau des politischen und wirtschaftlichen Systems an. Das russische Wort dafür geht auch in den deutschen Wortschatz ein: Perestroika. Medwedew schließt im gleichen Jahr sein Jurastudium ab. Er und zwei weitere Studenten seines Jahrgangs bekommen das Angebot, zu promovieren – eine spätere Arbeitsplatzgarantie an der Hochschule inklusive. Medwedew bleibt als Doktorand am Lehrstuhl des Professors, den er einst beim Ernteeinsatz kennengelernt hatte und mit dem er seither intensiven Kontakt pflegt: Anatolij Sobtschak. Als Thema für seine Doktorarbeit wählt er »Die Probleme bei der Realisierung der Zivil-Gerichtsbarkeit bei Staatsunternehmen« – für damalige Verhältnisse fast schon ein Sakrileg, wagte er es doch, einen vorsichtigen Übergang zur Marktwirtschaft zur Diskussion zu stellen.

Im Alter von 23 Jahren lässt sich Medwedew 1988 in seiner Heimatstadt, damals noch Leningrad, taufen.[24] »Die Entscheidung traf ich selbst«, berichtet er im Februar 2008 in einem Interview. »Von diesem Moment an begann für mich ein neues Leben.« Das war es aber auch schon – genug der Information; hier wolle er einen Punkt setzen und dieses Thema beenden, denn es sei »zu privat, um ins Detail zu gehen«.[25]

1989 kandidiert Anatolij Sobtschak als Kandidat der demokratischen Opposition, die für umfassende Reformen und gegen das Machtmonopol der Kommunisten kämpft, für den Obersten Sowjet der UdSSR. Gemeinsam mit anderen Studenten und Doktoranden verbringt Medwedew ganze Nächte am Offsetkopierer, um Wahlkampfmaterial für seinen Mentor zu vervielfältigen,[26] und das immerhin zu einer Zeit, in der Sobtschaks Flugblätter noch den Argwohn des KGB erwecken und auch schon mal konfisziert werden. »Später berichtete mir Dima [Medwedew], er habe sich damals gefühlt wie Lenin, als der die ganze Nacht die [Parteizeitung] ›Iskra‹ druckte«, erinnert sich Sobtschaks Frau Ljudmila Narussowa.[27] Sobtschak gewinnt, zieht in den Obersten Sowjet ein, macht sich landesweit einen Namen als Reformer. 1990 kandidiert er auch noch für den Stadtrat, den »Lensowjet«. Als fleißiger Wahlhelfer ist Medwedew wieder dabei. Im Mai 1990 wählt der »Lensowjet« Sobtschak zu seinem

Vorsitzenden – er ist damit de facto der Bürgermeister der zweitgrößten Stadt im Land; am 12. Juni 1991 wird ihm dieser Titel, den es bis dahin gar nicht gab, auch offiziell verliehen. Für Medwedew birgt der Wahlsieg seines Professors ungeahnte Perspektiven.

Im Institut für höhere Töchter

Kein Reiz war stark genug, um den jungen Dozenten abzulenken. Gilt es unter Studentinnen in Russland als Geheimtipp, mit besonders kurzen Röcken und sehr engen Blusen bei mündlichen Examen die Strenge der Prüfer zu mildern, so zeigte ein junger Hochschullehrer in Petersburg keinerlei Reaktion auf den »Weiblichkeitsfaktor«. Alle Versuchungen prallten schlicht an ihm ab – er nahm sie gar nicht erst wahr, berichteten später seine Studentinnen. Auch Flirt-Versuche und Witze halfen nicht: Der junge Mann, der an der Petersburger Hochschule in den neunziger Jahren Jura lehrte, errötete nur und schaute starr in das Buch, das er stets vor sich liegen hatte.

Der schüchterne Dozent hieß Dmitrij Medwedew und war gerade frisch verheiratet: 1989 hatte er seine Jugendliebe und Schulkameradin Swetlana vor den Traualtar geführt. Streng und genau sei er gewesen, erzählen seine ehemaligen Schüler. So werden die Fragen bei Examen in der Regel ausgelost. Studenten, die ihre Antwort verpatzt haben, erhalten oftmals eine weitere Chance mit einem zweiten »Frage-Los«. Medwedew aber sei für solche Spielchen nicht zu haben gewesen, heißt es an der »Jurfak«, wie die juristische Fakultät kurz genannt wird. »Ihre Probleme interessieren mich nicht«, konnte Medwedew in solchen Fällen antworten, ein Standard-Satz unter den Professoren. Spickzettel habe er zwar großzügig übersehen, aber Schummler später als Strafe mit besonders schwierigen Fragen ins Kreuzfeuer genommen.[28]

Nach Medwedews Ernennung zum Kronprinzen Präsident

Putins tauchten im Internet prompt Berichte auf, wonach er als Dozent gegen ein Entgelt von 500 Dollar besondere Milde bei der Notengebung an den Tag gelegt haben soll – zu jener Zeit kein unübliches Verfahren. Doch nach übler Nachrede klingt das nicht nur deshalb, weil seine ehemaligen Studenten nicht einmal in Andeutungen von solcher Bestechlichkeit sprechen; Medwedew hatte schon damals wohl ganz andere Interessen und Möglichkeiten, gutes Geld zu verdienen; die Lehrtätigkeit war offenkundig für ihn nur ein Nebenerwerb. Bei seinen Vorlesungen trug er Versace-Anzüge mit dem traditionellen Medusen-Kopf auf den Knöpfen und schrieb mit einem Parker-Füller, für die damalige Zeit ein unglaublicher Luxus, den sich ein gewöhnlicher Hochschullehrer niemals hätte leisten können.[29]

Medwedews früherer Lieblingsprofessor Sobtschak musste sich als neugewähltes Stadtoberhaupt 1990 schnell ein Team zusammenstellen. In den Smolnyj, das Petersburger Rathaus, das bis zur Revolution ein Institut für höhere Töchter war, nahm er seinen Schützling Medwedew im Juni 1990 mit. Formell blieb der frisch promovierte Jurist zwar hauptberuflich Dozent. De facto aber wurde er Berater des Bürgermeisters. Anfangs wirkt der etwas steife Jurist im Rathaus etwas fehl am Platz, unkundige Besucher halten ihn für einen Telefonisten; in den ersten Wochen sitzt Medwedew tatsächlich am Hörer und nimmt Anrufe entgegen.

Einen Monat später in der Stadtregierung trifft Medwedew auch auf einen anderen Berater Sobtschaks, der gerade von einer Dienstreise aus der DDR zurückgekommen war und seinen Posten als Berater des Rektors an der Universität angetreten hatte, einen kräftigen Blonden mit kalten blauen Augen – Wladimir Putin, der in der DDR die Liebe zum Bier entdeckt und Pfunde angesetzt hatte. Putin selbst erzählt später eine anderslautende Version von der ersten Begegnung: Er habe Medwedew schon an der Universität kennengelernt und ihn selbst ins Bürgermeisteramt gebracht.[30] Auch die umgekehrte Version ist als Sage im Umlauf – dass Medwedew Putin bereits kannte und zu Sobtschak brachte. Böse Gerüchte besagen, Putin spreche von einer früheren Bekanntschaft, weil er selbst Medwedew einst an der juristischen Fakultät als KGB-Spitzel angeworben habe. Belege dafür gibt es nicht, deshalb ist der Verdacht auch durch nichts zu erhärten, zumal Putin bis auf die ersten beiden Studienjahre Medwedews die Universitätzeit seines späteren Vertrauten fernab von Leningrad in der KGB-Hochschule in Moskau und beim Auslandseinsatz in der DDR verbrachte. Doch über wen auch immer Medwedew damals ins Rathaus kam – Tatsache ist, dass Putin und der junge Dozent schnell Vertrauen zueinander fassten. Medwedew kommt in den Ruf, Sobtschaks unauffälligster Berater zu sein. Nicht einmal im Telefonverzeichnis des Rathauses soll er gestanden haben, was aber nicht ein Hinweis auf fehlendes Vertrauen von Seiten Sobtschaks war, sondern vielleicht der Versuch, nicht sonderlich aufzufallen. Und das wäre durchaus sinnvoll gewesen angesichts der Aufgaben, die Medwedew bald zufielen. Er wird Experte im – von Putin geleiteten – Komitee für auswärtige Beziehungen. Alle Geschäfte mit Bezug zum Ausland laufen damals über dieses Komitee; Putin hat damit Einfluss auf Geldströme in mehrstelliger Millionenhöhe: Er erteilt die Genehmigungen, die über Erfolg und Misserfolg entscheiden – faktisch eine Lizenz zum Gelddrucken.

Sehr viel spricht dafür, dass hier nicht immer alles mit rechten Dingen zuging. Im Winter 1991 werden in Sankt Petersburg die Lebensmittel knapp. Im Rathaus sucht man nach Wegen aus der Krise. Einer davon: der Tausch von Rohstoffen gegen bitter benötigte Nahrung. Einheimische Unternehmen sollen Lizenzen zum Export von teuren Edelmetallen und Rohstoffen erhalten und im Gegenzug Lebensmittel an die Newa liefern. Verantwortlich für die millionenschweren Tauschgeschäfte ist Putin. Bei der Vergabe der Lizenzen im Wert von 124 Millionen Dollar, die Petersburg vor dem Hunger retten sollen, kommt es zu Merkwürdigkeiten. Die Lizenzen gehen teilweise an undurchsichtige, neu gegründete Firmen. Die führen zwar die Rohstoffe aus und machen damit gewaltige Gewinne – aber die Stadt erhält nie die versprochenen Lebensmittel. Nutznießer der Exportlizenzen ist unter anderem eine Firma mit dem Namen Dschikop, der Putins Komitee den Export von 13 977 Kilogramm Edelmetallen erlaubt, zu den staatlichen Inlandspreisen, die sieben bis 2000 Mal niedriger sind als der Marktwert. Allein Dschikop soll die Stadtkasse um rund 8 Millionen Dollar geprellt haben. Das Stadtparlament moniert »gravierende Mängel« bei der ganzen Aktion. Putin beteuert später, die Unternehmen hätten ihn hintergangen und seine Unerfahrenheit ausgenutzt. Eine merkwürdige Auskunft – denn einige der Unternehmer scheint Putin bestens zu kennen. Etwa die beiden Männer, die offensichtlich hinter den Firmen »Strim« und »Newskij dwor« stecken: Wladimir Jakunin, Jurij Kowaltschuk und Wladimir Smirnow. Alle gehören fünf Jahre später zu den Gründungsmitgliedern der erwähnten Datschen-Kooperative »Osero«, dem »Datschen-Clan«. Der Name von Putins Nachbarn Smirnow etwa taucht auch im Zusammenhang mit anderen Firmen auf, die damals eng mit Putins Komitee für Außenhandelsbeziehungen zusammenarbeiteten.

Der Stadtrat lässt die merkwürdigen Geschäfte durch eine Gruppe von Abgeordneten untersuchen. Im Abschlussbericht vom 8. Mai 1992 heißt es, Putin habe »völlige Inkompetenz, die an Unlauterkeit grenzt«, an den Tag gelegt, de facto seine Vollmachten missbraucht und sich der Korruption schuldig gemacht. Die Empfehlung der Untersuchungskommission: das belastende Material der Staatsanwaltschaft zu übergeben und Ermittlungen einzuleiten, des Weiteren Putin zu entlassen, einen Nachfolger zu bestimmen und schließlich dem Komitee die Befugnis zu entziehen, selbst Geschäfte abzuschließen.[31] Marina Salje, als Abgeordnete damals Leiterin der Untersuchung, lebt heute völlig zurückgezogen auf dem Dorf und antwortet auf Anfragen ängstlich, sie wolle zu der ganzen Sache nichts mehr sagen. Das Thema ist heikel: Einer der Journalisten, der in der Sache recherchiert und publiziert, Oleg Lurje, wird im Januar 2008 wegen angeblicher Erpressung in Moskau festgenommen.[32]

Putin drohte damals, 1992, das Ende seiner Karriere, im schlimmsten Fall sogar eine Gefängnisstrafe. Doch nach Vorlage des Abschlussberichts soll er Salje mit einem breiten Lächeln gesagt haben, sie werde »nichts erreichen«. Er sollte Recht behalten, denn hinter den Kulissen setzte ein enger Vertrauter Putins alle Hebel in Bewegung, um den späteren Staatschef reinzuwaschen: Dmitrij Medwedew.[33] Der dürfte zwar kaum die nötigen Verbindungen gehabt haben, um die Staatsanwaltschaft und die zuständigen Beamten in Moskau dazu zu bringen, ein Auge zuzudrücken. Hier dürften eher Putins KGB-Bande die entscheidende Rolle gespielt haben. Wahrscheinlich ist aber, dass Medwedew seinem Chef in der bislang größten Krise seiner Laufbahn zur Seite stand, indem er die juristische Munition und die Persilscheine lieferte, mit deren Hilfe Putin seinen Kopf aus der politischen und strafrechtlichen Schlinge zog.[34]

Und das Vertrauensverhältnis zwischen den beiden wurde in der Tat immer enger. Eingeweihte berichten, dass Medwedew alle fortan abgeschlossenen Verträge des Komitees auf ihre juristische Stichhaltigkeit abklopfte – und bald auch eine Art Generalbevollmächtigter Putins wurde, zuständig für den diskreten Geldabfluss ins Ausland, insbesondere in Offshore-Zonen. Als Bevollmächtigter Putins soll er auch Gelder für diverse Bauprojekte verteilt haben, unter anderem über die berüchtigte Firma »20. Trest«, hinter der mit Sergej Nikeschin ein dubioser Geschäftsmann und Bekannter Putins stand. Nikeschin habe von Putins Außenhandelskomitee Millionen Dollar erhalten für Projekte, die nie verwirklicht wurden, etwa den Wiederaufbau einer russisch-orthodoxen Kirche in Griechenland. Von den Geldern sei nie wieder eine Spur aufgetaucht, berichtet ein Ermittler, der später wegen seiner Nachforschungen in der Sache aus dem Staatsdienst entlassen und selbst Gegenstand eines Ermittlungsverfahrens wurde. Die Zahlungen liefen über die Bank »Rossija«, die eine Geschäftsstelle direkt im Rathaus hatte. Kein Zufall: Nach übereinstimmender Aussage von Zeitzeugen erteilte das Außenhandelskomitee Investoren damals Lizenzen in der Regel nur unter der Auflage, dass die Geldströme über die »Rossija«-Bank fließen mussten. Haupteigentümer der Bank ist Jurij Kowaltschuk, der einflussreichste Mann im »Datschen«-Clan und einer der Nachbarn von Putin in »Osero«.

Die Vorwürfe lassen sich nicht belegen, kommen aber aus unterschiedlichen, unverdächtigen und durchaus vertrauenswürdigen Quellen. »Putin wird Medwedew zu seinem Nachfolger machen, denn er ist sein engster Vertrauter und zieht faktisch die Fäden bei seiner Vermögensverwaltung«, sagte bereits 2006 ein Abgeordneter der Staatsduma mit guten Kontakten in den Kreml, der selbstverständlich anonym bleiben will – wie alle, die über angebliche Geschäfte Putins und seines Nachfolgers berichten. Wäre es in einem Rechtsstaat wie Deutschland durchaus angebracht, solche Gerüchte einfach zu ignorieren, könnte man das in Russland mit seinem intransparenten politischen und juristischen System und seiner fehlenden Pressefreiheit nur als fahrlässig bezeichnen. Vorhandene Verdachtsmomente dürfen nicht verschwiegen werden, solange sich die Angegriffenen in Schweigen hüllen und es nicht für nötig halten, die schwerwiegenden Vorwürfe zu entkräften und Licht in die undurchsichtigen Eigentumsverhältnisse vieler Unternehmen zu bringen – ja solange sie im Gegenteil offenbar dafür sorgen, dass diese Eigentumsverhältnisse ungeklärt bleiben, wie etwa im Falle von Gasprom oder dem Ölkonzern Surgutneftjegas.

Im Dezember 1993 ist Medwedew einer der Gründer des Holz-Unternehmens »Finnzell« – nur eine von mehreren Firmen, bei denen er als Mitgründer auftritt. Nach einem Bericht des russischen Rechnungshofes besaß er 50 Prozent von Finnzell, das wiederum 40 Prozent der Aktien von »Ilim Pulp Enterprise« hielt, einem russisch-schwedischen Gemeinschaftsunternehmen in der Holzindustrie. Registriert hat die Firma das von Putin geleitete und von Medwedew beratene Außenwirtschaftskomitee in Sankt Petersburg; 15 Jahre später hat die Firma einen Marktwert von rund 1,5 Milliarden Dollar und gilt als »Besitzerin des russischen Walds«.[35] Eine derartige Verquickung der Berater-Tätigkeit im Komitee mit unternehmerischen Aktivitäten mag für westliche Verhältnisse bedenklich wirken, im Russland der neunziger Jahre aber war sie eher die Regel als die Ausnahme. Im Dezember 1994 wird Medwedew juristischer Direktor einer Tochterfirma von Ilim Pulp. 1997 scheidet er bei Finnzell aus; hartnäckig hält sich bis heute das Gerücht, er habe weiter Anteile mit Wert in dreistelligem Millionenbereich. 1998 wird er Mitglied im Aufsichtsrat des Bratsker Holzindustrie-Kombinats, einer Ilim-Pulp-Tochter bei Irkutsk.[36] Kurz bevor der Konzern wegen dubioser Geschäfte in die Schlagzeilen geriet und die Staatsanwaltschaft die Privatisierung untersuchen ließ, habe Medwedew 1999 seinen Posten verlassen, berichtet der Journalist Wladimir Pribylowskij.»Offiziell verkaufte er zwar seine Anteile, aber an wen, ist nicht bekannt.« Noch als Vize-Chef des Präsidialamts soll Medwedew die Firma im Jahr 2004 vor einer Übernahme-Attacke durch den Rusal-Konzern von Russlands reichstem Mann, Oleg Deripaska, gerettet haben.[37] Presseberichten zufolge musste er dabei in seiner Not auf die Hilfe alter KGB-Seilschaften und des Militärgeheimdienstes zurückgreifen – ein Erlebnis, das sein Vertrauen in das Funktionieren der Marktwirtschaft nicht gerade gestärkt haben dürfte.[38]

Glaubt man Medwedews Vermögensdeklaration, die er als Präsidentschaftskandidat vorlegen musste, hat sich sein 20-Prozent-Anteil an Ilim Pulp, der nach Schätzung des Moskauer Wirtschaftsmagazins »Smart Money« einen aktuellen Wert von rund 300 Millionen Dollar hatte, offenbar in Luft aufgelöst: Der Mann, der Jahre zuvor noch ein Fünftel eines Großkonzerns besaß, gab im Januar 2008 ein Vermögen von exakt 76 111 Euro an. Insofern mag es Medwedew entgegenkommen, dass die wichtigsten Medien im Land Oppositionelle, die Fragen nach solchen Zusammenhängen stellen könnten, erst gar nicht zu Wort kommen lassen. Der überwältigenden Mehrheit von Russlands Wählern sind solche Details, die etwa in den USA einen Wahlkampf beherrschen und über Wohl und Wehe eines Kandidaten entscheiden könnten, überhaupt nicht bekannt.

Insider werfen Ilim Pulp brutale und teilweise auch illegale Methoden im Konkurrenzkampf vor. Legendär ist unter Eingeweihten ein Treffen zwischen Ilim-Pulp-Managern und den Vertretern einer konkurrierenden Firma unter der Vermittlung des Gouverneurs von Archangelsk, bei der sich beide Seiten einigten, ihre Streitigkeiten künftig ohne physische Gewalt auf juristischem Wege beizulegen. Am 6. Dezember 2007 wurde der Banker Oleg Schukowskij gefesselt und erdrosselt im Swimmingpool seiner Villa bei Moskau aufgefunden. Wenige Monate zuvor hatte sein Kreditinstitut Aktien an Ilim Pulp zurückverkauft, die der Konzern für 650 Millionen Dollar mit enormem Gewinn an US-Investoren weiterveräußerte.[39]

Es wäre unfair, Medwedew in Zusammenhang mit solchen kriminellen Machenschaften zu bringen, wie manche Medien dies tun. Dennoch wäre es naiv, die Erfahrungen zu unterschätzen, die der heutige Präsident in den wilden neunziger Jahren als Unternehmer und Jurist gesammelt hat. Die damalige Goldgräberstimmung hat Medwedews Verständnis von Wirtschaft und Recht offensichtlich geprägt – so soll er etwa als erster Jurist in Russland einen spitzfindigen Weg gefunden haben, wie eine staatliche Institution die bestehenden Vorschriften umgehen und legal Miteigentümer einer Aktiengesellschaft werden konnte – indem sie einem Unternehmen Räume vermietete und die fällige Miete als Grundkapital in just dieses Unternehmen einfließen ließ.[40] Später sagte Medwedew, als Jurist sei ihm der Sinn des Begriffs »Legitimität von Eigentum« nicht bekannt. Ins gleiche Horn – das der Unvereinbarkeit von Recht und Moral – stößt auch eine Aussage in einem »Brief an die Wähler« von Wladimir Putin im Jahr 2000, den Medwedew als dessen Wahlkampfchef zu verantworten hatte: »Seinerzeit wurde der Begriff ›Wirtschaftsverbrechen‹ eingeführt. Das ist nicht nur eine juristische Ungenauigkeit, das ist ein Fehler. Man kann nicht alle Verbrechen auf einen Haufen werfen, die mit Wirtschaft und Finanzen zu tun haben, und dann ganze Kampagnen gegen ›Wirtschaftsverbrecher‹ führen.«[41]

1996 verliert Anatolij Sobtschak den Kampf um seine Wiederwahl. Mit ihm müssen auch Medwedew und Putin aus dem Petersburger Smolnyj, dem Rathaus, ausziehen. Putin steht zumindest offiziell vor dem Nichts; formell ist er erst einmal arbeitslos. Medwedew dagegen hat nach wie vor seine Anstellung als Dozent an der juristischen Fakultät, und er ist weiter als Unternehmer aktiv. Wieder einmal nehmen die beiden Männer wohl ein und dieselbe Situation ganz unterschiedlich war: Erfuhr der 1952 geborene Putin Glasnost und Perestroika als Katastrophe, die seine kleine, heile Welt beim Auslandseinsatz in der DDR zusammenbrechen und ihn als Verlierer in die Sowjetunion zurückkehren ließ, so bedeuteten sie für den 13 Jahre jüngeren Jura-Studenten Medwedew wohl Aufbruch und neue Chancen. Drohte Putin mit der Wahlniederlage seines Mentors Sobtschak 1996 den Boden unter den Füßen zu verlieren, so stand Medwedew weiter mit beiden Beinen auf der Erde und musste die Schlappe an den Wahlurnen nicht als persönliche Katastrophe empfinden. Ein Unterschied, der kaum zu unterschätzen ist: Vieles spricht dafür, dass Putin als Präsident die demokratischen Freiheiten in Russland nicht zuletzt deshalb so rigoros beschnitt, weil ihm immer noch der Schreck von 1996 in den Gliedern saß – die Erfahrung, trotz vermeintlicher großer Leistungen vom Wähler völlig ungerechtfertigt abgestraft und ins Nichts geschickt zu werden. Indem er die wichtigen Medien stramm auf Linie brachte, die politische Konkurrenz ausschaltete, die Politik zur Imitation und die Wahlen zur Farce machte, räumte Putin jede Wiederholungsgefahr aus und stellte sicher, dass es ihm nicht so ergehen würde wie seinem Mentor Sobtschak. Der hatte 1996 nicht nur die Wahlen verloren, kurz darauf drohte ihm auch ein Ermittlungsverfahren wegen angeblicher Korruption und die Festnahme – vor der Putin ihn rettete, indem er Sobtschak in einer abenteuerlichen Nacht- und Nebelaktion die Flucht nach Paris ermöglichte.

Im Vorzimmer der Macht

Dmitrij Medwedew wird seinen Augen kaum getraut haben, als er im August 1999 im Fernsehen plötzlich einen alten Bekannten wiedersah – in ganz ungewöhnlicher Funktion. Der greise Präsident Boris Jelzin trat mit einem bis dahin kaum bekannten Beamten vor die Kameras und verkündete, dass er ihn zu seinem neuen Ministerpräsident machen würde: Wladimir Putin. Nach seinem unfreiwilligen Auszug aus dem Petersburger Rathaus und ein paar Monaten Arbeitslosigkeit war der ehemalige KGB-Offizier schnell wieder auf die Füße gefallen: Alte Beziehungen hatten ihn nach Moskau ins Präsidialamt gebracht, wo er schnell eine neue Karriere begann. Im Mai 1998 wird er Vize-Chef des Präsidialamtes, zwei Monate später Chef des KGB-Nachfolgers FSB und damit einer der mächtigsten Männer in Russland. Medwedew tritt da gerade seinen neuen Posten als Mitglied im Aufsichtsrat der erwähnten Ilim-Pulp-Tochter »Bratsker Holzindustrie-Kombinat« in Irkutsk an.

Als neuer Ministerpräsident braucht Putin Vertraute, die ihm zuarbeiten. Und er erinnert sich an seinen früheren Mitarbeiter und Freund. Er holt ihn in seinen Regierungsapparat: als Vize, als zweiten Mann hinter seinem alten Petersburger Kollegen Dmitrij Kosak. Als Jelzin am 31. Dezember 1999 völlig überraschend zurücktritt und seinen »Thronfolger« Putin damit zum amtierenden Präsidenten macht, zieht Medwedew gemeinsam mit seinem Gönner vom Regierungssitz, dem Weißen Haus an der Moskwa, in den Kreml um. Er wird zum Stellvertreter des Präsidialamtschefs Alexander Woloschin, der damals, wie Eingeweihte berichteten, im Kreml mehr zu sagen hatte als der frisch eingezogene Putin, dem offenbar nur die Rolle des Prinzregenten zugedacht war.

Als einer von zahlreichen Vize-Präsidialamtschefs ist Medwedew zuständig für Staatsbesuche und den Terminplan des Präsidenten, eine Schlüsselposition, in der er entscheidet, wer »Zugang zum Körper« hat, wie der Kontakt zum Staatspräsidenten

im Kreml-Jargon genannt wird. Die Möglichkeit, im entscheidenden Moment Politikern, Wirtschaftsführern und Beamten den Kontakt zum Präsidenten zu ermöglichen oder auch zu verweigern, stellt im ganz auf den Staatschef zugeschnittenen Russland einen der wichtigsten Machtfaktoren dar. In Personalunion übernimmt Medwedew die Leitung von Putins Wahlkampfstab für die Präsidentschaftswahl im März 2000; das Gesetz schreibt vor, dass er sich für diese Zeit von seinem Posten im Präsidialamt beurlauben lassen muss. Er bezieht dazu ein Arbeitszimmer im »Alexander-Haus«, einem luxuriösen Neubau am Ufer eines Kanals der Moskwa ein paar Gehminuten vom Kreml entfernt. Der Oligarch Alexander Smolenskij hatte das Gebäude Jahre zuvor aufwändig renovieren lassen, und so wurde der Einzug von Putins Stab dort auch ein Symbol für den angekündigten Kampf gegen die Oligarchen. Unter Medwedew herrschten im »Alexander-Haus« Zutrittskontrollen und Sicherheitsbestimmungen fast wie in der Armee. Die Ausweise der Mitarbeiter waren jeweils nur für bestimmte Stockwerke gültig. »Das Ganze ist wie in einem Thriller, da hat jemand Spionomanie! Den Ausweis muss man nicht nur beim Betreten des Hauses einlesen lassen, sondern auch beim Verlassen, sonst kommt man nicht zurück auf die Straße«, beklagte sich ein Mitarbeiter.[42] Solche Sicherheitsmaßnahmen müssen aber auch vor dem Hintergrund der Bombenanschläge im Herbst 1999 mit ihren rund 300 Opfern und der damals herrschenden Terrorfurcht gesehen werden. Der Wahlkampfstab erinnerte denn auch weniger an das »Hauptquartier eines KGB-Offiziers, der es zum Präsidenten gebracht hat, als an ein Reservat für liberale Ideen« und liberale Wirtschaftsfachleute. Im dritten Stock hatte ein Team aus erfahrenen Public-Relations-Fachleuten das Sagen. Der Wahlkampfstab soll dank kräftiger Spendenbereitschaft der Wirtschaft damals regelrecht im Geld geschwommen sein, wie Mitarbeiter berichten. Derart heftig sei der Andrang an Spendern gewesen, dass gar nicht alle zum Zuge kommen konnten.[43]
Schon in jenem Winter 2000 macht das Gerücht die Runde,

Medwedew könne nach den Wahlen im März Präsidialamtschef Woloschin beerben, wenn er seinen Job als Chef des Wahlkampfstabes gut mache. Seine neue Aufgabe sei seine »Generalprobe«, heißt es. Eine wohl etwas überzogene Erwartung, hatte der Stab im Alexander-Haus doch eher technische und repräsentative Aufgaben, während die wirklichen Entscheidungsstränge im Wahlkampf im Kreml und bei Woloschin zusammenliefen. Viermal in der Woche treffen sich die wichtigsten Männer jeweils um 20 Uhr in einem kleinen Besprechungszimmer neben Woloschins Büro im Kreml. Medwedew ist nicht immer dabei, dafür aber die immer noch sehr einflussreiche Tatjana Djatschenko, die Tochter des zurückgetretenen Präsidenten Jelzin. Der Krieg in Tschetschenien, so berichten Kreml-Insider, ist für die Wahlkampfmanager eines der wichtigsten Argumente im Kampf um Stimmen – schließlich war Putin in den Augen der meisten Russen vom Ziehsohn des verhassten Jelzin zur neuen Hoffnungsfigur geworden, als er nach den mysteriösen Bombenanschlägen die Angriffe auf das abtrünnige Tschetschenien starten ließ. Menschenrechtler wie Jurij Burtin sehen in dem Krieg im Kaukasus ein »zynisches Wahlkampfmanöver« der Regierung. »Dem Kreml ist es gelungen, die Spielregeln für den Wahlkampf zu ändern, mancher Parteichef weiß sich da nicht mehr zu helfen«, glaubt Jelzin-Berater Andranik Migranjan. Statt von Korruption, Machtmissbrauch und Misswirtschaft ist vor allem von einem die Rede: von Tschetschenien und der »Wiedergeburt« von Nation und Armee. Grund zum Ablenken hat die Jelzin-Familie im Winter 1999/2000 genug: Schweizer Behörden forschen nicht nur nach verschwundenen Millionen, die der Kreml-Clan via Bank of New York in Sicherheit gebracht haben soll. Der Genfer Staatsanwalt Bernard Bertossa bestätigt, dass außerdem dubiose Konten von Personen, »die dem ehemaligen Präsidenten nahe stehen«, blockiert wurden.

Spötter behaupten, Putins Wahlkampf bestehe vor allem im Fehlen eines solchen – weil es angesichts der Ehrfurcht der Russen vor einem amtierenden Staatsoberhaupt für die Mehrheit der Wähler einer Gotteslästerung gleichkommt, gegen einen Kreml-Herrscher zu stimmen. Anders als der Duma-Wahlkampf wenige Monate zuvor wird der Präsidentschaftswahlkampf, den Medwedew zu verantworten hat, nicht zur schmutzigen Schlacht. Tatsächlich nutzt der amtierende Staatschef vor allem seinen Amtsbonus und vermeidet jegliche konkreten Programmpunkte und politischen Diskussionen. Stabschef Medwedew kann sich zurücklehnen: von den üblichen Materialschlachten eines Wahlkampfs keine Spur. Nirgends in Russland lacht Putin von Plakatständern, TV-Diskussionen geht er aus dem Weg, Werbespots lehnt er ab – schließlich gehe es nicht »um Tampax oder Snickers«, tönt »Kandidat Putin«. Die »Image-Maker«, Russlands Antwort auf die Wahlkampfmanager im Westen, sind in der Mehrheit arbeitslos. »Es ist eine Wahl, bei der man keine Wahl hat. Es gibt kaum etwas zu tun für Wahlkämpfer«, klagt Igor Bunin, der Direktor des Moskauer Zentrums für politische Strategien.

»Offiziell war Medwedew im Stab der Chef, de facto saß er nur da und hatte nichts zu sagen, ein paar Mal haben wir ihn nachträglich unterrichtet, was wir machen, er fand das schön und nickte immer höflich, und man hatte den Eindruck, mit den Gedanken sei er ganz woanders«, erinnert sich eine Mitstreiterin von damals. Medwedew sei kein Macher gewesen und keine treibende Kraft, eher eine Art »Kontrolleur« und »Platzhalter« Putins in der Wahlkampfzentrale: »Ich kann mich an keine einzige Idee erinnern, die er in unsere Arbeit eingebracht hätte, nicht einmal an einen Verbesserungsvorschlag. Er war einfach immer nur nett. Nur manchmal hatte man den Eindruck, er reiße sich regelrecht zusammen, um wenigstens ein strenges Gesicht zu machen und damit ein wenig Autorität zu gewinnen.« Wegen seiner freundlichen, aber emotionslosen Art bekam Medwedew in diesen Tagen den Spitznamen »Bio-Roboter«. Ein Bild vom Wahlabend zeigt einen pausbäckigen, jungenhaft wirkenden Medwedew im Alexander-Haus mit strahlender Miene neben dem Wahlsieger Putin.

Nach dem Wahltriumph seines Gönners im März 2000 kehrt Medwedew wieder in den Kreml zurück, genauer gesagt in das Präsidialamt, ein paar Minuten vom Kreml entfernt am »Alten Platz« im Herzen Moskaus gelegen, wo einst das Zentralkomitee der KPdSU seinen Sitz hatte. Am 3. Juni befördert ihn Putin, offenbar als Anerkennung für seine Verdienste im Wahlkampf, vom gewöhnlichen Stellvertreter zum ersten Stellvertreter des Präsidialamtschefs. Zu seinen bisherigen Vollmachten kommen neue hinzu: Unter anderem vertritt er von nun an den Präsidialamtschef, wenn der fehlt. Er ist zuständig für die Zusammenarbeit mit der Regierung sowie für Personalfragen und die interne Organisation. Medwedew bekommt den Auftrag, ein Projekt für eine Reform des Staatsdienstes zu entwickeln – und greift dabei, wie einige Zeitungen berichten, auch auf den »Moralkodex der Erbauer des Kommunismus« zurück, eine Art Katechismus der Kommunisten, den der 22. Parteitag der KPdSU 1961 verabschiedet hat. Die eingesetzte Arbeitsgruppe, die Medwedew leitet, tagt streng geheim, alle Teilnehmer werden gewarnt, dass sie im Falle von Indiskretionen unverzüglich aus der prestigeträchtigen Kommission ausgeschlossen werden. Nichts dringt an die Öffentlichkeit. Die Reform führt zu keinerlei radikalen Einschnitten, lediglich die rechtlichen Vorschriften werden systematisiert.[44]

27 Tage nach seiner Beförderung zum ersten Vize im Präsidialamt übernimmt Medwedew einen neuen Nebenjob: Auf der Hauptversammlung von Gasprom wird er zum Aufsichtsratschef des Energiegiganten gewählt. Im April 2001 ernennt ihn Putin zum Vorsitzenden einer Arbeitsgruppe zur Liberalisierung des Aktienmarkts für die Gasprom-Anteile, die bisher nur unter strikten staatlichen Auflagen gehandelt werden. Hauptaufgabe Medwedews ist aber offenbar, den eigenmächtigen Gasprom-Vorstandschef Rem Wjachirew zu stürzen – der »Gas-König« regiert das Unternehmen wie ein Feudalfürstentum. Dabei scheinen dem Kreml weniger die zahlreichen Anzeichen für ausufernde Korruption zu missfallen als die Tatsache, dass Wjachi-

rew ein eigenes Spiel spielt und nicht brav nach der Pfeife Putins tanzt. Hinter den Kulissen sägen Putin und seine Getreuen eifrig an seinem Stuhl.

2001 ist es dann so weit: An Stelle Wjachirews wird Alexej Miller zum neuen Vorstandsvorsitzenden des größten Gaskonzerns der Welt gewählt. Miller hatte gemeinsam mit Putin und Medwedew im Petersburger Rathaus gearbeitet; er gilt als farbloser Technokrat, als eine Art Platzhalter Putins bei Gasprom, ein gefügiger Erfüllungsgehilfe seines Chefs im Kreml. Medwedew tritt in einer taktischen Rochade als Aufsichtsratschef zurück, um auf diesem Posten Platz für den gerade geschassten Vorstandschef Wjachirew zu schaffen und so dessen friedlichen Abgang ohne allzu verzweifelte Gegenwehr sicherzustellen. Ein Jahr später, im Juni 2002, wird Wjachirew endgültig kaltgestellt. Und Medwedew kehrt auf seinen früheren Posten als Chef des Aufsichtsrates zurück.

Sein endgültiger Aufstieg an den Gipfel der Macht beginnt mit dem dramatischen Abstieg eines anderen einflussreichen Russen. Als am 25. Oktober 2003 wie erwähnt bewaffnete Kämpfer des Geheimdienstes FSB den Privatjet von Russlands reichstem Mann, Yukos-Chef Michail Chodorkowskij, stürmen, wird das zum Wendepunkt in Putins Regierungszeit. Eine der wichtigsten Figuren in dem Thriller ist der Mann, mit dem Dmitrij Medwedew fast vier Jahre lang im Kreml eng zusammengearbeitet hat: sein direkter Vorgesetzter, Präsidialamtschef Alexander Woloschin, ein Überbleibsel aus Jelzins Zeiten im Kreml. Woloschin hatte sich bis zuletzt für Chodorkowskij eingesetzt. Er soll dem Milliardär sogar Sicherheitsgarantien gegeben haben – nach dem Motto: Solange ich das Präsidialamt leite, können sie dir nichts anhaben. Doch er zog den Kürzeren im Kampf der Seilschaften im Kreml. Vier Jahre lang hatten sich die alten Jelzin-Vertrauten um Woloschin, der zuweilen ein klein wenig stottert und vielleicht deshalb die Öffentlichkeit scheut, einen erbitterten Kampf mit den KGB-Männern um den nicht minder kamerascheuen Putin-Vertrauten Igor Setschin geliefert – der später zum Mittelpunkt des »Silowiki-1-Clans« wurde. Die Auseinandersetzung zwischen der Oligarchen-Fraktion und den Geheimdienstlern wurde mit harten Bandagen geführt. Woloschin hatte Setschin bei einer Übergabe von Bestechungsgeld in Dollarscheinen in seinem Amtszimmer im Kreml filmen und auf frischer Tat ertappen lassen, berichtet ein Insider. Tatsächlich wurde der Putin-Vertraute für einige Zeit aus dem Vorzimmer des Präsidenten verbannt, doch der Staatschef ließ bald Gnade vor Recht ergehen, und Setschin durfte zurück an seinen Schreibtisch, an dem er den Insider-Informationen zufolge den Zugang zu seinem Chef kontrolliert wie, so wörtlich, ein »Zerberus den Weg in die Unterwelt.« Anscheinend waren es auch Setschin und KGB-Kameraden, die vor der Chodorkowskij-Festnahme einen Artikel über einen »Putsch der Oligarchen« im Internet lanciert hatten. Darin hieß es, die Super-Reichen monopolisierten die Reichtümer Russlands und planten einen Umsturz, und Ministerpräsident Michail Kassjanow und Woloschin stünden in ihren Diensten.

Der ausgebuffte Machtstratege Woloschin musste einsehen, dass er erst einmal den Kürzeren gezogen hatte, und er reichte verbittert seinen Rücktritt ein. Die KGB-Riege um Setschin hofft nun darauf, dass einer von ihnen Woloschin im de facto zweitwichtigsten Staatsamt beerben wird. Doch Putin hat offenbar Angst vor einem allzu großen Einfluss seiner Kameraden vom Geheimdienst – und er fürchtet auch um sein Ansehen im Westen. Deshalb ernennt er einen Vertrauten zu seinem Präsidialamtschef, der bis dahin in Russlands Öffentlichkeit kaum in Erscheinung getreten ist und diese Gewohnheit auch im neuen Amt nicht ändert: Dmitrij Medwedew. Der Neue ist im Vergleich zu seinem Vorgänger Woloschin ein politisches Leichtgewicht. Die Kommentatoren sehen in ihm eine Kompromissfigur – und ein liberales Feigenblatt Putins, das den Westen mit dem harten Vorgehen gegen Yukos aussöhnen soll.

Tatsächlich äußert sich der neue Präsidialamtschef zunächst kritisch zu der Affäre. Ende 2003 meldet Medwedew Zweifel an der »juristischen Effizienz« der Beschlagnahme der Yukos-Aktien an und fordert die Behörden zur Vorsicht auf: »Die Folgen von Handlungen, die nicht bis zu Ende durchdacht sind, werden sich auf die Wirtschaft auswirken«, sagt er.[45] Doch es bleibt bei solchen pflichtfreien Sätzen; seinen Einfluss, so er denn einen hat, macht Medwedew nicht geltend. Im Gegenteil. Später sagt er, die Enteignung des größten Ölkonzerns und die Verurteilung Chodorkowskijs zu acht Jahren Lagerhaft im fernen Sibirien seien keine Willkür. Yukos habe eben Probleme mit der Steuer gehabt.[46]

Selbst manche ranghohen Kreml-Beamten sehen das anders. »Der Prozess gegen Chodorkowskij ist organisiert worden als Schauprozess zur Belehrung der anderen russischen Unternehmen«, verkündet Igor Schuwalow, ein enger Berater von Präsident Putin, freimütig. »An der Stelle von Yukos hätte jeder andere Konzern stehen können.« Damit gibt Schuwalow nicht nur zu, dass es sich um einen Willkürakt handelt, mit dem Wort »Schauprozess« gebraucht er auch einen Begriff, der aus der Stalinzeit berüchtigt ist. Tatsächlich erinnern die Szenen in und um den Gerichtssaal eher an einen Roman von Kafka als an moderne Rechtsprechung. Dauerte etwa die Verlesung des Urteils in erster Instanz tagelang, setzte das Moskauer Stadtgericht im Berufungsverfahren neue Maßstäbe: Weil eine Verjährung zugunsten Chodorkowskijs drohte, wickelten die drei Berufsrichter das Verfahren, dessen Unterlagen 6500 Seiten Gerichtsprotokolle, 450 Aktenordner Ermittlungsunterlagen und ein 700 Seiten langes Urteil umfasste, in einem »Blitzprozess« innerhalb eines einzigen Tages ab. Vor der Verhandlung durften die Anwälte zwei Wochen lang nicht mit dem Angeklagten sprechen. Und auch nach dem Prozess verstößt die Justiz dreist gegen das Gesetz, etwa, als Chodorkowskij im Oktober 2005 in ein Straflager in Krasnokamensk an der chinesischen Grenze verlegt wird, ein radioaktiv belastetes Uranabbaugebiet sechs Flugstunden von Moskau entfernt – laut Gesetz müssen Gefangene ihre Strafe entweder in ihrer Heimatregion oder benachbarten Regionen absitzen, im Falle Chodorkowskijs also in Moskau oder dem Umland.

Und die Justizwillkür dauert an, bis ins Jahr 2008: Am 30. Januar beginnt die Moskauer Justiz einen Prozess gegen den seit April 2006 inhaftierten Yukos-Manager Wassilij Aleksanjan, obwohl der an Aids und Krebs in fortgeschrittenem Stadium leidet; der entkräftete Mann wird im obligatorischen Gitterkäfig vor Gericht vorgeführt.[47] Einen Tag später bekennt sich Medwedew bei seiner großen Programm-Rede auf dem Wirtschaftsforum in Krasnodar zu Freiheit, Rechtsstaatlichkeit und Demokratie.[48] Erst als sich öffentlicher Protest regt, als sich selbst der Gefängnisdirektor auf die Seite seines Häftlings stellt und gegen das Vorgehen der Staatsanwaltschaft protestiert, ja Chodorkowskij im fernen Sibirien in Hungerstreik tritt, erlaubt die Anklagebehörde Aleksanjan acht Tage später die Verlegung aus der Haft in eine Klinik. Dort wird der Sterbenskranke rund um die Uhr bewacht, an sein Bett gefesselt und darf nur einmal in der Woche duschen.[49] Zuvor hatte die Staatsanwaltschaft Aleksanjan nach dessen eigener Aussage erpresst und seine Freilassung in Aussicht gestellt, wenn er seinen früheren Chef Chodorkowskij, gegen den ein neuer Prozess geplant ist, belastet. Aleksanjan lehnte einen solchen »Deal« ab.[50]

Medwedews Verhalten in der Yukos-Affäre ist typisch für sein gesamtes Wirken im Präsidialamt. Er macht sich die Finger nicht schmutzig; mit einigen unverbindlichen Äußerungen setzt er sich von den Hardlinern im Kreml als eher liberal ab, tut aber nichts, um diesen hehren Worten auch Taten folgen zu lassen – stattdessen flüchtet er sich dann in eher zynische Aussagen wie den erwähnten Hinweis, Yukos habe eben Probleme mit der Steuer gehabt. Obwohl er nach außen hin kaum in Erscheinung trat, war Medwedew doch in alle wichtigeren Konflikte der Staatsmacht zwischen 1999 und 2007 verstrickt. Als 2001 der kritische Privatsender NTW von Gasprom geschluckt und damit der Meinungsvielfalt auf dem Bildschirm quasi über Nacht der Garaus gemacht wird, sitzt Medwedew mit am Verhandlungstisch. Er leitet den Aufsichtsrat von Gasprom, als der Konzern der Ukraine am 1. Januar 2006 den Gashahn zudreht, und das laut Kreml-Berater Andrej Illarionow gegen bestehende Verträge.[51] Als der russisch-britische Ölkonzern TNK-BP seine Rechte an dem sibirischen Gasfeld Kowykta nach massivem Druck der Behörden unfreiwillig an Gasprom weiterreichen muss, werden die dazu erforderlichen Unterschriften in Medwedews Büro geleistet.[52] Die Verwandlung der Parteienvielfalt in eine Farce und der Duma in eine Abnick-Kammer ist das Werk seines Stellvertreters Wladislaw Surkow – und Medwedew lässt ihn ganz offensichtlich anstandslos gewähren. Und statt seinen Einfluss im Prozess gegen Chodorkowskij geltend zu machen, um Recht und Gesetz zu verteidigen, streitet er sich mit seinem Rivalen Igor Setschin um die Beutestücke des zerschlagenen Yukos-Konzerns. Anfang 2005 entbrennt ein erbitterter Kampf zwischen den beiden. Es geht darum, wer nach einer geplanten Fusion von Gasprom und Rosneft im neuen Konzern den Chefposten haben soll – zumindest formal, denn das Sagen hat ohnehin Putin. Monatelang kommt es nicht zu einer Entscheidung; wie so oft bei Konflikten zwischen seinen Vertrauten kann sich Putin entweder nicht entscheiden oder hält sie absichtlich hin – »teile und herrsche« scheint einmal mehr die Devise zu sein. Am Schluss kann sich keiner durchsetzen, die Fusion platzt.

Kreml-Insider berichten, Medwedew ginge es vor allem um Formalitäten, um Rang, um Attribute, um Regeln. Von seinen Untergebenen wird er bald der »Wesir« genannt; so hießen im arabischen Raum einst willfährige Verwaltungsbeamte des mächtigen Kalifen. Und ein treu ergebener Diener seines Kalifen Putin ist Medwedew in der Tat. Als eine seiner Hauptaufgaben habe es der Präsidialamtschef angesehen, dafür zu sorgen, dass alle Mitarbeiter pünktlich zur Arbeit erscheinen, erinnert sich einer von ihnen – in einem Langschläfer-Land wie Russland ist das freilich ein schier hoffnungsloses Unterfangen. Medwedew, der ebenso wie Putin selbst chronisch unpünktlich ist, habe es sich nicht nehmen lassen, seine Mitstreiter zuweilen höchstpersönlich zu kontrollieren und Zuspätkommer abzumahnen.

In der neuen Funktion lernt Medwedew auch seinen deutschen Gegenpart kennen: Gerhard Schröders Kanzleramtschef Frank-Walter Steinmeier. Die beiden bereiten die gegenseitigen Besuche der Duzfreunde Schröder und Putin vor; es entwickelt sich eine herzliche Bekanntschaft, manche Beobachter sprechen gar von einer Freundschaft, die bis heute ungetrübt sei. Steinmeier trifft sich weiter regelmäßig mit Medwedew und kann sicher auch für die Zukunft auf einen direkten Draht zum neugewählten Präsidenten rechnen, was sein in Fragen der Russland-Politik ohnehin sehr gespanntes Verhältnis zu Kanzlerin Angela Merkel sicher nicht vereinfachen wird. Während die Kanzlerin als ehemalige DDR-Bürgerin die autoritären Tendenzen in Russland kritisch sieht, steht Steinmeier als ehemaliger Architekt der Außenpolitik unter Schröder eher für leisere Töne. Als höchster Gasprom-Chef war Medwedew auch oberster Dienstherr des Altkanzlers, der heute den Aufsichtsrat der Ostsee-Pipeline-Gesellschaft leitet, einer Gasprom-Tochter. So schrieb er denn auch das Vorwort für die russische Ausgabe von Schröders Memoiren.

Bei Gasprom erwarb sich Medwedew den Ruf eines effizienten Managers, der bestens vorbereitet in die Aufsichtsratssitzungen ging und auch strittige Entscheidungen durchsetzte, allerdings nicht ohne vorher am Telefon seine Meinung mit der von Präsident Putin abgeglichen zu haben. Aber der Korruption bei Gasprom konnte Medwedew nach Ansicht von Insidern nicht Herr werden – oder durfte es nicht. »Selbst kleine Entscheidungen wie die Ernennung der Leiter von nachrangigen Abteilungen durften weder Medwedew noch Vorstandschef Miller alleine treffen«, berichtet ein ehemaliges Regierungsmitglied mit besten Kontakten zu Gasprom. »Sie mussten warten, bis Putin sein Okay gab. De facto war und ist Putin Gasprom-Chef, und Miller und Medwedew sind nur seine Marionetten.« Im Vier-Augen-Gespräch habe sich Medwedew über die Verhältnisse bei Gasprom gar beschwert, berichtet ein anderer ehemals hochrangiger Politiker, dem er mit beleidigtem Unterton anvertraut haben soll: »Was, du glaubst, ich würde dort [bei Gasprom] irgendetwas entscheiden? Ich weiß überhaupt nicht, was dort wirklich läuft.«

Insofern sind Berichte, in denen Medwedews »Ernennung« zum Nachfolger als Erfolg von Gasprom gewertet wird, mit Vorsicht zu betrachten: Natürlich kann der Konzern unter einem Präsidenten, der jahrelang seinen Aufsichtsrat leitete, auf besondere Sympathie und Entgegenkommen des neuen Staatschefs rechnen. Aber Schlagzeilen wie »Gasprom wird Präsident« gehen an der Realität vorbei und zeugen davon, wie westliche Denkweisen auf das russische Machtsystem übertragen werden, obwohl sie hier in keiner Weise greifen. Gasprom ist kein eigenständiger Konzern, der Einfluss auf die Politik übt, er ist eher Kriegskasse und Streitaxt des Kremls. Insofern wird nicht ein Gasprom-Mann Präsident, sondern der zuvor vom Kreml als Oberaufseher zu Gasprom abgestellte Mann – ein Gummibeil des Kreml.

Weder als Präsidialamtschef noch in seinem Nebenjob bei Gasprom wird Medwedew den Menschen in Russland bekannt. Richtig in Erscheinung tritt er erst, als Putin ihn im November 2005 als ersten Vize-Premierminister in die Regierung versetzt. Die Kommentatoren sind sich zunächst nicht einig, ob der Kremlherr seinen Vertrauten damit aus dem wichtigen Präsidialamt verbannen und ihn kaltstellen will – oder, im Gegenteil, ihn als möglichen Nachfolger auf einem öffentlichkeitswirksamen Posten in Stellung bringen möchte. Die Fernsehnachrichten bringen bald die Antwort. Medwedew, der bisher allenfalls im Hintergrund auf der Mattscheibe zu sehen war, ist darin bald so allgegenwärtig wie der Wetterbericht. Kein Anlass ist zu nichtig, als dass er nicht groß gezeigt würde: Seine hölzernen Reden in Schulen, Betrieben oder Kirchen sind die wichtigsten Nachrichten. Er streichelt vor laufender Kamera Tiere, brät etwas linkisch ein Rührei auf einem Herd, löffelt mit skeptischem Blick Joghurt. Er sagt Sätze wie: »Die Geburtszertifikate sind dazu

ausersehen, die Qualität und die Zugänglichkeit von Geburts-
nachsorge zu erhöhen, die Bedingungen für die Geburt von ge-
sunden Kindern zu schaffen. Mit ihrer Einführung wurden ökonomische Anreize und reale Konkurrenz geschaffen«, oder:
»Die Größe einer Küche ist für eine Familie sehr wichtig. Wenn
sie klein ist, hat das Auswirkungen auf den allgemeinen Kom-
fort. Ich weiß, wovon ich spreche. Ich lebte 30 Jahre in einer
Wohnung mit kleiner Küche.«[53] Der Neue wirkt vor den Kameras anfangs noch etwas steif, seine Ansprachen und seine Mimik erscheinen aufgesetzt. Nach all den Jahren, die er nur im
Hintergrund unter Ausschluss der Öffentlichkeit wirkte, tut er
sich im Scheinwerferlicht sichtlich schwer.

Als erster Vize-Premier ist Medwedew zuständig für die von
Putin ins Leben gerufenen »Nationalen Projekte«: Ein wenig in
der Art der Fünf-Jahres-Pläne und großen Bauvorhaben zu Sowjetzeiten sollen Milliarden aus Öleinnahmen in Soziales und in
die Infrastruktur investiert werden – begleitet von einer lautstarken Kampagne und dem an kommunistische Zeiten erinnern-
den Versprechen einer besseren Zukunft. Putin will so aus seinem Schattenmann einen bekannten Politiker machen. »Du
glaubst gar nicht, wie sehr das deinen Blickwinkel verändern
wird«, gab der Staatschef ihm mit auf den Weg.[54] Medwedews
neue Aufgabe scheint wie geschaffen, ihn beliebt zu machen:
Nun kann er mit prall gefülltem Geldbeutel überall Geschenke
verteilen. In einem fort eröffnet Medwedew Brücken, Straßen,
Krankenhäuser und Technologiezentren, ebenfalls vor laufenden Kameras, versteht sich. Spötter nennen ihn nach der russischen Version des Weihnachtsmanns »Putins Väterchen Frost«.

Kritiker sehen die »Nationalen Projekte« als Tarnung für die
»Operation Nachfolger«. Sie seien mehr mit Aufbau und Image-
pflege eines Putin-Kronprinzen verbunden als mit echter Hilfe
und Engagement im sozialen Bereich, schreibt die Internetzeitung »Gazeta.Ru« bereits im Jahr 2006.[55] Und so ergeben auch
Umfragen ein enttäuschendes Resultat: Nur drei Prozent der
Russen sprechen von einem vollen Erfolg der Projekte, 35 bis 47

Prozent bewerten das Ergebnis von Medwedews Arbeit als »eher erfolglos« oder »eindeutig erfolglos«. Die Hauptursache dafür sehen kremlnahe Experten darin, dass die Regierung die Werbetrommel für die Projekte – wohl auch Medwedew zuliebe – allzu stark gerührt und damit zu große Hoffnungen bei den Menschen geweckt habe. Kreml-Kritiker dagegen machen geltend, dass sich die Herrschenden bei den Nationalprojekten vor allem selbst bedienten. So steuern etwa der Staat und staatsnahe Konzerne im Rahmen des Projekts »Erschwinglicher Wohnraum« Milliarden bei, um die Quadratmeterkosten um drei Viertel zu senken. Die Aufträge gingen an 22 Unternehmen, die zur Mehrheit kremlnahen Oligarchen wie Viktor Wekselberg, Sulejman Kerimow und Oleg Deripaska gehören. Von 22 Projekten, die diese Firmen als »erschwinglichen Wohnraum« mit staatlichen Zuschüssen bauen, sind nach Informationen der Renommierten Oppositionszeitung »Nowaja gaseta« ganze zwei in der unteren Preisklasse angesiedelt – 20 dagegen in der »Business-Klasse« und höher. So fördert Medwedew als »erschwinglichen Wohnraum« etwa ein Projekt mit dem Namen »Rubljowo-Archangelskoje« in Moskau, im Volksmund bekannt unter dem Namen »Stadt der Millionäre«, sowie noch andere Bauten, in denen der Mindestpreis für eine Wohneinheit nach Angaben der »Nowaja gaseta« höher als eine Million Dollar ist.[56] Da im Wahlkampf die Möglichkeit fehlte, dem Kandidaten Medwedew öffentlich unzensierte Fragen zu stellen, erkundigte sich die »Nowaja gaseta« am 13. Dezember 2007 auf ihren Seiten nach solchen Ungereimtheiten. Eine Antwort hat sie nie erhalten. Stattdessen verweigerte die zentrale Wahlkommission den Journalisten den Zugang zu ihren Räumen: Sie erhielten keine Akkreditierung und blieben am Wahlabend ausgesperrt. Medwedew hätten sie aber auch dort ohnehin nicht fragen können, da er nicht in der Wahlkommission erschien.

Berichte über Korruption, die im Zusammenhang mit den Nationalprojekten immer wieder laut werden und ihnen sogar den Spitznamen »Korruptionsprojekte« einbrachten, weist

Medwedew zurück. »Die Korruption ist in alle Bereiche unseres Lebens vorgedrungen, aber ich kann, Gott sei Dank, bislang nicht sagen, dass ich bei der Realisierung der Nationalprojekte darauf gestoßen bin. Wenn es dazu kommen sollte, werden wir auf die härteste Art reagieren.«[57] Ganz anders sah das 2006 Dmitrij Rogosin, damals noch Fraktionschef der Vaterlandspartei, die erst als Kreml-Retortengeburt gegründet, dann aber zunehmend kritischer wurde und schließlich mit einem offenbar vom Kreml initiierten internen Putsch gegen die Parteiführung wieder auf Linie gebracht wurde: »Ich habe gegenüber Putin im Herbst 2005 die Korruption kritisiert und ihm gesagt, dass bei den neuen ›Nationalen Projekten‹ für jedes Projekt 10 Prozent Bakschisch in seinen Apparat flössen. Putin antwortete, er wisse das. Seit diesem Tag darf ich in keinem Fernsehsender mehr auftreten.«[58] Inzwischen sind von Rogosin solche kritischen Töne nicht mehr zu erwarten: Er erhielt den begehrten Posten eines Russland-Botschafters bei der Nato und verliert seither zumindest öffentlich kein kritisches Wort mehr Richtung Kreml. Direktor des neu geschaffenen Regierungsdepartements für die »Nationalen Projekte« wird ein 28-Jähriger, der kaum Berufserfahrung hat: Boris Kowaltschuk, der Sohn von Jurij Kowaltschuk, jenes Nachbarn von Wladimir Putin aus der Kolonie »Osero«, der als einer der wohl reichsten und einflussreichsten Männer Russlands gilt und von Spöttern »Putins Geldbeutel« genannt wird. Kowaltschuk kontrolliert ebenjene Bank »Rossija«, die einst schon im Petersburger Rathaus Putins Hausbank war und unter seiner Präsidentschaft zu einem der mächtigsten Geldinstitute des Landes aufsteigen konnte. Kreml-Kritiker sehen denn auch einen anrüchigen Zusammenhang zwischen den milliardenschweren Nationalprojekten, für die Kowaltschuk junior zuständig ist, und der Bank von Kowaltschuk senior. Nicht nur diese Personalie verbindet Kowaltschuk und seine Bank mit Medwedew, dem Gasprom-Aufsichtsratschef. Am 26. September 2002 übernahm die Eurofinans-Bank, die ebenfalls von Kowaltschuk kontrolliert werden soll, 49 Prozent der Aktien der

Gasprom-Media – Tochter von Gasprom und größte Medien-holding im Lande.[59] Anfang 2005 kaufte Kowaltschuks Bank von Medwedews Gasprom dessen Versicherungsgesellschaft Sogas auf.[60] Wirtschaftsexperten kritisierten, dass die Gas-prom-Tochter und damit de facto staatliche Firma ohne öffent-liche Ausschreibung und damit ohne jede Kontrolle an die Bank des Putin-Freundes gegangen sei.[61] Doch war das noch längst nicht alles: 2006 überträgt Gasprom unter Medwedews Ober-aufsicht die Reserven seines Pensionsfonds mit einem Volumen von rund 6 Milliarden Dollar ebenfalls an Kowaltschuks Bank. Die wiederum kauft sich für diesen Betrag 50 Prozent der Ak-tien der Gasprom-Bank, ebenfalls einer Tochter des Gas-Gigan-ten und zweitgrößte Bank in Russland. Vor der Übernahme der Gasprom-Bank durch Kowaltschuk hatte diese auch einen Großteil der Aktien von »Gasprom-Media« übernommen – deren restliche Aktien Kowaltschuk offenbar bereits über Eurofinans hielt. Kowaltschuk kontrolliert damit das größte Medienunternehmen im Land sowie die Pensionsrücklagen von Gasprom und dessen frühere Banktochter; daneben soll über seine Bank auch ein Großteil der Gasprom-Gelder abgewickelt werden. Der staatliche Gasprom-Konzern hat damit in un-durchsichtigen Manövern einen bedeutenden Teil seiner Aktiva ohne Ausschreibung an Putins Vertrauten Kowaltschuk über-geben.[62] Der Vorgang, der in westlichen Demokratien wohl wo-chenlang Hauptthema in den Medien wäre, ist in Russland nur Eingeweihten bekannt. Dmitrij Medwedew hat zwar formell als Chefkontrolleur von Gasprom all diese Transaktionen zu ver-antworten; de facto war aber sicher Putin der Drahtzieher. Man muss nicht so weit gehen wie einige Kritiker, die von einer »Pri-vatisierung« der Gasprom-Filetstücke durch Putin sprechen. Aber als neuer Präsident muss sich Medwedew bewusst sein, welch gewaltiges Medien- und Finanzpotential Putin über sei-nen Datschennachbarn faktisch wohl kontrolliert – und gegen Medwedew einsetzen könnte, wenn dieser die Loyalität gegen-über seinem politischen Ziehvater jemals verletzen sollte.

Das Schaf im Wolfspelz

Auf den ersten Blick könnte man meinen, die beiden Männer seien Verwandte. Da ist zum einen der kleine, stämmige Mann mit den sichtlich zu kurzen Beinen, den Pausbacken und einer jungenhaften Ausstrahlung. Er könnte als gut genährte Junior-Version des typischen Apparatschiks durchgehen und erinnert ein bisschen an den Comic-Igel Mecki, mit den kurzen Haaren, den letzten Resten von Babyspeck, die sein Gesicht etwas schwammig wirken lassen, und einem kleinen Bierbauch. Der andere Mann hat zwar ähnliche Gesichtszüge, doch sie wirken deutlich markiger. Er hat leichte Geheimratsecken und etwas Drahtiges, große dunkle Knopfaugen und einen gutmütigen Bernhardiner-Blick, er wirkt sportlich, trägt teure Designer-Kleidung mit extradicken Schulterpolstern und könnte Filialleiter einer kleineren Bank sein. Beide Beschreibungen zielen auf ein und denselben Mann, nur zu unterschiedlichen Zeiten: Dmitrij Medwedew.

Der Wandel kam nicht von ungefähr. Nach seinem Umzug aus dem Präsidialamt ins Weiße Haus, den Regierungssitz am Ufer der Moskwa, machte sich der neue Vize-Premier auch äußerlich fit für höhere Weihen. Medwedew trainiert, schwimmt jeden Tag zweimal eine halbe Stunde, rennt auf dem Laufband gegen die Pfunde an. Trug er früher Anzüge, die zwar von bekannten westlichen Modemarken stammten, aber doch an ihm hingen, als seien sie von der Stange des berüchtigten sowjetischen Textilkombinats »Bolschewikin«, so ist sein neues Tuch maßgeschneidert. »Das ist auch bitter nötig, weil Medwedew unproportional gebaut ist, und wenn diese Besonderheiten nicht durch speziell gefertigte Kleidung ausgeglichen werden, macht Medwedew einen ungelenken, linkischen Eindruck«, berichtet eine frühere Mitarbeiterin des neuen Präsidenten übereinstimmend mit anderen Bekannten. Medwedew trägt demzufolge auch Schuhe mit dezent eingearbeiteten Absätzen, die ihn etwas größer machen. Mit 1,62 Metern ist er einer der wenigen Politiker, auf die sogar der mit 1,70 Meter große Putin herunterblicken kann – was in Moskau Anlass für böse Witze ist. Unter anderen zeigt ein Cartoon ein Bild Medwedews, in dem er die Hand auf Brusthöhe präsentiert und in einer Sprechblase sagt: »Der nächste Präsident wird nur noch so groß sein.« Medwedew bekam böse Spitznamen wie »Kinder-Überraschung«, »Nano-Präsident«, »Mini-Putin« und »Lilliputin«. Die britische Zeitung »Guardian« schrieb gar, Medwedew könne nun mit dem ebenfalls 1,62 Meter großen Führer von Nordkorea, Kim Jong-il, um den Titel »kleinster Staatschef der Welt« wetteifern.[63] Lenin war immerhin 1,64 Meter groß, Stalin 1,65 und Russlands Nationalstolz, der Dichter Puschkin, maß 1,66 Meter, wie die »Süddeutsche Zeitung« fast schon genüsslich aufführt, und boshaft kommentiert: »Dass historische und physische Größe in umgekehrt proportionalem Verhältnis zueinander stehen, ist für die Russen also nichts Neues. Selbst Russlands Feinde wie Dschingis Khan oder Napoleon hatten oft nur Bonsai-Format.« Und doch vermerke die russische Öffentlichkeit mit einer gewissen Häme, dass ihre Präsidenten seit dem Ende der Sowjetunion offenbar mit jeder Amtszeit schrumpfen, vom 1,89 Meter hohen Boris Jelzin über Wladimir Putin mit 1,70 Meter bis zu Medwedew, der selbst von seinem Amtskollegen Nicolas Sarkozy überragt wird.[64] »Wenn das weiter so nach unten geht, werden wir irgendwann eine Maus als Präsident haben«, besagt ein böser Witz. Im Internet feiern die Russen ihren neuen Präsidenten mit Wortspielen. Ausgehend vom russischen »Medwed« (Bär) bauen sie eine sprachliche Brücke über die Koseform »Mischka« (Bärchen) zu »Myschka« (Mäuschen) und stellen eine respektlose Verbindung her zwischen dem Staatschef mit dem Bär im Namen und der Pralinensorte namens »Bärchen im Norden«. Im Internet machen auch bösere Witze die Runde. Etwa der von einem Besuch Medwedews in einer Schule, bei dem er seinen Vortrag mit den Worten »Als ich noch klein war …« beginnt – und prompt von einem der Schüler unterbrochen wird: »Aber Sie sind doch immer noch klein.« Ein Blogger witzelt mit Blick auf die entblößten Muskeln des reitenden, angelnden Judoka Putin über einen Wettkampf im Gewichtheben, den Medwedew souverän gewann: »Er war in seiner Gewichtsklasse der Einzige.«[65]

Ob Medwedew über solche Scherze lachen kann, ist zu bezweifeln. Nicht nur, weil sie unzulässig unter die Gürtellinie zielen. Es ist nicht bekannt, dass der neue Präsident einen Hang zur Selbstironie hat. Statt auf Souveränität setzt er beim Thema Größe eher auf technische Finessen. Wahlplakate zeigen ihn Schulter an Schulter mit dem acht Zentimeter größeren Putin. Von Fotografen lässt sich Medwedew gerne von unten aufnehmen, und in Gruppen macht er schon einmal einen Schritt nach vorne, um auf Fotos und bei Fernsehaufnahmen größer zu wirken.[66]

Manche Kommentatoren glauben, dass Medwedew schon als junger Jurist in Petersburg durch seinen Hang zum Luxus in der Kleidung, etwa bei Markenanzügen, gewisse äußerliche Unzulänglichkeiten kompensierte. Wohlmeinende Beobachter attestieren ihm eine gewisse Gehemmtheit, weniger freundliche sprechen von Komplexen. Für Ljudmila Narussowa, die Witwe von Medwedew-Förderer Sobtschak, ist der frühere Student und Berater ihres Mannes »ein typischer Petersburger Intellektueller«. So nennen die Russen introvertierte Menschen mit gewissen Schrullen. Medwedew hat in Moskau lange gebraucht, um sich an die Fernsehkameras zu gewöhnen. Anfangs studierte er akribisch die Aufzeichnungen seiner Auftritte und feilte lange vor dem Spiegel an seinen Bewegungen und seiner Mimik.[67]

Während sein Vorgänger Putin Härte und Entschlossenheit ausstrahlt, wirkt Medwedew auf den ersten Blick vor allem nett. Eine Eigenschaft, die die Russen zwar im privaten Umgang mögen und die beim Verkauf eines Gebrauchtwagens von Vorteil ist, aber nicht unbedingt, wenn einer Präsident werden will und um Stimmen werben muss. Seit seiner Ernennung zum ersten Vize-Premier im Herbst 2006 setzte das Staatsfernsehen denn auch alle psychologischen Hebel in Bewegung, um Medwedew,

den Juristen, als energischen Macher darzustellen. Die Kamera-
einstellungen rücken nicht nur seinen Wuchs in ein günstiges
Licht. Dem Mann, der schon in der Universität durch seine leise
Stimme auffiel, die in den hinteren Reihen des Hörsaals oft
kaum zu hören war, bescheinigen die Moderatoren fast schon
gebetsmühlenhaft, er habe »mit harter Stimme« und »in ent-
schiedenem Ton« gesprochen. Auf den Bildern ist zu sehen, wie
er mit Ministern und hochrangigen Apparatschiks redet, mit
leicht aufgesetzter Strenge und dennoch eher freundlich; der
Moderator sagt dann, Medwedew habe ihnen heftig und ener-
gisch die Leviten gelesen. Für westliche Beobachter haben solche Inszenierungen etwas Peinliches, bei weiten Teilen der russischen Bevölkerung, die es abseits der großen Städte immer noch
gewohnt ist, dem Fernsehen zu glauben, kommen sie dagegen
an, wie Meinungsforscher berichten. Erwarten Wähler etwa in
Deutschland eher effiziente, kompromissfähige Politik-Mana-
ger, so sehnen sich viele Russen nach 70 Jahren Kommunismus
nach dem »Chosjaistwennik«, einem tatkräftigen Apparatschik
mit eher tiefer Stimme und breiter Statur, der seine Untergebenen zur Schnecke macht, für Ordnung sorgt und Disziplin not-
falls mit harten Strafen durchsetzt.

Nach seiner Ernennung zum »Thronfolger« im Dezember
2007 blüht Medwedew regelrecht auf, »er wirkt so, als sei er
wirklich größer geworden«, berichten Beobachter. Im Auftritt,
im Stil, ja sogar in der Sprache nähert er sich an seinen Ziehvater Putin an. Die Imitation nimmt zuweilen geradezu parodisti-
sche Züge an. Etwa, wenn er zu markigen Worten und Jargon
greift wie dem russischen Pendant zum deutschen Wort »geil«,
was so gar nicht zu seiner milden Art und dezenten Ausdrucks-
weise passt; wenn er Putins leicht schwankenden Gang nach-
ahmt, sich wie der Judo-Kämpfer als Muskelpaket präsentiert
und kraftmeierisch gibt. Oder wenn er, wie sein Vorbild es gerne
tut, leger gekleidet vor die Kamera tritt, mit schwarzem T-Shirt
oder Rollkragenpulli, in denen er sich sichtlich unwohl fühlt.
Die fast schon krampfhaften Versuche seiner Berater, aus ihrem

Schützling den starken Haudegen zu machen, erscheinen manchmal fast komisch. Auch nach dem Wahlsieg am 2. März 2008 muss er den feinen Zwirn ablegen, um in Bluejeans und schwarzer Jacke gemeinsam mit Putin im Schneegestöber über das nasse Kopfsteinpflaster des gespenstisch leeren Roten Platzes zu stapfen; die Szene erinnert eher an den Aufmarsch zweier Figuren in einem Thriller à la Gorki-Park. Doch hier gibt es Probleme mit dem Gleichschritt: Mit dem flotten Gang des durchtrainierten Putin kann Medwedew nicht mithalten, immer wieder fällt er zwei Fußlängen zurück.[68] Bei einem gigantischen Rockkonzert an der Basilius-Kathedrale feiert das Duo dann seinen Wahlsieg – mit patriotischer, ja martialischer Musik, die ganz unverhohlen nach Krieg klingt. »Panzer, Infanterie, das Feuer der Artillerie! Sie wollen uns töten, aber wir überleben. Und erneut treiben sie uns zum Angriff«, so der Text eines der Lieder.[69] Medwedew wirkt in seiner Lederjacke und den Jeans auf der Bühne irgendwie fehl am Platz, wie das Muttersöhnchen, das sich eine Rocker-Kluft ausleiht und heimlich auf ein Konzert geht, weil er einmal den wilden Mann spielen möchte, dann aber die ganze Zeit über ängstlich um sich schaut, ob die Mutter nicht auftaucht, um ihn nach Hause zu holen – ein Schaf im Wolfspelz eben.

Im Februar 2008 hatte das halbe Management von Gasprom mitleiden müssen. Im »Kreml-Palast«, einem Konzertsaal, lauschten einige Tausend Gas-Apparatschiks einem Konzert von Medwedews Lieblingsband, der Hardrocktruppe Deep Purple; der Chef saß ganz vorne in der ersten Reihe. Offiziell hatte Gasprom die britischen Rocker zur eigenen 15-Jahr-Feier gebucht, inoffiziell war das Konzert ein Abschiedsgeschenk an den scheidenden Aufsichtsratschef Medwedew – und eine Wahlkampfaktion. Die Konzern-Funktionäre im Saal ertrugen die für sie ungewohnte Musik tapfer und klatschten an den richtigen Stellen höflich. Die Szene hatte etwas Bizarres, zwei fremde Welten trafen hier aufeinander, es war ein bisschen, als hätten die Beatles in Breschnews Zentralkomitee aufgespielt.

»Der Gig im Kreml war lustig«, berichtete später Sänger Ian Gillan, der zur Verwunderung vieler akkurat gekleideter Zuschauer barfuß über die Bühne sprang, »aber nicht eben wild. Wenn Leute nicht gewohnt sind, zu Rockshows zu gehen, kennen sie das Protokoll nicht.« Auf einige Drinks durfte Medwedew nach dem Konzert in die Umkleide. »Mit einem dummen Grinsen auf dem Gesicht, weil er seine Lieblingsband traf«, petzte Gillan später respektlos.[70] Auf den Fotos von dem Abend sind die Hardrocker zu sehen und ein strahlender Medwedew in der Mitte. Seine Krawatte sitzt jedoch eng am Hals, selbst seine Anzugjacke bleibt geschlossen.[71]

Medwedew lächelt gerne und oft, und so fehlt ihm das, was die Russen »Stahl in den Augen« nennen, das Putin so meisterhaft beherrscht, der Machtanspruch, die Härte, wenn nicht gar die Brutalität im Blick, die viele der Geheimdienstler im Kreml auszeichnet und sehr wichtig ist in einer Gesellschaft, die im Gegensatz zu unserer westlichen kein Gewalttabu kennt. Medwedew wirkt im Vergleich zu den Falken in Putins Umfeld wie ein braver Junge, zuweilen fast schon kindlich. Auf einer Konferenz mit Bürgerrechtlern im Februar 2008 flüstert er während deren Reden in einem fort heiter mit seinen Tischnachbarn, wippt mit den Füßen und zeichnet Häuser auf sein Papier, wie einer der Teilnehmer berichtet: »Es wirkte, als säße da nicht der künftige russische Präsident, sondern ein kleiner Junge, der sich nicht konzentrieren kann und hofft, dass möglichst bald der Pausengong ertönt.« Ein großer Unterschied zu Putin, der immer bis in die Fingerspitzen konzentriert erscheint, sein Gegenüber mit starrem Blick fixiert und seine Anspannung in nervösem Spielen mit Kugelschreibern oder, am Essenstisch, mit Brotstücken entlädt. Putin wirkt bei solchen Treffen wie ein strenger Richter, Medwedew eher wie ein Gymnasiast.

Selbst an schwierige Aufgaben gehe Medwedew spielerisch heran, sagt der Moskauer Oppositionspolitiker Wladimir Ryschkow. »Auf einer wichtigen Sitzung zu den Nationalprojekten gab Medwedew dem Hauptredner 15 Minuten Zeit, dem

Kommentator fünf Minuten, fragte dann, ohne sich im Saal überhaupt richtig umzusehen, ob es Fragen gebe, und meinte schließlich zufrieden, ja fast erleichtert, wunderbar, in diesem Fall sei ja alles gut und man könne das Programm verabschieden. So werden binnen Minuten und ohne Aussprache Milliarden verplant.« So deutlich Medwedew öffentliche Diskussionen scheut und langweilige Detail-Debatten meidet, so sehr kann er sich für einzelne Themen begeistern, wie einer seiner früheren Mitarbeiter im Präsidialamt berichtet: »Er möchte dann alles wissen und lässt es sich bis ins kleinste Detail erklären, mit geradezu jungenhafter Neugierde.«

Medwedew sei »sachlich und überhaupt nicht emotional«, gibt hingegen E.on-Ruhrgas-Chef Burckhard Bergmann zu bedenken, der als einziger ausländischer Manager im Aufsichtsrat von Gasprom sitzt und Medwedew daher von zahlreichen gemeinsamen Sitzungen kennt. Der deutsche Manager beschreibt den künftigen Präsidenten als äußerst kompetent und warnt davor, ihn zu unterschätzen: »Man darf Höflichkeit nicht mit Schwäche verwechseln.«[72] Eine gewisse Gefühlskälte bestätigen Medwedew viele, die ihn kennen. Manche fassen sie als Arroganz auf. »Er war wenig kooperativ«, erinnert sich ein Studienkollege, »nicht unfreundlich, aber an anderen nur oberflächlich interessiert. Er ließ dich durch die Blume spüren, dass seine geistige Welt reicher sei.«[73] Herablassend und patzig behandle Medwedew seine Untergebenen, so berichtet ein Mann, der ihm als Regierungsmitglied unterstellt war. Er zeige gerne, dass er am längeren Hebel sitzt, sei dann hinter der korrekten Fassade besserwisserisch und dulde keinen Widerspruch. »Er mag keine Diskussionen, er will, dass man zu allem nickt, ihn nicht aufhält, seine Zeit nicht in Anspruch nimmt. Es wirkt ein bisschen so, als sei er in Gedanken schon im Schwimmbad, als ob er sage, ›machen Sie schnell, ich habe Wichtigeres zu tun‹.« Wehe dem, der ihm dennoch widerspreche, zumal vor anderen – da sei er nachtragend und lasse das den Betreffenden auch deutlich spüren. »Der nette Eindruck, den er auf den ersten Blick macht, ist irreführend.«

Durch Zivilcourage oder Mut zu öffentlichen Bekenntnissen ist Medwedew nie aufgefallen. Als im August 1991 in Moskau Sowjet-Hardliner gegen Michail Gorbatschow putschten und im ganzen Land, vor allem in Moskau und Leningrad, Hunderttausende zumeist junge Menschen auf die Straße gingen, um gegen eine Rückkehr zum sowjetischen System zu protestieren, war Medwedew, damals gerade 25 Jahre alt, nicht unter den Demonstranten.

Er sei der typische Spross einer Intellektuellen-Familie, der sich sein Leben lang in besseren Kreisen bewegte, sagt der Oppositionspolitiker Ryschkow: »Vom echten Russland, davon, wie die Menschen auf dem Dorf, in der Provinz wirklich leben, davon hat er keine Ahnung.« Selbst bei seinen Reisen über Land bekomme er nur neu asphaltierte Straßen und extra für seine Ankunft neu gestrichene Fassaden zu Gesicht – die sprichwörtlichen Potemkinschen Dörfer also. »Er lebt wie auf einem Raumschiff – im Kreml, den Luxusdatschen und den Palästen, völlig abgehoben vom Leben jenseits der riesigen Zäune, von den Problemen der einfachen Menschen, die oft nicht einmal genug zu essen haben. Er kann sich das nicht einmal vorstellen, und es ist ihm auch völlig egal.« Hatte Putin als Gassenjunge, als junger KGB-Offizier und später als unglücklicher Rückkehrer aus der DDR die Sorgen und Nöte der einfachen Russen am eigenen Leib erfahren müssen, kam der wohlbehütete Professorensohn Medwedew schon in jungen Jahren zu Wohlstand. »Putin ist immer der Mann aus dem Volk geblieben, mit seiner hemdsärmligen Art, seinen markigen, herben Sprüchen, einer, der anpackt, der sich interessiert für das Alltagsleben, der rausfährt, sehen will, was im Land passiert, seine Beamten kontrolliert. Medwedew hingegen«, so Ryschkow, »sitzt lieber in seinem Amtszimmer und füttert seine Fische.« Tatsächlich hängt der neue Präsident sehr an seinem Aquarium; Eingeweihte berichten, er beobachte seine Lieblingstiere oft lange, in Gedanken versunken, als ob er stumm mit ihnen reden würde, und vertraue das Füttern nur ungern seinen Bediensteten an. Hat Putin einen

Hang zu Pferden und eine innige Beziehung zu seiner Labrador-hündin Conny – Eingeweihte behaupten gar ironisch, sie sei das einzige lebendige Wesen, dem er voll und ganz vertraue –, so geht Medwedews Schwäche für Fische so weit, dass er auch schon mal ein wichtiges Treffen vergisst. Im September 2007 etwa soll er im Astrachan-Gebiet am Unterlauf der Wolga zwei Stunden zu spät auf einer Sitzung erschienen sein, weil er zu lange auf einer Fischzucht blieb und sich an den Tieren nicht satt sehen konnte.

Ein nachdenklicher Mann aus der Intelligenzija, der stunden-lang Fischen beim Schwimmen zuschaut – kann er der nächste starke Mann Russlands werden? Vielleicht hat auch Wladimir Putin Zweifel daran. Und vielleicht war genau das für ihn der Grund, Dmitrij Medwedew als Nachfolger auszuwählen. Seine Stärke sei seine Schwäche, meinen viele Moskauer Politiker. Medwedew selbst kokettiert derweil mit historischen Vergleichen. Wie seinem Großvater attestiere man auch ihm eine ge-wisse Ähnlichkeit mit Nikolaj II., so eine häufig von ihm be-mühte Parallele zum letzten Zaren, die, den Bildern nach zu urteilen, zumindest beim Großvater nicht ganz von der Hand zu weisen ist.

Ein wenig zaristisch ist Medwedew nach Ansicht seiner Kriti-ker auch in seinem Lebensstil. So besitzt er laut der Einkom-mens- und Vermögensaufstellung, die jeder Präsidentschafts-kandidat bei der Zentralen Wahlkommission einreichen muss, vor den Wahlen 2008 eine 364,5 Quadratmeter große Woh-nung in der Moskauer Elite-Wohnsiedlung mit Namen »So-lotyje Kljutschi-1«, zu deutsch »Goldene Schlüssel«, an der Minsker Straße; von hier aus kann er den Kreml über den be-rühmten Kutusow-Prospekt, die Ausfallstraße zu den Wohn-gegenden der Reichen, Berühmten und Mächtigen, fast ohne Ampeln erreichen. Das großzügige, von Medwedew, seiner Frau Swetlana und dem 12-jährigen Sohn Ilja bewohnte Sieben-Zim-mer-Apartment Nr. 38 in Haus Nr. 1, Gebäude A, ist individu-ell geschnitten und ausgestattet mit dem üblichen neorussischen

Pomp wie Marmorböden und einem Wohnzimmer mit Säulen aus Bergkristall. Im Haus steht den Bewohnern eine eigene Sauna, ein Fitness-Club und ein Schönheitssalon sowie ein verglaster Wintergarten zur Verfügung, im Hof ist ein Fußballplatz. Einlass erhält nur, wer einen Passierschein oder eine Einladung vorweisen kann. Allein ein Auto-Stellplatz kostet in diesem Wohnkomplex rund 70 000 Euro. Seit mehr als zwei Jahren steht auf einem dieser Parkplätze der Familienwagen der Medwedews – ein Volkswagen Golf, Baujahr 1999, mit einem Prominenten-Nummernschild, das dreimal nacheinander den Buchstaben A enthält. Dieses »AAA« bietet einem Fahrer in Moskau die Garantie, von der allgegenwärtigen Verkehrspolizei nicht behelligt zu werden. Dabei bräuchte Medwedew diese Garantie nicht, denn als hochrangiger Beamter muss er sich nicht selbst ans Steuer setzen, sondern wird rund um die Uhr mit einer Staatslimousine gefahren, inklusive Blaulicht zur Umgehung der chronischen Moskauer Staus.

Nachbarn der Medwedews in den »Goldenen Schlüsseln« sind unter anderem hochkarätige russische und ausländische Geschäftsleute, wie etwa Semjon Wainschtok, Chef der mächtigen Staatskorporation zur Vorbereitung der Olympiade 2014 in Sotschi am Schwarzen Meer. Eine der benachbarten Wohnungen gehört einem russischen Bürger deutscher Abstammung mit dem Namen Alexej Ridiger, besser bekannt als Seine Heiligkeit, Alexij II., Patriarch der russisch-orthodoxen Kirche. Die Wohnung des Kirchenoberhaupts ist mit 227 Quadratmetern deutlich kleiner als die der Medwedews. Nach Angaben der Wachmannschaft steht sie allerdings leer – kein Wunder, hat der Patriarch doch einen Landsitz in Peredelkino, dem berühmten idyllischen Dichterdorf vor den Toren der Hauptstadt. Die Bauherren der 1999 fertiggestellten Anlage »Solotyje Kljutschi-1« hatten von Anfang an ein Auge darauf, nur angesehene Kunden zu werben. »Zu uns kamen Leute mit Koffern voller Geld, aber wir haben einen hauseigenen Sicherheitsdienst, der dafür gesorgt hat, dass Banditen außen vor blieben«, so ein Manager der

Baufirma. Der Marktwert von Medwedews Wohnung ist nur ungefähr zu schätzen, zumal er von der Inneneinrichtung abhängt. Eine 286 Quadratmeter große Wohnung wurde hier kürzlich für 5,65 Millionen Dollar verkauft, das entspricht rund 3,9 Millionen Euro bei einem Quadratmeter-Preis von rund 13 600 Euro. Legt man den zugrunde, wäre die Wohnung des neuen Präsidenten rund fünf Millionen Euro wert. Die gut informierte Oppositionszeitung »Nowaja gaseta« berichtet unter Berufung auf Quellen in der Hausverwaltung, dass ein Großteil der Kaufsumme nicht von den Medwedews bezahlt, sondern von der Präsidialverwaltung übernommen wurde. Allein die Nebenkosten für die Wohnung betragen monatlich bis zu 5000 Dollar, also rund 3500 Euro.[74] Wie sich Medwedew das leisten konnte, ist unklar: Denn der erwähnten Vermögensaufstellung zufolge verdiente er in den vier Jahren vor der Wahl insgesamt nur rund 7 000 748 Rubel, was im Durchschnitt rund 4050 Euro pro Monat ausmacht – also gerade einmal 500 Euro mehr als die Nebenkosten.[75] Auch wenn es Kreml-Kritiker kaum glauben wollen: Vielleicht lebt Medwedew ja von der Substanz, dem Ersparten. Der Deklaration zufolge wären das 2 740 006 Rubel, rund 76 000 Euro – und das trotz seines 20-Prozent-Anteils am Konzern Ilim Pulp, der heute einen geschätzten Wert von rund 300 Millionen Dollar besitzt. Wie auch immer sich das Aktienpaket in Luft aufgelöst hat, auch als Präsident wird Medwedew, wenn er seine Wohnung behält, über seine Verhältnisse leben: Mit dem Präsidentengehalt von 160 000 Rubeln, rund 4500 Euro, könnte er nur drei Viertel seiner Nebenkosten bezahlen. Solche Rechnungen sind typisch für die Führungselite unter Putin: Ihre vergleichsweise bescheidenen offiziellen Gehälter sind in keiner Weise in Einklang zu bringen mit den Ausgaben für ihren aufwändigen Lebensstil.

Die Vermögensdeklaration von Medwedew weist auch noch andere Ungereimtheiten auf. So berichtet die »Nowaja gaseta« unter Berufung auf Grundbuchunterlagen, die – wie so viele vertrauliche Daten, auch sämtliche Steuererklärungen aller Steuerzahler – auf dem Schwarzmarkt verkäuflich sind, dass Medwedew noch eine weitere Immobilie gehört, oder zumindest im Jahr 2005 gehörte. Demzufolge war die Wohnung Nr. 35 in der Tichwinskaja Straße 4, mit der Grundbuch-Nummer 3-2622667 und einer Wohnfläche von 174,40 Quadratmetern mindestens bis 2005 auf Dmitrij Medwedew, geboren am 14.9.1965, Pass-Nr. 4597001030 registriert – gemeinsam mit einem gewissen Wladimir Gluchow als Miteigentümer, geboren am 27.7.1915. Medwedews Frau hatte nach Informationen der »Nowaja gaseta« in dieser Wohnung ihren offiziellen Wohnsitz gemeldet und auch einen entsprechenden Eintrag in ihrem Inlandspass.[76] Der Miteigentümer war, so dieselbe Quelle, früher alleiniger Besitzer der Wohnung und ist zwischenzeitlich verstorben. Offenbar hat er allerdings nie in der Wohnung gelebt; lediglich sein Pass wurde für die Geschäfte mit der Immobilie benutzt. In Russland ist es gängige Praxis, dass etwa mittellose Rentner gegen ein geringes Entgelt als Strohmänner für Transaktionen herhalten, für die niemand die Verantwortung übernehmen will oder bei der die wirklich Handelnden unbekannt bleiben möchten. So werden oft Firmen mit gewaltigen Schulden auf Obdachlose oder Rentner überschrieben, bei denen nichts zu holen ist. Auch das Haus in der Tichwinskaja Straße ist eine feine Adresse: Unter anderem wohnen hier der Innenminister Raschid Nurgalijew und der Vorsitzende des Verfassungsgerichts Walerij Sorkin.

Obwohl er seit mehr als acht Jahren in Moskau lebt, bleibt Medwedew die boomende Metropole abseits seines Arbeitsplatzes offensichtlich fremd. Auf die Frage, welchen Platz in der Hauptstadt er am liebsten habe, antwortete er lapidar: den Kreml.[77] Mental ist der Musterschüler aus Petersburg im Zentrum der Macht angekommen. Und er wird umworben. Die Medien buhlen seit seiner Ernennung zum Thronfolger geradezu darum, ihm ihre Gunst zu erweisen, und überbieten sich in Liebedienerei. Selbst die Handschrift Medwedews muss dafür herhalten, aus ihm einen Mann mit echten Führungsqualitäten zu machen. Der Vergleich von alten und neuen Notizen des Präsidenten zeige einen deutlichen Wandel in seiner Persönlichkeit, beteuert etwa der Graphologe Naum Inssarow in der Boulevard-Zeitung »Moskowskij Komsomolez«. In der Schule hatte Medwedew demzufolge eine Mädchenschrift ohne jene Härten und Kanten, die sonst »typisch für die männliche Hand« sind; die deutlichen vertikalen Linien sprachen für den Versuch, für Distanz zwischen sich selbst und anderen Menschen zu sorgen. Die Kinderhandschrift zeigte nach Ansicht des Graphologen bereits einen »gewissen Hang zum Individualismus, dem Drang, sich zu präsentieren, etwas Besonderes zu sein«. In der Universität tauchten dann erste scharfe Ecken auf, so Inssarow. »Das ist typisch für eine männliche Handschrift, solche Ecken kann man mit Hartnäckigkeit assoziieren, mit Schärfe und manchmal auch mit Unnachgiebigkeit.« Nach dem Umzug nach Moskau sei Medwedews Handschrift schneller geworden, und der Druck auf das Papier stärker – laut Gutachten ein Anzeichen dafür, dass der Schreiber für eine führende Position bestimmt sei. Dass Medwedew leicht diagonal von links unten nach rechts oben unterschreibt, sieht der Graphologe als klares Anzeichen dafür, dass der neue Staatschef ambitionierter wurde. Und obwohl man seiner Unterschrift laut Inssarow nicht eindeutig entnehmen kann, ob er lateinische oder kyrillische Buchstaben verwendet, attestiert er Medwedew, es müsse sich wohl patriotisch korrekt um kyrillische handeln – und damit belege er, dass er seinen kindlichen Hang zum Posieren überwunden habe; als Schüler hatte er bekanntlich in lateinischer Schrift unterzeichnet.[78]

Analysen wie diese vom Februar 2008 gehören zu den sonderbaren Früchten eines politischen Systems, in dem die Gesellschaft an ihr neues Oberhaupt faktisch keine Fragen stellen kann, weil die wenigen Pressekonferenzen und öffentlichen Auftritte gesteuert und sorgfältig inszeniert sind. Um doch etwas von dem Mann zu erfahren, der künftig das Land regiert, greift man notgedrungen auf Handschrift-Studien zurück. Und auf Gerüchte. So wird im Dezember 2008 im Internet gestreut, Medwedews Mutter sei jüdischer Abstammung. Einerseits bestätigen Petersburger Bekannte diese Information, andererseits ist sie nicht zu belegen. Medwedew selbst kann mangels Glasnost nicht dazu befragt werden. So sehr die Herkunft Medwedews seine Privatsache ist, so relevant ist die Frage, wie etwaige jüdische Wurzeln ihn prägen könnten: etwa, wenn er schon als Kind diskriminiert worden wäre. Auch Auswirkungen auf seine Toleranz sowie seine Einstellung zu Minderheiten und zur Nahost-Politik wären wahrscheinlich. Zudem müsste Medwedew fürchten, dass Widersacher eine jüdische Abstammung jederzeit instrumentalisieren könnten, denn in Russland gibt es immer noch einen latenten Antisemitismus. So zitiert die israelische Zeitung »Ha'aretz« anonym die Aussage eines Vertreters der jüdischen Gemeinde in Moskau zu dem Gerücht: »Ich bete, dass dies nicht wahr ist, denn sonst bringt es nur Unannehmlichkeiten für ihn und uns«.

Die meisten Russen erfahren nichts von solchen Diskussionen und wissen auch nicht viel über ihren neuen Präsidenten. 35 Prozent der Russen konnten einer Umfrage des unabhängigen Levada-Zentrums zufolge noch wenige Tage vor der Wahl Ende Februar 2008 nicht erklären, was sie an Medwedew mögen; 67 Prozent der Befragten konnten nichts über mögliche Fehler ihres designierten Staatschefs sagen. Trotz des gewaltigen Propaganda-Aufwands für Medwedew in den vergangenen Jahren, trotz der hohen Posten im Kreml und in der Regierung, trotz seiner Allgegenwart vor den Wahlen in der Öffentlichkeit und den Medien blieb Medwedew den Menschen im Land also nahezu unbekannt – oder sie verstehen instinktiv, dass das Bild, das ihnen die kontrollierten Medien vermitteln, nicht unbedingt viel mit der Wirklichkeit zu tun haben muss. Nur jeder Vierte unter den Befragten sah den künftigen Staatschef denn auch als einen »energischen, entschlossenen und eigenwilligen Menschen«. Nicht einmal jeder Fünfte – 19 Prozent – fand ihn sympathisch, und immerhin zwölf Prozent konnten »keine markanten politischen Eigenschaften« an ihm finden.[79]

Dass der neue Präsident blass und farblos sei, beklagen viele

Russen. Doch sie täuschen sich. Medwedew kann einen eindrucksvollen Farbtupfer bieten: seine Frau Swetlana.

Auf Raissas Spuren

Glaubt man dem äußeren Schein, ist das Ehepaar Medwedew ein ganz traditionelles russisches Paar. Das verdeutlicht schon der Blick auf die gemeinsame Vermögensdeklaration vor der Präsidentschaftswahl. Die 43-jährige Wirtschaftswissenschaftlerin hatte demnach in den vier Jahren zuvor keinerlei eigenes Einkommen. Auf ihrem Bankkonto, so ist der Aufstellung zu entnehmen, liegen gut 10 Euro, ihr gesamter Besitz besteht aus einem Volkswagen Golf, Baujahr 1999, sowie zwei Auto-Stellplätzen in Moskau, von denen einer 16,2, der andere 16,3 Quadratmeter misst.

Als Medwedew 1999 von seinem alten Vertrauten und frisch ernannten Ministerpräsidenten Putin das Angebot bekommt, zu ihm nach Moskau zu wechseln, gab es, so jedenfalls berichtet er später, keine große Diskussion in der Familie. Die Entscheidung zum Umzug traf der spätere Präsident demnach ohne Rücksprache mit seiner Ehefrau. Schnell sei er zu der Überzeugung gekommen, dass seine Entscheidung die richtige sei, aber er habe natürlich dabei auch an seine Familie gedacht, an seinen Sohn und seine Frau, der er klarmachen musste, »dass sich ihr Leben nicht verschlechtern werde«, erzählte Medwedew in einem Interview mit dem zu Gasprom gehörenden Magazin »Itogi«, das als Wahlwerbung bezahlt war und in dem wohl nichts dem Zufall überlassen blieb. »Ich sagte ihr, dass ich ein interessantes Angebot aus Moskau habe, und sie hat lediglich darum gebeten, dass ich mir alles gut überlegen soll.«[80] Die Episode spricht für ein eher konventionelles Rollenverhältnis – der Mann gibt den Ton an, lässt seine Frau über Details im Unklaren, und sie bittet ihn lediglich, gründlich zu sein bei der Entscheidung, statt sie mit ihm gemeinsam zu fällen. Er ist dagegen, dass seine Frau arbeitet, sie widmet sich ganz der »Erziehung des Sohnes und dem Erhalt eines gemütlichen Heims«, was eine »schwierige und verantwortungsvolle Aufgabe« sei, so Medwedew – der dann noch hastig hinzufügt: »Ich sage das ohne jeden Anflug von Ironie. Sweta hat die renommierte Wosnessenskij Finanz- und Wirtschaftshochschule in Petersburg absolviert und anschließend in verschiedenen Unternehmen Stellen als Managerin gehabt. Als sie in Mutterschutz ging und Ilja auf die Welt kam, habe ich ihr gesagt, dass sie nicht mehr arbeiten sollte.« Also keine höfliche Bitte, sondern eine unmissverständliche Anweisung. Dmitrij Medwedew, der Patriarch, der seine Frau zu Hause streng an der Kandare führt? Auch wenn man dem neuen Präsidenten durchaus abnehmen kann, dass er konservativ geprägt ist und ein für Russland typisches, patriarchalisches Rollenverständnis hat – was er vor der Wahl über sein Verhältnis zu seiner Frau sagt, ist ganz nach dem Geschmack der Mehrzahl der russischen Wähler. Doch entspricht es auch den Tatsachen? Wenn man die Beziehung zwischen den beiden Eheleuten näher betrachtet, kommt man eher zu dem Schluss, dass vieles genau umgekehrt ist – und Swetlana in weiten Teilen den bestimmenderen Part innehat. Sie sei, berichten Freunde, »stark und machtbewusst«, ja sie habe das Zeug dazu, eine zweite Raissa Gorbatschowa zu werden. Der selbstbewussten sowjetischen First Lady der späten achtziger Jahre wurde einst maßgeblicher Einfluss auf den Kurs ihres Mannes nachgesagt; beim eigenen Volk eher unbeliebt und als »extravagant« und »eitel« verschrien, galt sie im Westen als ein Aushängeschild eines neuen, moderneren Russlands.

Zumindest zu Schulzeiten hing das Gleichgewicht zwischen Dmitrij Medwedew und Swetlana Linnik, wie die neue First Lady mit Mädchennamen heißt, zeitweise etwas schief. Das schönste Mädchen der ganzen Schule sei die Blondine gewesen, schreibt die »Komsomolskaja Prawda« unter Berufung auf eine der Lehrerinnen von damals. »Dima [der Kosename Medwedews] hat sie schon immer gefallen, aber ich bin mir nicht sicher, ob die Gefühle von ihrer Seite umgekehrt genauso stark waren«, erinnert sich Jelena Jegorowa, die mit den beiden gemeinsam die Schule besuchte. »Sie sprachen miteinander, aber es wirkte nicht so, als ob es etwas Ernstes sei. Sie war lustig, fiel auf, kam gut an bei den Jungs.« Die beiden Gleichaltrigen saßen in Parallelklassen. Medwedew sei für die naturblonde Schöne, jüngste Tochter eines Militärs, nur einer von vielen Kavalieren gewesen, erinnert sich eine andere Mitschülerin; während er eher bescheiden war, hätten andere Jungen Sweta forschere Avancen gemacht. »Sie hat das akzeptiert, aber ich habe nie bemerkt, dass sie sich groß verliebt hätte.« Engagiert, lebhaft, sympathisch habe sie gewirkt, aber auch verschlossen. Bis zum Schulabschluss habe der recht schüchterne Kavalier Dima aus der Nachbarklasse Sweta den Hof gemacht und ihr sogar beim Abschlussball Blumen geschenkt.[81] Der neue Präsident erzählte später, er habe sich in der siebten Klasse in seine spätere Frau verliebt – und den Kampf um ihr Herz schon bald gewonnen. Auch eine damalige Lehrerin kann sich erinnern, die beiden in den Pausen Händchen haltend auf dem Schulkorridor gesehen zu haben.[82] Und die Boulevardzeitung »Komsomolskaja Prawda« berichtet nach Medwedews Ernennung zum Kronprinzen, nicht der spätere Präsident sei es gewesen, der um Swetlana zittern musste, sondern umgekehrt. Mitschülerinnen hätten versucht, Dmitrij bei einem Klassenausflug nach Estland zu verführen, er aber habe sich immer als treu erwiesen, gibt eine Lehrerin der Zeitung zu Protokoll. Solche Berichte dürften das Herz vieler russischer Wählerinnen erwärmen, da treue Ehemänner in Russland ebenso geschätzt wie eher selten sind.[83]

Als sich Dmitrij Medwedew 1982 an der juristischen Fakultät immatrikuliert, beginnt Swetlana ein Studium der Statistik, Buchhaltung und Wirtschaftsanalyse. Anders als in der Schule, wo sie eine auffallende Erscheinung war, hinterließ sie in der Hochschule offenbar keinen bleibenden Eindruck. »Einen Studienplatz bei uns zu bekommen ist sehr schwer, ein Studium abzuschließen noch schwieriger«, berichtet der Rektor der Universität, Leonid Tarasewitsch, Jahre später. »Jemand, der sowohl das eine als auch das andere geschafft hat, verdient schon allein deswegen Achtung. Aber um ehrlich zu sein, wir erinnern uns nicht an sie.« Offenbar war sie nur sporadisch im Seminar, weil sie neben dem Studium bereits arbeitete. Zwischen ihr und ihrem späteren Mann herrschte zu dieser Zeit Funkstille, wie alte Bekannte erzählen, aber alle Anzeichen sprachen dafür, dass er sie die ganze Zeit liebte – vielleicht sei es letzten Endes tatsächlich diese Treue gewesen, die sie an ihm zu schätzen lernte. Was auch immer die frühere Klassenschönheit überzeugte – zwei Jahre nach dem Examen heirateten die beiden. Das Paar zog in die Wohnung von Swetlanas Eltern, die zentraler lag und mit drei Zimmern größer war als die seiner Eltern. Die unfreiwillige Wohngemeinschaft dauerte mehrere Jahre; der Heimvorteil und ihre Willensstärke machten Swetlana zur treibenden Kraft des Familienlebens.[84] Auch physisch überragt die groß gewachsene Frau ihren Ehemann deutlich; vielleicht ist dies ein Grund dafür, dass kaum Bilder zu haben sind, die das Paar gemeinsam zeigen. Auf einem der seltenen Fotos der beiden bei den Präsidentschaftswahlen sieht man Swetlana in merkwürdig geduckter Position mit eingezogenem Kopf und gebeugtem Oberkörper, während Medwedew ihr etwas nach vorne enteilt – offenbar alles, um den Unterschied zu verbergen.

Einhellig berichten fast alle, die das Paar kennen, welche wichtige Rolle Swetlana im Leben ihres Mannes spielt, und zwar nicht nur als seine Frau, sondern auch als seine Beraterin. Mit ihrem Charme und ihrer Ausstrahlung war sie es, die wichtige, für Medwedew später sehr hilfreiche Kontakte knüpfen konnte. So besagen Gerüchte, dass sie die Basis für die Verbindung zum Holzkonzern Ilim Pulp schuf, dessen Großaktionär Medwedew später wurde; angeblich verbinden sie freundschaftliche Bande mit der Frau eines der Miteigentümer. Als dem Konzern 2004 eine unfreundliche Übernahme drohte, soll es Swetlana gewesen sein, die ihren eher unschlüssigen Gatten dazu animierte, alle seine Verbindungen als Vize-Präsidialamtschef geltend zu machen und den Angriff abzuwehren.

Während Putins Frau Ljudmila ihre öffentlichen Auftritte stets eher über sich ergehen ließ und das Licht der Kameras scheute, steht Swetlana Medwedewa seit jeher gerne im Rampenlicht. Auf Partys und Wohltätigkeitsveranstaltungen in Moskau ist sie ein häufig gesehener Gast. Eine besondere Liebe verbindet sie seit Petersburger Zeiten mit Italien – so kümmerte sie sich ehrenamtlich um die Städtepartnerschaften von Russlands zweiter Hauptstadt mit Mailand und Venedig, ja pendelte zeitweilig beinahe zwischen den Städten, wurde regelmäßig bei gesellschaftlichen Anlässen in Italien gesehen und sorgte schließlich sogar dafür, dass eine direkte Flugverbindung zwischen Petersburg und Venedig entstand. Vor allem zu Diplomaten und Geschäftsleuten im Mittelmeerland hat sie viele Kontakte, wurde dabei aber selbst offenbar nie geschäftlich aktiv und versuchte gar nicht erst, mit diesen Verbindungen Geld zu verdienen, wie das in Russland zumindest in den neunziger Jahren nicht unüblich gewesen sein soll.

Ganz im Sinne von Putins patriotischem Kurs verlegte Swetlana Medwedewa in Moskau ihre Aktivitäten von der internationalen Bühne zunehmend auf die heimische Wohltätigkeit. Sie verzichtete zwar nicht auf regelmäßige Reisen nach Italien und organisierte auch schon mal Modeshows in Mailand. Doch die Schwerpunkte sind konservativer, so leitet sie unter anderem den Beirat des kirchlichen Wohltätigkeitsprogramms »Geistlich-moralische Kultur der heranwachsenden Generation Russlands«, das vom Präsidialamt und der russisch-orthodoxen Kirche gefördert wird. Offiziell soll es Russlands Jugend geistliche Werte beibringen, dazu Bücher und Zeitschriften herausgeben und eigene Radio- und Fernsehprogramme entwickeln.[85] Weitere Ziele sind unter anderem die Bekämpfung von Drogen, Jugendkriminalität, Verwahrlosung, Alkoholismus, Auseinanderbrechen der Familien; daneben hat die Organisation kinderlosen Ehen und Kriegsdienstverweigerern den Kampf angesagt.

Kritiker bezeichnen das Programm als klerikal und gestrig. So ist nach Informationen der »Nowaja gaseta« auch die Jugendorganisation »Stjag«, die sich für »militärisch-patriotische Erziehung« einsetzt, an ihren Aktivitäten beteiligt – und »Stjag« wiederum arbeitet derselben Quelle zufolge mit radikalen Organisationen wie der umstrittenen »Bewegung gegen illegale Immigration« ebenso zusammen wie mit anderen Teilnehmern an den rechtsradikalen »Russischen Märschen«, Demonstrationen, bei denen regelmäßig Rechtsextremisten und Skinheads aufmarschieren. Anfragen der Zeitung nach dem Hintergrund der Zusammenarbeit an den Leiter des Wohltätigkeitsprogramms, den Geistlichen Vater Kiprian, blieben ohne Antwort.[86] Die Verstrickungen mögen im vorliegenden Fall harmlos sein – doch sie sind typisch für eine enge Verzahnung zwischen offiziellen Organisationen und Politikern und zumindest dubiosen, wenn nicht gar rechtsradikalen Gruppen.

Welche Aufgaben Medwedewa genau in dem Wohltätigkeitsprogramm wahrnimmt, ist unbekannt, öffentlich wurde nur, dass sie die Schirmherrschaft über das »Waisenhaus Nummer 1« in Sankt Petersburg innehat. Persönlich sei sie zwar noch nie in dem Heim gewesen, aber sie habe dafür gesorgt, dass zwei Moskauer Firmen Spenden überwiesen und im italienischen Generalkonsulat in Petersburg ein Wohltätigkeitsbasar stattfand; so kamen rund eine Million Rubel Spenden zusammen, etwa 30 000 Euro. Kritiker sehen die Motivation für diese Wohltätigkeit zum einen in einer Image-Werbung für ihren Mann, aber auch in der Pflege geschäftlicher Kontakte. So sitzt etwa der Multimillionär und Parfümunternehmer Walerij Wolodin gemeinsam mit der Präsidentengattin im Beirat der Organisation.

Offiziell ist über Swetlana Medwedewa sehr wenig bekannt; während Wladimir Putin Anfang 2000 bei seinem kometenhaften Aufstieg an die Staatsspitze viel über seine Gattin Ljudmila erzählte und diese auch selbst öffentlich zu Wort kommen ließ, so entstand vor den Wahlen 2008 der Eindruck, Medwedew verstecke seine bessere Hälfte. Das könnte daran liegen, dass die

Berater des neuen Präsidenten immer noch das Raissa-Phäno-
men fürchten – die Abneigung der Russen gegen starke, selbstbewusste Frauen an der Seite ihrer Regenten. Das Wenige, was
über die neue First Lady in den kremltreuen Medien zu erfahren war, ließ sie ausgesprochen konservativ erscheinen; neben
ihrer Wohltätigkeit konzentrierte sich die Berichterstattung vor
allem auf ihren Glauben. Rechtzeitig zum Wahlkampf im Dezember 2007 berichtet die rechtspatriotische Zeitung »Schisn«
mit geradezu mystischem Duktus über einen Gottesdienstbe-
such Medwedewas im Diwejewo-Kloster in der Region Nisch-
nij Nowgorod. Der orthodoxe Einsiedler und Heilige Seraphim
von Sarow aus dem 18. Jahrhundert sei »zur moralischen Säule
für die Herrscher Russlands« geworden – das Land habe sich
»nach vielen Jahren der Gottlosigkeit und Zerstörung wieder
dem Allmächtigen zugewandt, wie er es vorausgesagt hatte«.
Swetlana Medwedewa, so ist nun in »Schisn« zu lesen, »bat de-
mütig um die Hilfe von Väterchen Seraphim, denn ihr geliebter
Gatte Dmitrij Medwedew ist bereit, die schwerste Bürde auf
sich zu nehmen, indem er Präsidentschaftskandidat wurde. Sie
bat um Gesundheit für ihren Mann und ihren Sohn und um
Wohlergehen für ganz Russland.« Sodann kommt Swetlana
selbst zu Wort: »Ich wollte schon lange die heilige Erde von Di-
wejewo betreten, hier atmet man sogar leichter.« Auch Medwedew selbst, so heißt es weiter, bemühe sich, »nach den christ-
lichen Geboten zu leben«. Der Heilige Seraphim habe enorme
hellseherische Fähigkeiten gehabt und das Schicksal Russlands
vor 200 Jahren genau vorhergesagt. Ein Beweis ist schnell zur
Hand – so lautet eine der Prophezeiungen, die die Zeitung ab-
druckt: »Es wird einmal ein Zar kommen, der mich berühmt
machen wird, danach wird es große Wirren geben im Land der
Russen, viel Blut wird fließen, weil es einen Aufstand gegen diesen Zar und die Selbstherrschaft geben wird, aber Gott wird den
Zaren wieder erheben.« Später werde der Herr Russland aber
begnadigen und nach all den Leiden zu großartigem Ruhm führen. Russland werde sich »in einem großartigen Meer vereini-

gen mit den anderen slawischen Stämmen.« Die Überschrift des Artikels: »Die Prophezeiungen Seraphims von Sarow gehen in Erfüllung.«[87] Illustriert ist das Ganze mit einem Bild Swetlana Medwedewas, die, eingehüllt in einen weißen Schal und mit ernstem Gesichtsausdruck, in der Kirche honigfarbene Kerzen anzündet. Andere Bilder zeigen sie mit Geistlichen auf dem Weg zum Gottesdienst.

Einen Monat nach dem Besuch im Kloster, zwei Monate vor den Wahlen verleiht der Patriarch der russisch-orthodoxen Kirche und Wohnungsnachbar der Medwedews, Alexij II., der künftigen First Lady das »Patriarchen-Abzeichen der Heiligen Jewdokija von Moskau«, eine erst 2007 ins Leben gerufene hohe Auszeichnung. »Wir haben heute die Möglichkeit, diejenigen Menschen zu ehren, die einen gewaltigen Beitrag zur Wiedergeburt Russland geleistet haben«, sagte das Oberhaupt der orthodoxen Kirche anlässlich der Zeremonie.[88]

Neben ihrem religiösen Engagement widmet sich Swetlana Medwedewa auch gerne weltlichen Dingen wie Kino-Premieren und Modenschauen, die sie zuweilen auch selbst organisiert. Unter anderem ist sie mit der Frau ihres Lieblingsdesigners Walentin Judaschkin befreundet, der sie prompt zur »Neuen Primadonna« ausrief, offenbar in Anspielung auf Alla Pugatschowa, die Großmutter des russischen Schlagers, ebenfalls einer Medwedewa-Freundin.[89] Die ausgefallenen Kleider des kremltreuen Modemachers könnten schon bald das Bild der Damenprogramme bei Staatsbesuchen bereichern – und das bei Kosten von bis zu 6000 Dollar pro Kreation. Swetlana Medwedewa, der im Gegensatz zu Gorbatschowa, der sie sonst in Vielem ähnelt, auch in feinstem Tuch etwas Mütterliches anhaftet, lässt sich trotz der nach eigenen Angaben bescheidenen finanziellen Verhältnisse der Familie ihr Modebewusstsein offenbar einiges kosten: Bekannte sagen Medwedewa eine Liebe zu Luxus, Brillanten und anderem teuren Schmuck nach, und ein Reporter der britischen Zeitung »The Times« berichtete, er habe die Medwedews auf dem Londoner Flughafen Heathrow gesehen, als sie

»beladen mit Hutschachteln« vom Luxuskaufhaus Harrod's eine Aeroflot-Maschine bestiegen.[90]

Sah Ljudmila Putina die wichtigste Aufgabe einer First Lady noch darin, »der Tätigkeit des Präsidenten keinen Schaden zuzufügen«, wird Swetlana Medwedewa wohl eine ganz andere Rolle spielen.[91] Soll Putina ihrem asketisch wirkenden Gatten vor dem Zubettgehen zuweilen noch ein Glas Kefir serviert haben, nahm Medwedewa angeblich Unterricht in der Zubereitung von Sushi.[92] Die energische Mittvierzigerin kompensiere die fehlende Willensstärke ihres Mannes, heißt es in Moskau. Erbost über Spötteleien, Medwedew sehe so aus, als ob er all seine Tage und Nächte in der Bibliothek verbringe, soll sie es gewesen sein, die ihn dazu antrieb, die überflüssigen Pfunde zu bekämpfen und den Muskelaufbau im Kraftraum gezielt in Angriff zu nehmen. Auch Yoga und Schwimmen brachte sie ihm näher. Kaum jemand zweifelt daran, dass sie künftig ein gewichtiges Wort im Kreml mitzureden hat – und ihrem Mann, wie der selbst bestätigt, zu Hause »einen festen und zuverlässigen Rückzugsraum sicherstellen« wird.[93] »Erstmals seit Gorbatschows Zeiten haben wir wieder eine First Lady, die sich in die Politik einmischen wird«, glaubt der hier bereits zitierte Moskauer Politologe Stanislaw Belkowskij, dem enge Kontakte zum mit Medwedew verfeindeten »Silowiki-1-Clan« nachgesagt werden. »Sie ist die klassische Mischung aus Ehefrau und Mutter. Man kann davon ausgehen, dass sie dem neuen Präsidenten oft Fingerzeige geben wird.«

Zuweilen hat Medwedewa ihren Mann schon in den Schatten gestellt. Etwa beim 25. Jahrestag des gemeinsamen Schulabschlusses 2007 in Petersburg. Swetlana übernahm damals nicht nur die Organisation der Feier. Nicht einen Moment lang habe sie das Mikrophon aus der Hand gegeben, berichten Augenzeugen; sie stellte die ehemaligen Klassenkameraden vor und dirigierte den Lehrerchor. Der künftige Präsident war im T-Shirt gekommen und zeigte sich wie gewohnt eher zurückhaltend; seine Frau trug ein modisches, körperbetontes Kleid und gab den ganzen Abend den Ton an.[94]

Swetlana Medwedewa könnte alte Klischees ins Wanken bringen. »Die Gesellschaft ändert sich, und ich glaube, die Russen sind reif für eine echte First Lady«, glaubt die Soziologin Marina Baskakowa – sie hofft auf ein Ende des Raissa-Effektes, der Angst vor starken Frauen.[95] Wie auch immer die Russen zu ihr stehen, die Gattin des neuen Präsidenten könnte eine Schlüsselrolle für die Zukunft Russlands spielen: »Wenn Wladimir Putin damit rechnet, dass er mit Dmitrij Medwedew eine Marionette im Präsidentenamt installieren kann, dann hat er diese Rechnung ohne Swetlana gemacht«, bestätigt auch ein sehr gut vernetzter Moskauer Politiker.

Teil III
Der Umzug

Wahl ohne Wahl

Ein Wink des Himmels, ganz irdisch übermittelt durch den Fernseher, brachte Anatolij Nowikow die Erkenntnis, auf die er lange gewartet hatte: »Ich sah, wie Wladimir Putin einem Geistlichen einen Orden verlieh«, erzählt der 78-Jährige, der einst als Militärpilot dem Vaterland diente. »Da sagte der Patriarch, diese Auszeichnung habe er aus der Hand des Mannes bekommen, der Russland gerettet hat.« Die Bilder auf der Mattscheibe befreiten Nowikow von seinen Zweifeln, schlagartig wurde ihm alles klar: »Putin ist der Richtige für unser Land.« Nowikow überlegt einen Moment, als suche er nach einer Brücke für seine Gedanken. Denn die Frage, auf die er eigentlich antworten wollte, war, für wen er am 2. März bei den russischen Präsidentschaftswahlen stimmen wird. »Da Putin Dmitrij Medwedew als seinen Nachfolger ausgewählt hat, werde ich selbstverständlich für Medwedew stimmen.«

Die Meinung des Rentners aus der 500 000-Einwohner-Stadt Rjasan rund 200 Kilometer südöstlich von Moskau ist typisch für die Haltung der meisten Russen: Nach dem Chaos und der Armut in der vermeintlichen Demokratie der neunziger Jahre erleben sie den wirtschaftlichen Aufschwung unter Putin als Wiedergeburt ihres Landes. »Unter den Demokraten ging Russland zu Grunde«, schimpft Nowikow und ist für seine Argumentation durchs Staatsfernsehen bestens gerüstet: »Gerade habe ich einen Bericht darüber gesehen, dass damals [unter Jelzin] tausend Offiziere in den Freitod gingen, weil sie ihre Gehälter nicht bekamen, die Familie nicht mehr ernähren konnten und daran verzweifelten. Eine Schande!«, empört sich der pensionierte Offizier. »Die Demokraten haben das Land ausgeraubt. Seit Putin regiert, geht es aufwärts, die Armee ist wieder geachtet, und die Renten werden pünktlich gezahlt.« Kandidat Medwedew gefalle ihm zwar nicht besonders, gesteht der Ex-Kommunist: Der Neue mache einen schwachen Eindruck. »Aber das ist ja nicht entscheidend. Er steht für den Kurs Putins, und darum wähle ich ihn.« Dass es unter Putin kaum noch kritische Medien gibt, hält Nowikow für eine positive Entwicklung. »Schwarzmalerei wie im Radiosender Echo Moskaus regt mich schrecklich auf. Die kritisieren sogar den Präsidenten. Das ist doch unmöglich!« Auch auf die Opposition gibt der alte Mann wenig: »Die machen nur unser Land schlecht, auch im Ausland.«

Die Ansichten Nowikows sind in Russland mehrheitsfähig. »Die Kritik des Westens an Putin ist scheinheilig, das sind politische Spielchen«, glaubt die Moskauerin Larissa Sawizkaja. »Die Westler sehen den Balken vor den eigenen Augen nicht und suchen den Splitter bei uns. Kein Idiot glaubt doch, bei denen sei alles besser. Überall geht es den Menschen schlecht. Aber was bringt es, darüber zu schreiben? Besser, man denkt an etwas Positives.« Die 47-jährige Psychologin ist arbeitslos; weil ihr der Staat keine Unterstützung bezahlt, hält sie sich mit Aushilfsarbeiten über Wasser. Eigentlich würde sie am 2. März am liebsten gar nicht zur Urne gehen, sagt die Akademikerin kurz vor der Wahl. »Das Ganze ist doch nur eine Inszenierung.« Denn die Wähler dürften lediglich entscheiden zwischen »einer Marionette«, also Medwedew, »zwei Clowns« – damit meint sie den schrillen Nationalisten Wladimir Schirinowskij und Andrej Bogdanow, den Alibi-Herausforderer aus den Reihen der gleichgeschalteten Demokratischen Partei – und dem Kommunistenchef Gennadij Sjuganow, einer »Mumie«. Die Menschen würden für blöd verkauft, klagt Sawizkaja.

Ihre Worte erwecken den Eindruck, als würde sie gleich den Kreml und seinen Hausherrn Putin heftig kritisieren. Doch genau das Gegenteil ist der Fall. Am liebsten, sagt sie, würde sie Putin wiederwählen: »Aber das geht ja leider nicht.« Am scheidenden Präsidenten gefällt ihr, dass er im Gegensatz zu Jelzin »berechenbar« sei. Die Frage, ob Putin die Probleme Russlands wirklich in den Griff bekommen habe, bringt die arbeitslose Moskauerin etwas durcheinander. »Nicht so, wie ich es mir wünsche. Die Korruption hat zugenommen, die Willkür der Beamten.« Warum sie Putin trotzdem unterstützt? »Wenn ein anderer an die Macht käme, könnte alles noch viel schlimmer werden. Deshalb gehe ich trotzdem wählen und werde für Medwedew stimmen.«

Für Beobachter im Westen sind solche Erklärungen, wie sie in Moskau kurz vor dem Urnengang bei einer Umfrage unter zufällig ausgewählten Bürgern zu hören waren, wohl nur schwer nachvollziehbar. »Die Menschen in Russland glauben nicht, dass sie echten Einfluss auf die Politik haben. Dass die Bevölkerung sich ihre Regierung selbst wählen kann, halten die meisten für westliche Propaganda«, erklärt Lew Gudkow, Leiter des unabhängigen Levada-Zentrums. »Viele Russen haben Angst vor der Staatsgewalt. Wahlen sehen die meisten deshalb als eine Prozedur, bei der sie dem Machthaber ihre Loyalität bescheinigen müssen.«

Eine andere Erklärung, warum das Ergebnis bereits vor den Wahlen vorhersehbar ist, hat der 22-jährige Moskauer Student Dmitrij Krawez. Er könnte sich eigentlich gut vorstellen, gegen den Kandidaten des Kreml zu stimmen, beteuert er – wenn es eine echte Alternative gäbe. »Aber die gibt es nicht«, bedauert er, »darum stimme auch ich für Medwedew.« Wenngleich nur schweren Herzens: »Als Person ist er mir zu uneigenständig. Nur eines finde ich an ihm gut: dass er Putins Kurs fortsetzen will.« An Putin gefällt dem Studenten in erster Linie dessen Härte – »und dass er so autoritär ist. Russland braucht das, Demokratie ist gefährlich für unser Land.«

Julia Klimowa sieht das ganz anders. Eben das Fehlen von Demokratie führe zu mehr Willkür und Korruption, glaubt die Moskauer Rentnerin: »Leider hämmert die Propaganda des

Kreml den Menschen das Gegenteil ein.« Die frühere Abteilungsleiterin in einem Ministerium kündigt an, die Wahl zu boykottieren – und den Wahlzettel einfach ungültig zu machen. »Denn wenn ich nur einfach nicht hingehe, werden sie meinen Wahlschein fälschen.« Alle Kandidaten, für die sie gerne stimmen würde, seien auf dem Wahlzettel gar nicht zu finden: »Der Kreml hat verhindert, dass es eine echte Alternative gibt. Die wahre Opposition ist mundtot gemacht und von den Wahlen ausgeschlossen, stattdessen haben wir lediglich Kandidaten, die eine Opposition imitieren.« Außer großen Worten habe Putin Russlands nichts gebracht, sagt die alte Frau mit trauriger Stimme. Rund 60 Prozent ihrer Rente von umgerechnet 100 Euro muss sie allein für die Nebenkosten ihrer Wohnung in Moskau bezahlen. Seit ihrem 80. Geburtstag bekommt sie zwar 1000 Rubel (rund 28 Euro) mehr – nach einer Neuregelung, die von der Regierung gern als Beleg dafür zitiert wird, dass sich die Lage der Senioren verbessert. Doch ohne die finanzielle Hilfe ihrer Tochter könnte sie auch mit diesem Aufschlag nicht leben. »Das Fernsehen gaukelt den Menschen eine Scheinwelt vor«, sagt sie verbittert, »aber nur zehn Prozent der Bevölkerung profitieren von dem Boom, den anderen bleiben nur die Tränen.«

In Großstädten wie in Moskau und Petersburg mit ihrem hohen Anteil an »Intelligenzija« sind kritische Stimmen wie die der Rentnerin Klimowa zwar oft zu hören. Über das ganze Land gerechnet aber sind sie eine Minderheit. Wahlkampfatmosphäre kommt da gar nicht erst auf. »Überraschend alltäglich und leise« seien die letzten Wochen vor der Wahl, schreibt auch die Internetzeitung www.ej.ru: »Irgendwie ist doch alles längst entschieden. Ob legitim oder nicht, demokratisch oder nicht, in Übereinstimmung mit der Verfassung oder nicht – all diese Aspekte des bevorstehenden Machtwechsels berühren die Bevölkerung nicht. Sie unterstützt eben mehrheitlich Putin und vertraut seiner Wahl eines Nachfolgers.«[1]

Die einzige Frage, die noch etwas Spannung verspricht: Wie hoch wird der Erfolg Medwedews tatsächlich ausfallen? Sagten ihm Umfragen Mitte Dezember noch 35 Prozent der Wählerstimmen voraus, steigert sich die Vorhersage Ende Dezember, gut zwei Monate vor der Wahl, auf 79 Prozent.[2] Prognosen, die Wladimir Putin nervös stimmen, wie es aus Kreml-Kreisen heißt: Der Noch-Präsident steckt in einer Zwickmühle. Einerseits soll sein Wunschnachfolger einen überzeugenden Vertrauensbeweis von den Wählern bekommen, damit die Zweifler in aller Welt Lügen gestraft werden. Andererseits möchte Putin auf keinen Fall, dass Medwedew ein höheres Ergebnis bekommt als die 71,3 Prozent, die er selbst bei seiner Wiederwahl 2004 erhielt. Würde der Ziehsohn seinen Förderer übertrumpfen, so die Sorge, könnte ihm das zu Kopf steigen und sich negativ auf seine Loyalität und Ergebenheit auswirken. Für die Wahlkämpfer ist Putins Anspruch eine schwierige Aufgabe: Wenn sie die Propaganda-Maschine bremsen, könnte der Schuss nach hinten losgehen und Medwedews Beliebtheit allzu stark abbremsen. Doch in der »gesteuerten Demokratie« lassen sich solche Probleme offenbar anders lösen, und der Chef der Zentralen Wahlkommission, Wladimir Tschurow, kann am Wahlabend am 2. März eine zielgenaue Landung verkünden: Mit 70,1 Prozent der Stimmen hat Medwedew zwar die für den Kreml offenbar psychologisch wichtige 70-Prozent-Hürde übersprungen, bleibt aber doch einen Anstands-Prozentpunkt hinter seinem Mentor zurück.

Wie schon bei den Parlamentswahlen am 2. Dezember sprechen die Opposition und ausländische Beobachter von massivem Wahlbetrug. Ganze Belegschaften von Fabriken, Krankenhäusern, Behörden wurden von ihren Vorgesetzten zur Wahlteilnahme abkommandiert. »Bei uns macht man den Menschen die Hölle heiß, es wurden richtige Listen angelegt, wo eingetragen wird, wer nicht wählen geht, und diejenigen werden danach bestraft. Man redet den Menschen sogar ein, dass es in den Wahlkabinen Kameras gibt und der Staat kontrolliere, ob sie auch für den richtigen – also Medwedew – gestimmt haben. Und die meisten Leute bei uns glauben solchen Unsinn!«, empört sich eine Frau aus einer Kleinstadt unweit von Moskau, die aus Angst weder ihren Namen noch ihren Beruf veröffentlicht sehen will. »Leute aus der Verwaltung machen Hausbesuche, sagen den Menschen, für wen sie abstimmen müssen, und entschuldigen sich dabei, sie täten nur ihre Pflicht und würden zu solchen Besuchen gezwungen. Wer Widerstand wagt, muss damit rechnen, dass er seine Arbeit verliert.« Alle hingen am Tropf der Verwaltung und hätten furchtbare Angst, die lächerlichen 3000 bis 5000 Rubel [etwa 85 bis 140 Euro] Monatslohn zu verlieren, denn eine andere Verdienstmöglichkeit gibt es nicht. Eine Frau habe sich gewehrt – und prompt ihre Arbeit verloren, nun habe sie nicht einmal genug zu essen. »So geht es allen, selbst den Ärzten; es ging sogar so weit, dass es Drohungen gab, den Kindern etwas anzutun, die Datschen abzubrennen, wenn man nicht wählen geht.« Für westliche Leser mag das unvorstellbar klingen; es scheint allerdings eines der Probleme in der Wahrnehmung des heutigen Russlands im Ausland zu sein, dass die Missstände zum Teil derart unvorstellbar sind, dass Berichte über sie schlicht als übertrieben oder unrealistisch abgetan werden – ein Phänomen, das der Kreml für seine Öffentlichkeitsarbeit geschickt zu nutzen weiß. Dabei ist offener, brutaler Druck wie in dem geschilderten Fall wohl in der Tat dem Übereifer örtlicher Beamter zuzuschreiben, die sich mit besonders guten Resultaten bei den übergeordneten Stellen empfehlen möchten. In Moskau gilt es als offenes Geheimnis, dass der Kreml sogenannte »Messlatten« an die Gouverneure austeilt – Zielvorgaben für die Wahlbeteiligung und das Ergebnis des Kreml-Kandidaten. Wer die Vorgaben unterschreitet, riskiert, nicht wieder ernannt zu werden: Per Gesetz ließ Putin 2004 anordnen, dass die Gouverneure nicht mehr direkt vom Volk gewählt, sondern vom Kreml bestellt werden, ein Schritt, mit dem er die einst so mächtigen Provinzfürsten nach Ansicht der Opposition nicht nur politisch disziplinieren, sondern auch zur Sicherstellung der »richtigen« Wahlergebnisse anhalten wollte. Die lokalen Beamten wiederum wollen offenbar den kremltreuen Gouverneuren gegenüber Gehorsam demonstrieren. Der Kreml habe bei den

Gouverneuren eine Mindest-Wahlbeteiligung von 65 Prozent eingefordert, zitiert die unabhängige englischsprachige Zeitung »The Moscow Times« einen Beamten. »Wenn die Beteiligung zu gering ist, sind die Wahlhelfer dazu angehalten, Wahlboxen mit Wahlzetteln von nicht erschienenen Wählern zu füllen.« Um die Vorgaben aus Moskau zu erfüllen, wenden sich der »Moscow Times« zufolge die Verantwortlichen in den Regionen auch an Krankenhäuser, Universitäten und Unternehmen. So wurden die Führungsetagen größerer Fabriken direkt aufgefordert, Wahllokale auf ihrem Terrain einzurichten und ihre Arbeiter dazu anzuhalten, dort zu wählen, um sie besser kontrollieren zu können. Die meisten Unternehmer geben dem Druck nach; dem Besitzer einer Fabrik vor den Toren Moskaus, der sich bei der Duma-Wahl widersetzte, brummte man eine saftige Steuernachzahlung und eine Strafe von der Feuerschutzpolizei auf. »Nur meine guten Beziehungen halfen mir, mein Geschäft zu behalten. Man sagte mir, diesmal [bei den Präsidentschaftswahlen] solle ich ruhig sein und das tun, was die Behörden wollen«, zitiert das Blatt den Unternehmer. »Ich musste deshalb meine Arbeiter bitten, an den Wahlen teilzunehmen.« Ein Arzt aus einem Moskauer Krankenhaus berichtet, er und die übrigen 2500 Angestellten seien aufgefordert worden, am Arbeitsplatz zu wählen. Man habe ihnen gesagt, ein gutes Ergebnis sei existenziell wichtig für das Krankenhaus, andernfalls werde es Probleme mit der Finanzierung geben.[3] Solche Berichte sind alles andere als der Ausnahmefall – schon bei den Duma-Wahlen häuften sich wie bereits geschildert ähnliche Vorfälle.

In den drei Monaten zwischen der Wahl des Parlaments im Dezember 2007 und der Präsidentschaftswahl im März 2008 sank die Zahl der Wahlberechtigten in Russland um mehr als zwei Millionen von 109,14 auf 106,99 Millionen; in Sankt Petersburg sank sie gar um knapp 11 Prozent, rund 400 000 Menschen, auf 3,358 Millionen. Die Frage, wie der ungeheure Schwund binnen vier Monaten zustande gekommen ist, ließ die Zentrale Wahlkommission in Moskau unbeantwortet. In der

Petersburger Filiale erklärte deren Vize-Chef Dmitrij Krasnjanskij, bei der Duma-Wahl habe man alte Listen verwendet, die dann für die Präsidentschaftswahl aktualisiert wurden. »Es gibt keine absolut zuverlässigen Listen, bei jeder Wahl geht jemand verloren oder wird jemand gefunden, das ist völlig normal.« Alexander Ossipow, Chef des Petersburger Wahlkampfstabs der Kommunisten, berichtet dagegen, aus den Wahllisten seien »ganze Häuser«, also deren Bewohner, komplett gestrichen worden, dafür habe man am Wahltag selbst alle, die in die Wahllokale kamen, problemlos nachträglich als Wähler eingetragen – auch wenn sie ihren Wohnsitz gar nicht im Zuständigkeitsbereich des jeweiligen Wahllokals hatten. Die Listen seien gekürzt worden, um so die Wahlbeteiligung zu erhöhen, vermutet Ossipow.[4] In vielen Wahllokalen gibt es gar keine Kabinen, viele Wähler füllen die Wahlzettel auf dem Fensterbrett aus, oder, gut einsehbar für jedermann, offen auf Tischen; gerade in kleineren Städten oder Betrieben macht sich verdächtig, wer den Wahlzettel so ausfüllt, dass niemand zusehen kann. In vielen Gebieten liegen sowohl die Wahlbeteiligung als auch das Ergebnis für Medwedew bei über 90 Prozent – etwa in den Kaukasusrepubliken Inguschetien und Tschetschenien, obwohl die Menschen gerade dort nach dem Krieg Moskau alles andere als zugetan sind. Ergebnisse in dieser Höhe sind nach Ansicht von Wahlbeobachtern bei demokratischen Wahlen nicht möglich; aus Inguschetien berichten Beobachter, die reale Beteiligung habe nicht 91,6, sondern 3,5 Prozent betragen.[5] Die Liste von Merkwürdigkeiten ließe sich schier endlos fortsetzen. Kaum ein Russe, der in den Tagen nach der Wahl nicht von Versuchen der Einflussnahme oder Einschüchterung aus seinem Verwandten-, Bekannten- oder Kollegenkreis berichten kann. Druck ist offenbar auch der Chef der Wahlkommission ausgesetzt. Der Putin-Schulfreund Wladimir Tschurow habe noch immer keine eigene Wohnung in Moskau aus den Beständen der Kreml-Liegenschaftsverwaltung erhalten, heißt es aus seinem Umfeld: Eine Zuteilung mache man davon abhängig, ob er das richtige Wahlergebnis lieferte. Kurz vor dem Urnengang muss es offenbar zu einem Konflikt zwischen den Freunden gekommen sein; bei aller Loyalität ging dem Chef der Wahlkommission der Druck aus dem Kreml zu weit, und als er sich wehren wollte, drohte man ihm an, er werde zwangsweise beurlaubt werden. Tschurow gab klein bei. Am Tag nach der Wahl erklärt er gefügig im Fernsehen: »Es gibt kein offeneres, transparenteres und organisierteres Wahlsystem als das der Russischen Föderation. Bei uns wählt man freiwillig, nicht wie in Belgien, wo einen für das Nichterscheinen die Polizei abholen kann.«[6]

Neben Druck setzt der Staatsapparat vor allem auf massive Propaganda. Die hat nach Aussage des russischen Journalistenverbands wieder Ausmaße erreicht wie zu sowjetischen Zeiten. In den zentralen Fernsehsendern, deren Chefs derselben Quelle zufolge wöchentlich zur Befehlsausgabe im Kreml antreten müssen, ist Medwedew allgegenwärtig. Im staatlichen »1. Kanal«, das ergab eine Untersuchung des Verbands, füllt er im Januar 2008 51,5 Prozent der besten Sendezeit am Abend, die sich mit den Kandidaten für die Präsidentschaftswahlen am 2. März oder dem Amtsinhaber befassten. Putin selbst erreicht »nur« 37 Prozent, die anderen Kandidaten werden kaum gezeigt. Bei »Rossija«, einem weiteren Staatssender, kommt Medwedew auf 48,6 Prozent Bildschirmanteil, bei »TV Zentr« sogar auf zehn Prozentpunkte mehr. Der Chef der Kommunistischen Partei, Gennadij Sjuganow, bringt es gerade einmal auf 0,3 Prozent. Auch beim Gasprom-Sender NTW hat Medwedew, der Aufsichtsratschef des Konzerns, die Meistbegünstigungsklausel.[7]

Über die Opposition berichtet nur der kleine Privatsender »Ren TV«, der in weiten Teilen des Landes gar nicht zu empfangen ist und deshalb – ebenso wie der Radiosender »Echo Moskaus« und die Zeitung »Nowaja gaseta« – eine Art Feigenblatt-Funktion hat: Sie erreichen im Inland nur einen winzigen Bruchteil der Wähler, werden aber von den Kreml-Verantwortlichen immer dann als Beispiel für die Pressefreiheit genannt, wenn aus dem Ausland Kritik kommt.

Wahlkommissionschef Tschurow, der einst sagte, sein oberstes Gebot sei, dass Putin immer Recht habe, weist jede Kritik an der Einseitigkeit der Medien zurück. Schenkt man ihm Glauben, hätten sie die meiste Aufmerksamkeit nicht etwa Medwedew gewidmet, sondern dem Liberalen Michail Kassjanow, dessen Kandidatur zurückgewiesen wurde. »Medwedew ist vielleicht auf dem dritten oder vierten Platz«, beteuert Tschurow. »Offensichtlich haben Herr Tschurow und wir unsere Untersuchungen in völlig verschiedenen Ländern durchgeführt«, kontert Oleg Panfilow, Gründer und Leiter des Russischen Zentrums für Journalismus in Extremsituationen.[8] »Das Problem ist, dass die breite Masse keinen Zugang zu objektiven Informationen hat. Und kein großes Bedürfnis danach. Machen wir uns nichts vor: Die Mehrzahl der Leute macht halt den Fernseher an und sucht nicht auf Kurzwelle oder im Internet gezielt nach objektiven Informationsquellen«, sagt Panfilow resigniert. »Alle landesweit ausgestrahlten Fernsehsender stehen unter der direkten Kontrolle des Kreml. Das Fernsehen ist alles entscheidend, 95 bis 97 Prozent der Russen informieren sich dort.« Zum einen herrscht abseits der großen Städte, in denen nur rund ein Drittel der Russen lebt, immer noch in alter sowjetischer Tradition ein großes Vertrauen in alles, was das Fernsehen zeigt; zum anderen bedienen sich die TV-Macher Manipulationsmethoden, die an neurolinguistisches Programmieren erinnern und den Zuschauern ständig suggerieren, es gebe zwar Probleme im Land, aber Putin und sein Nachfolger seien die einzigen Regenmacher, kämpften unerbittlich gegen alles Ungemach, und ohne sie drohe Russland Chaos und Niedergang.

Formell würden zwar die Gesetze eingehalten, so gebe es etwa kostenlose Werbespots für alle Kandidaten, sagt Panfilow. Doch die liefen dann früh morgens oder nachts, wenn kaum jemand zusehe. Entscheidend sei, was tagsüber und vor allem abends läuft. »Insgesamt dreht sich in den Nachrichten 93 bis 96 Prozent der Zeit alles um Putin, Medwedew und die Regierung, und denen wird fast ausschließlich Lob zuteil. Selbst neutrale

Töne sind selten, während die Opposition entweder gar nicht zu Wort kommt oder, ihr gemäßigterer Teil, nur sehr kurz – im besten Fall neutral, meistens aber schlecht.« Mit Journalismus, so Panfilow, habe das rein gar nichts zu tun. »Es ist Gehirnwäsche, genauso wie zu Sowjetzeiten, wo folgender Witz kursierte. Der Sprecher begann die Nachrichten mit den Worten: ›Jetzt erfahren Sie das Neueste über Breschnew, und danach zwei Minuten zum Wetter.‹ So ist es heute mit Putin und Medwedew. Sie werden als allwissende, unfehlbare Retter Russlands gezeigt.«[9]

Panfilow ruft auch einen Grundsatz in Erinnerung, der längst vergessen scheint: »Wenn ein Staatsbediensteter für das Amt des russischen Staatspräsidenten kandidiert, ist er laut Gesetz verpflichtet, Urlaub zu nehmen.« So solle verhindert werden, dass er die sogenannten »administrativen Ressourcen« seiner Behörde für den Wahlkampf einspannt und sich so gegenüber den anderen Kandidaten Vorteile verschaffen kann. Doch als Oppositionskandidaten auf Gleichbehandlung in den Medien drängten und sich bei der Zentralen Wahlkommission beschwerten, erhielten sie zur Antwort, das Fernsehen berichte über Medwedew nicht als Präsidentschaftskandidat, sondern in seiner Eigenschaft als Regierungsmitglied.[10] Dass der »Kandidat Nr. 1« für seine Dienstreisen im Wahlkampf mit Flugzeugen aus der Flugbereitschaft des Präsidenten unterwegs war, die ihm als Vize-Premier nicht zustanden, und auch noch ein Begleitflugzeug für Journalisten zur Verfügung gestellt bekam, ignorierte die Wahlkommission dabei ebenso wie die Tatsache, dass Medwedew bereits zu diesem Zeitpunkt von der Kreml-Wache geschützt wurde. Dabei sind all dies Indizien für die »Nutzung der Vorteile seiner Dienststellung im Wahlkampf«, die das Gesetz verbietet.[11]

Auch die beschriebene Wallfahrt von Swetlana Medwedewa zum heiligen Seraphim ins Diwejewo-Kloster war nicht umsonst. Ihre Mitbringsel für ihren Gatten, eine Ikone und eine Gebetsschnur, bewirkten offenbar Segen von ganz oben – zumindest von der russisch-orthodoxen Amtskirche, die längst ein gehorsames Rädchen in Putins Machtmechanismus ist. Kaum hatte der Kremlchef im Dezember den staunenden russischen Wählern seinen Kronprinzen präsentiert und dieser im Gegenzug Putin gebeten, unter ihm als Premierminister mit an der Macht zu bleiben, schon meldet sich seine Heiligkeit Alexij II., Patriarch von Moskau und ganz Russland, zu Wort. Der Oberhirte, dem hartnäckig das Gerücht anhaftet, wie Putin einst KGB-Oberst gewesen zu sein, erteilt der Machtrochade umgehend höhere Weihen: »Ich glaube, dass dies zum großen Wohl für Russland sein wird. Denn so kann jener Kurs abgesichert werden, den Wladimir Wladimirowitsch [Putin] im Verlauf von acht Jahren vorgegeben hat, mit dem Ergebnis, dass wir nach diesen acht Jahren Russland nicht mehr wiedererkennen. Und wie wird Russland in der internationalen Gemeinschaft jetzt doch wieder respektiert! – Vielleicht fällt Ihnen dieser Schritt schwer. Aber um des Wohles Russlands willen, um des Wohles des Volkes willen, muss dies vermutlich geschehen. Und Ihre selbstlose Liebe zu Russland wird wohl dazu dienen, diesen Schritt der Selbstverleugnung, der Entschlossenheit zu tun.«[12]

Wahlwerbung der Opposition ist auf den Straßen im Land nirgendwo zu sehen. Dafür hängen überall riesige Plakate an den Häuserwänden, in Moskau etwa ein paar Schritte vom Roten Platz entfernt. Sie zeigen Wladimir Putin und Dmitrij Medwedew mit kühn-optimistischer Geste, wie einst die Vorzeige-Proletarier auf kommunistischen Propaganda-Postern. Die Aufschrift: »Gemeinsam werden wir siegen.« Als ob nicht Medwedew allein, sondern auch Putin zur Wahl stünde – was die russische Verfassung bekanntlich verbietet.[13]

Wie Putin in den Jahren 2000 und 2004 hat sich 2008 auch Medwedew geweigert, an den im Gesetz vorgesehenen öffentlichen Fernsehdebatten teilzunehmen. Als Vize-Premier sei er dafür zu sehr mit der Regierungsarbeit beschäftigt, lässt er verlautbaren. »Der einzige [Kandidat], der es vorzog, zu arbeiten statt Agitation zu betreiben, ist Dmitrij Medwedew«, verkündet der 1. Kanal in seinen Nachrichten – und zeigt, wie Medwedew im Ural ein Krankenhaus besucht.[14] Die unterschwellige

Botschaft an die Wähler: Während die anderen Kandidaten schwätzen, kümmert er sich tatkräftig um die wahren Probleme im Land, verspricht Rentnern höhere Pensionen, Berufsoffizieren mehr Wohnungen, Arbeitern einen Aufschwung, Patienten moderne Krankenhäuser und allen Russen ein besseres Leben.[15] Das ermöglicht ihm, den Staatsmann zu geben, an dessen Nimbus niemand kratzen kann – während er in Debatten Farbe bekennen und Antworten auf die Fragen finden müsste, die die Menschen bewegen. Zumindest theoretisch. Denn tatsächlich hat der Kreml das Feld der Kandidaten derart begrenzt, dass die verbliebenen drei Gegenspieler Medwedew kaum gefährlich werden könnten. Da ist Kommunistenchef Gennadij Sjuganow, den der Kreml erfinden müsste, wenn es ihn nicht gäbe. Mit seinen Lobliedern auf Stalin und Auftritten im Stile des frühen Breschnews ist der Hardliner für weite Teile der Russen die Verkörperung all dessen, was sie an der Sowjetunion nicht leiden konnten. Sjuganow hält nach Angaben von abtrünnigen Genossen diskreten Kontakt mit dem Kreml, der ihm den Einzug ins Parlament im Dezember 2007 garantierte und dafür im Gegenzug verlangte, dass Sjuganow mit der Kandidatur für die Präsidentschaftswahlen 2008 dem Urnengang wenigstens den Anschein einer echten Wahl verleihen, aber gleichzeitig auf direkte Kritik an Putin und seinem Nachfolger verzichten soll. Tatsächlich blieb Sjuganow in seinen Attacken auf die Regierung schwammig und beschränkte sich eher auf Nebenkriegsschauplätze. Beobachter vergleichen die Rolle, die er mit seinen Kommunisten heute spielt, mit denen der Blockparteien in der ehemaligen DDR, wo Wladimir Putin einst seine einzigen hautnahen Erfahrungen mit einem vermeintlichen Mehrparteiensystem machte. Nicht einmal handzahme Kritik war dagegen von den beiden anderen »Blockflöten« zu erwarten, die gegen Medwedew in den Boxring stiegen: Wladimir Schirinowskij, ein radikaler Politclown, dessen liberaldemokratische Partei in Wirklichkeit trotz aller gegenläufigen Töne bei Abstimmungen immer stramm auf Kreml-Linie ist und als Geheimdienst-Projekt gilt, mit dem der Kreml bis heute radikale Wähler bindet und die Demokratie ganz allgemein diskreditiert. So sorgte Schirinowskij auch im Wahlkampf 2008 wieder einmal vor allem dadurch für Schlagzeilen, dass er in einer Fernsehdebatte einen Vertreter seines Gegenkandidaten Andrej Bogdanow schlug. Der gilt als Marionette des Kreml. Aufgabe des schwarz gelockten Pseudo-Oppositionellen, der noch 2002 beim Aufbau der Kreml-Partei »Einiges Russland« mithalf, war dabei offenbar vor allem, liberale Ideen und die echte liberale Opposition nach Kräften schlecht zu machen – indem er sich selbst mit fragwürdigen Parolen als Liberaler ausgibt.

Die Opposition hatte der Kreml schon lange vor den Wahlen aus dem Rennen gekickt. Garri Kasparow, der frühere Schachweltmeister und Anführer des Oppositionsbündnisses »Das andere Russland«, schaffte es erst gar nicht, einen Saal für die vorgeschriebene Nominierungskonferenz anzumieten. Alle Vermieter sagten trotz verbindlicher Zusagen kurzfristig ab, offenbar auf Druck der Behörden. Auch Kasparows Versuche, kurzfristig Alternativen zu suchen, schlugen sämtlich fehl – ein Spitzel unter seinen Anhängern hatte den FSB über alles auf dem Laufenden gehalten. Michail Kassjanow, von 2000 bis 2004 unter Wladimir Putin Premierminister und heute einer seiner schärfsten Kritiker, konnte zwar eine Nominierungskonferenz abhalten und legte der Wahlkommission auch die Liste mit zwei Millionen Unterschriften vor, die das Gesetz einem Kandidaten für die Teilnahme an der Wahl vorschreibt. Die Offiziellen um Putins Schulfreund Tschurow kamen aber zu dem Schluss, dass ein Großteil der Unterschriften gefälscht sei, weshalb sie Kassjanow disqualifizierten. Tatsächlich bezweifelt auch in der Opposition hinter vorgehaltener Hand kaum jemand, dass viele der Unterschriften gefälscht waren; die Anforderungen des unter Putin verabschiedeten neuen Wahlgesetzes seien so streng, dass sie niemand einhalten könne. Und genau das ist offenbar auch ihr Sinn: Die Behörden können so entscheiden, welche Unterschriften sie genau prüfen – und welche eben nicht. Während die Kommission Kassjanow von den Wahlen ausschließt und ihm sogar ein Ermittlungsverfahren droht, nehmen es die Beamten bei den Unterschriften des kremlnahen Kandidaten Bogdanow offenbar nicht so genau: Es bleibt sein Geheimnis, wie er zwei Millionen Unterschriften gesammelt haben will, wo er doch wenige Wochen zuvor bei der Duma-Wahl nur rund 90 000 Stimmen erhielt und dann bei den Präsidentschaftswahlen auf rund eine Million kam. Es müssten also doppelt so viele Wahlberechtigte sich die Mühe gemacht haben, ihn mit ihrer Unterschrift zu unterstützen, als ihn dann tatsächlich wählten.

Die Opposition ist überzeugt, dass es Wladimir Putin selbst war, der die Entscheidung zum Ausschluss Kassjanows fällte. Der frühere Premier hätte zwar allenfalls mit einem Wahlergebnis im unteren einstelligen Bereich rechnen können. Aber offenbar wollte der Kreml vermeiden, dass Kassjanow als Kandidat Zugang zum Fernsehen bekommt. Anders als die anderen Kandidaten hätte der ehemalige Regierungschef dort wohl nicht nur ein respektables Bild abgegeben, er hätte vor allem auch sehr viele sehr unbequeme Fragen stellen können, etwa die nach den Vermögensverhältnissen Putins wie auch Medwedews. Die Angst vor genau solchen Fragen war im Kreml wohl größer als die Sorge um eine Anerkennung der Wahlen im Westen.

Kassjanow kritisierte den Urnengang gleich nach Schließung der Wahllokale als »Operation zur illegitimen Machtübergabe«. Und auch Garri Kasparow äußerte sich unmissverständlich: Man habe die Bürger gezwungen, bei einer Farce mitzumachen, die man als Wahl verkaufte – de facto sei das Ganze aber »nichts anderes als eine Intrige des Kreml«, das Ergebnis habe seit Langem festgestanden. Es nimmt nicht wunder, dass das Fernsehen ein ganz anderes Bild verbreitet. »Die Epochen, in denen man die Wahlen als Unterhaltung betrachtete, sind vorbei. Heute treffen die Bürger eine bewusste Wahl«, verkündet der 1. Kanal.[16] Der Gouverneur des Leningrader Gebiets, Valerij Serdjukow, kündigt gar an, Listen der Nichtwähler anfertigen zu lassen und die Gründe für ihr Fernbleiben zu untersuchen. Als Chef der

Zentralen Wahlkommission kann Tschurow das nur begrüßen: »Die Untersuchung der sozialen Umstände, die dazu führen, dass ein Wähler nicht wählt, ist lobenswert«, lässt er sich prompt vernehmen.[17]

Am 3. März, dem Tag nach der Wahl, ist der Urnengang manchen Zeitungen nur eine Randnotiz wert. In der »Nowye Iswestija« sucht man auf der Titelseite vergeblich nach Nachrichten zum Thema. Der »Kommersant« bringt auf Seite eins lediglich eine ebenso bunte wie belanglose Reportage darüber, wie Putin seinen Wahltag verbrachte. Hauptnachricht der »Nesawissimaja Gaseta« ist dagegen die Wahl – allerdings nicht die in Russland, sondern in Armenien, wo die Polizei, so ist hier zu lesen, eine Kundgebung aufgelöst habe. Zehntausende hatten dort tagelang gegen angebliche Manipulationen bei der Präsidentschaftswahl demonstriert. In Moskau und Sankt Petersburg gingen am Montag nach der Wahl gerade einmal 1000 Menschen auf die Straße.[18]

Wort und Tat

Diese Töne ließen Journalisten und Politiker im Westen sofort aufhorchen. Der neue Mann im Kreml versprach, mit den Problemen, die sein Vorgänger geschaffen hatte, aufzuräumen. »In Moskau wie in der entferntesten russischen Provinz müssen die Bürgerrechte streng eingehalten werden; die russische Gesetzgebung muss genau eingehalten und befolgt werden.«[19] »Bei der Reform der Justiz und des Staatsaufbaus müssen wir an die echten russischen Traditionen der Gerechtigkeit und Gesetzlichkeit denken«[20], kündigte er an und kritisierte, es gebe eine »Schattenjustiz«. Die Bürger, die jede Hoffnung verloren hätten, Gerechtigkeit vor Gericht zu erlangen, suchten andere, »bei Weitem nicht legale Wege und Auswege«. Dabei müssten sie oft erfahren, »dass sie auf diesem ungesetzlichen Weg mehr Chancen haben, zu ihrem Recht zu kommen«.[21]

Ja, es war Dmitrij Medwedew, der all dies ankündigte. Und er war es auch wieder nicht. Medwedew äußerte sich zwar kurz vor seiner Wahl im März 2008 genau im Sinne der obigen Zitate, doch diese stammen allesamt von Wladimir Putin, und zwar aus seiner ersten Amtszeit. »Putins Kronprinz setzt sich vom Präsidenten ab« – unter diesem Titel veröffentlichte im Januar 2008 Spiegel online, immerhin eines der bekanntesten deutschen Online-Portale, Meinungsführer im deutschen Internet und weit darüber hinaus, einen Bericht darüber, was Medwedew alles anders machen wolle als sein Vorgänger.[22] Alles, was in dem Bericht über Medwedews Ankündigungen steht, entspricht der Wirklichkeit. Genauer gesagt: Es ist von Medwedew tatsächlich gesagt worden. Nur unterscheidet es ihn eben nicht von Putin – sondern ist deckungsgleich mit dem, was er sagt. Dass Russlands Rechtssystem dringend reformiert werden muss, wie Medwedew ohne Zweifel richtig erkannte, war schon eines der Lieblingsthemen Putins. Bei seinen Reden. In der Praxis hat er dafür gesorgt, dass man wieder völlig zur »Rechtsprechung per Telefonhörer« der Sowjetunion zurückgekehrt ist, bei der Richter per Telefon das Urteil diktiert bekommen. Als bestes Beispiel sei hier nur an die Yukos-Affäre erinnert.

Dass Medwedew, wie in dem erwähnten Artikel ebenfalls angeführt, Defizite in der Umweltgesetzgebung anmahnte, brachte ihm viele Sympathien im Westen ein. Dabei scheint vergessen, dass Putin genau ins gleiche Horn stieß: »Wir müssen überlegen, wie wir ein Organ zur Kontrolle der Ökologie einführen und wie wir die Umweltprobleme lösen können«, mahnte er noch im Mai 2007 bei einem Treffen mit der Gesellschaftskammer.[23] Auch die Forderung nach Verbesserung der rechtlichen Rahmenbedingungen für kleine und mittlere Unternehmen ist keine Erfindung Medwedews: »Die verschiedenen Rechtsakte in Sachen kleines Unternehmertum miteinander in Einklang zu bringen und die bestehende Gesetzgebung zu vervollkommnen«, hatte Putin bereits 2001 vorgeschlagen – bei einem Vortrag vor dem Staatsrat zum Thema »Über die Unterstützung und die Entwicklung des kleinen und mittleren Unternehmertums«.[24]

Medwedews Kritik am »Rechtsnihilismus« in Russland stieß bei den westlichen Politikern auf offene Ohren, frei nach dem Motto: Einer, der so offen die Missstände ankreidet, muss ein echter Reformer sein. Dabei liegt das Patent für diesen Begriff nicht bei Medwedew, wie in der Berichterstattung oft behauptet wurde, sondern ebenfalls bei Putin: »Der Rechtsnihilismus wächst, das Vertrauen der Bürger an die Mächtigen und an die Gerechtigkeit schwindet«, hatte der bereits im Januar 2000 gemahnt, als er selbst im Wahlkampf für seine erste Amtszeit als Präsident stand.[25] Mit einer Aufklärungskampagne wolle der Nachfolger jetzt »Recht und Gesetz zur Geltung verhelfen«, heißt es in dem zitierten Artikel von Spiegel online. Ein neuer Mann, der frischen Wind bringt: Dieser Eindruck wird bei all denjenigen Lesern zurückbleiben, die sich nicht berufsmäßig mit Russland auseinandersetzen und nicht wissen können, dass Putin vor seinem Amtsantritt als Präsident mit Medwedew als Wahlkampfchef bereits exakt das Gleiche versprach – und nach zwei Amtsperioden mit der Wiederholung seiner Ankündigungen bis in kleinste Details letztlich das Scheitern der eigenen Politik in vielen Bereichen eingesteht.

Ob er sich nun also ganz allgemein für Freiheit ausspricht oder für Pressefreiheit im Besonderen, ob er die Korruption bekämpfen will oder weniger Staat verspricht: Fast alle positiven Ankündigungen Medwedews, auf die der Westen so sehr wartete und über die man sich dort freute, waren vor ihm auch von Putin wiederholt zu hören gewesen – nur dass seinen Worten eben regelmäßig gegensätzliche Taten folgten. Acht Jahre lang war Medwedew unter Putin erst Vize-Chef, dann Chef des Präsidialamts, das unter Beamten den Spitznamen »Akademie der Korruption« hat; es ist kein einziger Fall bekannt, in dem Medwedew gegen korrupte Beamte durchgegriffen hätte. Auch der Riesenkonzern Gasprom, dessen Aufsichtsrat Medwedew ja all die Jahre hindurch leitete, gilt als eine der Brutstätten der Korruption im Lande. All das untermauert nicht gerade Medwedews Glaubwürdigkeit, wenn er diesem Übel im Wahlkampf als der »schwersten Krankheit, die unsere Gesellschaft befallen hat«, den Kampf ansagt.[26] »Der erste Eindruck: Ein überzeugter Demokrat kommt an die Macht. Der zweite Eindruck: Er sieht irgendwie ein anderes Land«, schreibt spitzfindig die »Nowaja Gaseta« im Januar 2008.[27]

So lautstark Medwedew auch Freiheit ankündigt und sich für den Rechtsstaat ausspricht: Zwei Tage nach seiner Wahl lösen Sondereinheiten der Polizei am 4. März 2008 an der Moskauer Metrostation »Turgenewskaja« eine Oppositionskundgebung mit brutaler Gewalt auf, nehmen Dutzende Teilnehmer und Passanten fest. Offiziell, so wieder einmal die Begründung, hat die Stadtverwaltung die Kundgebung nicht genehmigt, ein Hinweis, den der Kreml und Putins Verteidiger im Westen immer bei solchen Anlässen ins Feld führen. Dabei schreibt das russische Versammlungsgesetz eigentlich vor, dass die Behörden solche Demonstrationen erlauben müssen. Das betont am Abend nach den Ereignissen auch Putins Menschenrechtsbeauftragter Wladimir Lukin: »Wer seine Meinung in unserem Land kundtun will, der darf das laut Gesetz, und er hat ein Recht dazu, ohne jede Erlaubnis.« Wer das Gegenteil behaupte, widerspreche schlicht dem Gesetz.[28] Aber nicht der Realität. Während die Stadtverwaltung die Oppositionsdemonstration verbietet, erlaubt sie fast zeitgleich eine Kundgebung der kremltreuen Jugendbewegung »Naschi« (»Die Unsrigen«). Der sonst eher loyale Beamte Lukin ist aufgebracht über die Szenen, die er im Zentrum der Hauptstadt bei der verhinderten Kundgebung beobachtet hat: »Warum muss man solche Zusammenkünfte auseinanderjagen, als ob die Deutschen wieder vor Moskau stünden?«, zieht Putins Menschenrechtsbeauftragter angesichts der brutalen Polizeigewalt gar Vergleiche mit dem Zweiten Weltkrieg. Das mag übertrieben sein, zeigt aber, dass selbst Vertreter des Kreml zuweilen überrascht sind über die Härte und Brutalität, mit der die Staatsmacht gegen Demonstranten vorgeht – während westliche Unterstützer des Kreml-Kurses diese immer wieder relativieren mit dem dreisten Hinweis, auch im Westen würden schließlich zuweilen Demonstrationen aufgelöst.

In Sankt Petersburg nehmen Polizisten noch am Wahlabend den örtlichen Chef der liberalen »Jabloko«-Partei, Maxim Resnik, fest. Er ist einer der Köpfe des Oppositionsbündnisses »Das andere Russland« um Garri Kasparow. Kurz zuvor hatte er im Lokalradio von einem Experiment berichtet: Mitglieder seiner Partei, »Jabloko«, hatten in sieben Wahllokalen versucht, ohne Unterlagen zu wählen. Sie gaben vor, sie würden für Medwedew stimmen. In allen sieben Wahllokalen bekamen die getarnten Oppositionellen daraufhin Stimmzettel ausgehändigt, die sie als Beweismittel mitnahmen. Die Staatsanwaltschaft beschuldigt Resnik nun, Polizisten attackiert zu haben – für die meisten Russen, die nur zu gut um die Macht ihrer Polizei wissen, ein geradezu lachhafter Vorwurf, wie auch Kasparow glaubt: »Das ist an den Haaren herbeigezogen.« Die Justiz zeigt sich unbeeindruckt: Zwei Tage nach der Wahl, am 4. März 2008, ordnet ein Gericht zwei Monate Untersuchungshaft für Resnik an. Er wird ins berüchtigte Kresty-Gefängnis abgeführt, ihm drohen bis zu fünf Jahre Haft. »Damit ist wenige Tage nach der Wahl Medwedews eine neue Stufe der Unterdrückung erreicht«, empört sich Kasparow. »Bisher wurden wir Regimekritiker nur wegen Ordnungswidrigkeiten angeklagt, etwa, als ich vor den Duma-Wahlen für fünf Tage in Haft kam. Jetzt wurde erstmals gegen einen der Anführer der Opposition das Strafrecht angewandt, zum ersten Mal droht eine mehrjährige Haftstrafe.« Dem Westen wirft Kasparow vor, das Spiel des Kreml naiv mitzuspielen und leichtfertig Vorschusslorbeeren zu verteilen. »Während die Gratulationstelegramme im Kreml eintreffen, prügeln Putins und Medwedews Truppen die Opposition und sperren sie weg. Gleichzeitig ist der Geheimdienst jetzt ermächtigt worden, sämtliche Telefon- und Internet-Daten aller Bürger völlig unkontrolliert zu überwachen. Was muss noch passieren, damit der Westen klare Worte findet?«[29] Er appelliert an Angela Merkel, bei ihrem Staatsbesuch sechs Tage nach der Wahl das Schicksal des inhaftierten Oppositionspolitikers anzusprechen. Seine Hoffnung erfüllt sich nicht: »Sie hat geschwiegen. Damit ist für mich alles klar. Ob sie die Unterdrückung hinter verschlossenen Türen ansprach oder nicht, spielt für mich keine Rolle, dem Kreml ist völlig egal, was dort besprochen wird, darüber lachen die nur. Für sie zählt einzig und allein, was öffentlich gesagt wird, und da schweigt die Kanzlerin.«[30]

Naive im Westen

Großfürst Grigorij Potemkin wird bekanntlich nachgesagt, er habe 1787 bei einer Inspektionsreise von Katharina der Großen Kulissen von Dörfern zum Schein errichten lassen, um der Zarin blühende Landschaften vorzugaukeln. Auch wenn sich diese Legende später als Mär erwies: Die »Potemkinschen Fassaden« sind bis heute in Russland allgegenwärtig. Spötter sagen, es gäbe sie inzwischen sogar im Internet, und dort seien sie »multipel« – für jeden Anwender gebe es also eine eigene Variante. Betrachtet man die Webseite, mit der sich der kaum bekannte Dmitrij Medwedew vor den Wahlen den heimischen Wählern und ausländischen Beobachtern vorstellte – www.medvedev2008.ru – so fällt auf, dass es auch hier zwei Fassaden gibt. Auf der englischsprachigen Version der Seite zeigt sich Medwedew als Musterdemokrat: Er stehe fur ein neues Russland, das auf den fundamentalen Prinzipien echter Demokratie fuße, wird dort ganz oben auf der Startseite aus einer Ansprache Medwedews vor dem Weltwirtschaftsforum in Davos am 27. Januar 2007 zitiert. »Diese Demokratie braucht keine zusätzlichen Definitionen«, heißt es da – eine klare Absage an die »souveräne Demokratie«, einen Begriff, mit dem Putins Ideologen den autoritären Kurs ihres Chefs schönredeten. Interessanterweise steht in Medwedews Wahlkampfprogramm auf Russisch aber genau das Gegenteil: Ein Bekenntnis zu ebenjener »souveränen Demokratie«.[31] Auf der englischen Seite heißt es weiter: »Diese Demokratie ist effizient, und sie basiert auf den Grundlagen der Marktwirtschaft, der Hoheit des Gesetzes und einer Regierung, die verantwortlich ist vor dem Rest der Gesellschaft. Wir sind uns voll bewusst, dass kein undemokratisches Land jemals wirklich eine Blüte erreicht hat, und allein aus diesem einfachen Grund ist es besser, Freiheit zu besitzen, als keine Freiheit.« Worte, die im Westen sicher fast jeder unterstreichen würde. Die aber eben nur auf der englischsprachigen Version von Medwedews Seite stehen. Auf der russischen kommt das Wort Demokratie auf der Startseite nicht vor. Erst wenn man sich mühsam durch die Seite klickt, ist es zu finden. [32]

Doch nicht nur in Sachen Demokratie hält sich Medwedew offenbar an die alte Werberegel, dass sich die Botschaft nach dem Empfänger richten muss. Auf dem Bild auf der russischen Seite ist er gemeinsam mit Wladimir Putin zu sehen, auf dem der englischen allein und sehr viel kleiner, groß umrandet vom Hinweis auf das Weltwirtschaftsforum. Wer jedoch Genaueres erfahren will, kommt auf der englischen Version nicht weiter: Punkte wie »Biographie«, »Mitarbeiter«, »Neuigkeiten« und »Reden«, wie sie auf der russischen Seite angeklickt werden können, fehlen ebenso wie die Möglichkeit zur Kontaktaufnahme. Ausländische Beobachter bekommen also nur einen kleinen, handverlesenen Ausschnitt zu Gesicht.

Umso erstaunlicher wirken, zumindest auf den ersten Blick, die fast schon begeisterten Reaktionen auf Medwedew im Westen und gerade auch in Deutschland. Der Neue habe die Modernisierung Russlands ins Zentrum seines Programms gestellt und sei ein Reformer, sagte etwa der Russlandbeauftragte der Bundesregierung und stellvertretende Vorsitzende der Unionsfraktion im Bundestag, Andreas Schockenhoff, nach der Wahl im März 2008. Die CDU setze große Hoffnungen in Medwedew, weil er in seinen Reden vor der Wahl Rückschläge in der Menschenrechts- und Medienpolitik deutlich kritisiert habe. »Er hat angekündigt, den Menschen in den Mittelpunkt seiner Politik zu stellen. Er hat eine stärkere Zivilgesellschaft angekündigt«, so Schockenhoff.[33] Seine Chefin Angela Merkel zeigt sich vorsichtiger. Bei ihrem Besuch in Moskau sechs Tage nach Medwedews Wahl gibt sie dem kremlkritischen Radiosender »Echo Moskaus« ein Interview und antwortet dabei zurückhaltend auf die Frage, ob Medwedew wirklich ein Liberaler sei: »Natürlich kann ich das nach dem ersten Treffen nicht sagen.«[34]

»Ich staune mitunter über Artikel, in denen er [Medwedew] als unbeschriebenes Blatt oder Mann ohne eigene Meinung dargestellt wird«, sagt dagegen Gernot Erler, Staatsminister im Auswärtigen Amt und führender Russland-Experte der SPD. »Ich habe einen anderen Eindruck von ihm. Medwedew hat recht klare Vorstellungen von der künftigen Rolle Russlands, und er steht offenkundig einer engen Partnerschaft mit der EU positiv gegenüber. Er weiß, wie wichtig das ist für die Modernisierung der russischen Gesellschaft und vor allem der russischen Wirtschaft.«[35] Die Frage sei, ob die EU-kritischen Äußerungen aus Moskau der Vorwahlphase geschuldet oder grundsätzlicher Natur sind, betont Erler, und spricht damit ein sehr grundsätzliches Problem an. Denn in der Tat ist die heutige Moskauer Führungsschicht in ihrem ganzen Lebenswandel mehr denn je sehr westwärts orientiert, man denke nur an das Geld auf den Konten im Westen, die Wochenenden in der eigenen Villa in Frankreich oder die Shopping-Trips nach London – alles Abwechslungen und Statussymbole, auf die keiner der oberen Zehntausend mehr verzichten will. »Natürlich gab es Töne, die uns irritiert haben, aber das soll auch in anderen Wahlkämpfen schon vorgekommen sein«, sagt Erler. Und hat damit Recht und Unrecht zugleich. Recht, weil es die Nomenklatur in der Tat aufgrund ihrer ureigenen Interessen nicht auf einen Bruch mit dem Westen ankommen lassen will. Andererseits sind die anti-westlichen Ressentiments bei Wladimir Putin und vielen seiner KGB-Kameraden in Führungspositionen weitaus stärker, als sich viele Politiker zwischen Washington und Berlin das zugestehen möchten. Genau hier liegt aber eine Sollbruchstelle zwischen den alten Geheimdienstlern und dem zivilen Teil der russischen Nomenklatur. Für sie wurde Putins Konfrontationskurs immer mehr zur Belastung, ja zur Bedrohung – für ihre Geschäfte, für ihre privaten Interessen. Insofern hat Erler Recht, dass Medwedews Ernennung eine Chance ist: Mit seiner Inthronisierung hat sich der »zivile«, nicht KGB-geprägte Teil der Nomenklatur durchgesetzt. Oder zumindest einen Etappensieg erreicht.

Unrecht hat Erler, wenn er das Säbelrasseln im russischen Zentrum der Macht mit lautstarken Tönen in anderen Ländern vergleicht, weil er damit die Denkweise derjenigen falsch einschätzt, die heute im Kreml das Sagen haben. Der Begriff KGB-Denkweise wäre dabei zu kurz gegriffen, weil diese Art der Weltauffassung inzwischen auch auf viele Nicht-KGB-Leute übergegriffen hat, während es andererseits unter den Geheimdienstlern durchaus offen und modern denkende Menschen gibt. Gemeint ist ein durch und durch zynisches und wertfreies Verständnis von Politik, in dem Sprache, wie es Wladimir Putin einmal ausdrückte, nichts anderes ist als ein Mittel, seine wahren Absichten zu verschleiern. Der Dialog zwischen Moskau und dem Westen gleicht deshalb oft einem Gespräch zwischen einem Taubstummen und einem Blinden. Je weniger sich Putin gegen Ende seiner zweiten Amtszeit bemühte, die demokratische Fassade zu wahren, umso deutlicher wurde seine wahre Einstellung zu den bestimmenden westlichen Werten – er hält sie ganz offensichtlich für Humbug, Propagandawerkzeuge und Daumenschrauben im Umgang mit Russland. Deutlich machen dies Aussagen wie bei der Pressekonferenz nach dem EU-Russland-Gipfel in Samara im Mai 2007, als ein Journalist Putin fragte, ob er wirklich der vielzitierte »lupenreine Demokrat« sei, als der er oft bezeichnet werde. Die Antwort sei wegen des ebenso typischen wie vielsagenden Zungenschlags hier ungekürzt wiedergegeben: »Sie haben eine ganz tolle Frage gestellt, ich danke Ihnen sehr dafür. Was ist das eigentlich, ›lupenrein‹? Was bedeutet Reinheit des Blutes, was bedeutet in unserer Welt

174

ein lupenreiner Deutscher zu sein, ohne jede Beimischung, oder ein reiner Russe ohne jede Beimischung? Bei uns sagt man, bei jedem Russen, wenn man ihn kratzt, versteckt sich dort ein Tatar und kommt zum Vorschein. In der Region, wo wir uns zur Zeit befinden, ist es besonders aktuell. Was ist die ›lupenreine Demokratie‹, wo haben Sie solch eine Demokratie gesehen? Ich habe es schon Ihren Kollegen geantwortet: Gibt es bei uns in der Welt irgendwo lupenreine Demokraten, zum Beispiel in Deutschland selbst? Das ist immer eine Frage der politischen Bewertung und der Wunsch zu sehen, ob das Glas halbvoll oder halbleer ist.«[36]

Eine Woche später antwortete Putin auf exakt dieselbe Frage bei einem Interview in Moskau ganz anders: »Ob ich ein lupenreiner Demokrat bin? Ich bin ein absoluter und reiner Demokrat. Wissen Sie, was das Problem ist? Nicht nur ein Problem, sondern eine wahre Tragödie? Dass ich der Einzige bin. Dass es keine anderen auf dieser Welt gibt. Schauen Sie nur, was in Nordamerika geschieht; ein einziges Entsetzen: Folter, Obdachlose, Guantanamo, Verhaftungen ohne Haftbefehl und Richterspruch. Schauen Sie, was in Europa vor sich geht: hartes Vorgehen gegen Demonstranten, Einsatz von Gummigeschossen und Tränengas mal in der einen, mal in der anderen Hauptstadt, Morde an Demonstranten auf offener Straße. Vom postsowjetischen Raum will ich erst gar nicht sprechen. Es gab da die Hoffnung auf die Jungs in der Ukraine, aber die haben nicht nur sich selbst diskreditiert, dort läuft sogar alles auf Tyrannei hinaus. Die absolute Verletzung der Verfassung, aller Gesetze und so weiter ist dort gang und gäbe. Nach dem Tod von Mahatma Gandhi kann man sich eigentlich mit niemandem mehr unterhalten.«[37] Es sei doch nur ein Witz gewesen, rechtfertigen später Putin-Freunde im Westen die Aussage des Präsidenten. Natürlich war seine Aussage ironisch. Aber diese Art der zynischen Ironie sagt mehr über Putin und die heute im Kreml herrschende Denkweise aus als die meisten seitenlangen Analysen. Die Entscheidungsträger in Moskau machen sich ganz offen lustig über die westlichen Wertvorstellungen und die Grundpfeiler unserer Demokratie. Und manche Politiker und Beobachter im Westen analysieren aufmerksam jede Aussage in jedem Halbsatz Putins wie auch Medwedews, aber eben nach westlichen Maßstäben – und ziehen entsprechende Schlussfolgerungen. Dabei ist offen, wer dies aus Naivität oder wider besseres Wissen tut. Zumindest grob fahrlässig handelt, wer etwa die Bekenntnisse Medwedews zu Demokratie und Rechtsstaat wiedergibt, ohne darauf zu verweisen, dass solche Worte zumindest in der Vergangenheit in dem System, das Medwedew an seine Spitze beförderte, reine Lippenbekenntnisse blieben.

Grob fahrlässig handeln auch Politiker, wenn sie Hinweise auf die autoritäre Entwicklung in Russland und die Beschneidung der Menschenrechte mit dem Hinweis kontern, Putin und seine Partei »Einiges Russland« würden sich doch zu den Werten der Demokratie bekennen, es gehe eben einfach nicht so schnell. Diese im Westen immer wieder geäußerte Meinung liegt ganz auf der Propaganda-Linie des Kreml. Der heuerte im Jahr 2006 eine Reihe amerikanischer und englischer Journalisten und PR-Spezialisten an, darunter die New Yorker PR-Beratungsfirma Ketchum sowie Eurasia Strategy & Communications, eine Neugründung mit Sitz in Moskau und dem Vorstandsvorsitzenden Ian Pryde, und nicht zuletzt Russia & America Goodwill Associates in Monterey mit dem Präsidenten W. George Krasnow.[38] Ketchum bekommt später die renommierte Public-Relations-Prämie der Fachzeitschrift »PR Week«. Den »Agitprop« im sowjetischen Stil, wie die amerikanische Zeitung »The Christian Science Monitore« die Werbeaktion nannte, ließ sich der Kreml 15 Millionen Dollar kosten. Russische PR-Fachleute betonten, das Geld sei sehr gut investiert gewesen, um den »Dialog mit der Weltöffentlichkeit in Ordnung zu bringen«. Nach Angaben der staatlichen Nachrichtenagentur ITAR-TASS ist es dank den Bemühungen der US-Agentur gelungen, im Vorfeld des G8-Gipfels in Petersburg 2006 die Zahl der positiven Berichte zu verdoppeln und die der negativen zu halbieren, so hät-

ten Expertenanalysen ergeben. In der Begründung für die Preis-
verleihung heißt es in der »PR Week«, die mehr als zehn Jahre
andauernde negative Einstellung der westlichen Medien zu
Russland habe die Werbeagentur vor die schwere Aufgabe gestellt, die Vorurteile von Journalisten, Vordenkern und Wissen-
schaftlern zu überwinden.[39] Bezeichnenderweise fiel die Propaganda vor allem bei denjenigen auf fruchtbaren Boden, die nicht
in Russland leben und damit der Willkür der Apparatschiks und
den Folgen des autoritären Systems nicht in ihrem Alltag ausgesetzt sind. Die kremltreuen unter den ausländischen Journalisten und Russland-Experten haben ihren Wohnsitz in der überwiegenden Mehrheit fernab von Russland und tun sich somit
leicht, aus sicherer Distanz die Menschenrechtsverletzungen,
die fortschreitende Beschneidung von Grundrechten und andere
Missstände schönzureden, und die oft auch noch den Kollegen,
die in Russland selbst den Kopf hinhalten, Voreingenommen-
heit und mangelnde Objektivität vorwerfen. Weil solche Putin-
Unterstützer in der Regel im Westen leben und den kürzeren
Anreiseweg haben, sind sie bevorzugte Gäste in Talkshows und
Fernsehsendungen – wo oft Runden über Russland urteilen, in
denen kein einziger Teilnehmer im Land lebt, wie etwa bei Sabine Christiansen im Dezember 2006: Teilnehmer der Diskus-
sionsrunde berichteten, dass Garri Kasparow damals wieder
ausgeladen wurde, und zwar auf Druck des ebenfalls teilneh-
menden russischen Botschafters in Berlin. Auch der kremlkritische Journalist Klaus Bednarz wurde ausgeladen; niemand, der
heute in Moskau lebt, kam in der Sendung zu Wort. Stattdessen
wurde Gabriele Krone-Schmalz aus Spanien eingeflogen, die
zwar seit 15 Jahren nicht mehr in Russland lebt, aber in
Deutschlands Medien als engagierte Verteidigerin von Putins
Kurs immer wieder von sich reden macht.

Unter den ausländischen Berichterstattern in Moskau selbst
gibt es kaum einen, der die Entwicklung ohne Sorge betrachtet
und mit Kritik spart. Was kein Wunder ist: Die Missstände sind
allzu offensichtlich, und allein das Anschalten der Nachrichten

im Fernsehen lässt unparteiische Beobachter den Kopf schütteln angesichts der ungenierten Propaganda, die dort zu sehen ist. Der Moskau-Korrespondent des »Time-Magazine«, Jurij Sarachowitsch, verglich die Werbeaktionen denn auch mit der Anwendung von Parfüm durch die Aristokraten des französischen Ancien Régime – man kann sich noch so sehr mit dem besten Duftstoff überschütten, solange man sich nicht wäscht, wird ein übler Geruch immer bleiben.

Doch der Kreml investiert nicht nur in Werbung, die als solche erkennbar ist. Die Nachrichtenagentur RIA Nowosti zahlt viel Geld für die Kommentare kremlfreundlicher ausländischer Journalisten.[40] Nach einer vom russischen Journalistenverband veröffentlichten Studie werden selbst Blogs und Foren im Internet gezielt unterwandert, kremltreue Propagandisten sorgen dort für freundliche Stimmung. Der neu gegründete englischsprachige Fernsehkanal »Russia Today« zeigt – mit 300 Journalisten, von denen 70 Ausländer sind – seit 2006 »globale Nachrichten aus russischer Perspektive«. Die sind zuweilen derart einseitig gefärbt, dass sie auch bei nicht ausgeprägt kritischen ausländischen Medien für Spott sorgen. Etwa wenn es heißt, Russland habe kein Alkohol-Problem mehr, oder wenn die völlig zerschossene tschetschenische Hauptstadt Grosny als saubere, grüne, aufstrebende Stadt gezeigt wird – mit dem berüchtigten Präsidenten Ramsan Kadyrow als demokratischem, freundlichem Familienvater, der mit Kindern tanzt.[41] Zwar hat sich die Lage in Tschetschenien in der Tat stabilisiert und der Wiederaufbau schreitet voran; von einer wirklichen Normalisierung kann aber noch keine Rede sein, was nicht zuletzt der Umstand zeigt, dass ausländische Journalisten die russische Teilrepublik nach wie vor nur mit Sondergenehmigung und Begleitung betreten dürfen.

Dass Regierungen versuchen, die Tagesordnung der Themen zu steuern, und dafür viel Geld ausgeben, ist zwar kein russisches Phänomen, wie der Russland-Experte Heinrich Vogel in einer exzellenten Analyse darlegt. Bemerkenswert ist aber, wie der

Kreml westliche PR-Strategien mit alter Sowjetpropaganda kreuzt. »Notbremse gegen lästige Kritik aus dem Ausland ist stets der Vorwurf der ideologischen Anti-Haltung«, so Vogel: »Dabei sind stereotype Argumentationsmuster und Sprachregelungen zu erkennen, die in wechselnden Konfigurationen eingesetzt werden.«

– Eines der Muster ist es, Kritik an Skandalen, wie der Enteignung und Inhaftierung von Yukos-Chef Chodorkowskij oder den Morden an Alexander Litwinenko und Anna Politkowskaja, als Resultat von Russophobie und Vorurteilen darzustellen und auf dunkle Mächte im Hintergrund zu verweisen, wie »Oligarchen« im Exil, die US-Regierung oder »der Westen« ganz allgemein. Denen wird das Ziel unterstellt, Russland zu schwächen und seine Einheit mit allen Mitteln, vom Rufmord bis hin zum Einsatz von Terroristen, zu zerstören.[42]

– Ein weiteres Muster ist das Argument, zum Putin'schen autoritären System gebe es keine Alternative, ohne eine starke Hand drohe das Chaos und der Zusammenbruch. Russland sei auf einem »eigenen Weg zur Demokratie«, der eben nicht von heute auf morgen zu beschreiten sei. Meist folgt der Hinweis auf die große Beliebtheit Putins beim Volk und darauf, dass auch in Europa und den USA der Weg zur Volksherrschaft steinig gewesen sei.

– Ein drittes Argumentationsmuster besteht darin, Kritikern anzulasten, sie politisierten die Wirtschaftsbeziehungen, und Europa riskiere mit dem Versuch, die Abhängigkeit von den Gas- und Ölimporten Moskaus zu verringern, die Umleitung der russischen Rohstoffe nach Asien.[43]

Daneben ist ständiges Relativieren ein Klassiker in der Argumentation Putins und seiner Unterstützer: Jegliche Kritik an elementaren Missständen wird mit dem Totschlagargument gekontert, im Westen sei es auch nicht anders, es gebe nirgends echte Demokratie, und die Menschenrechte würden überall verletzt. Das geht so weit, dass Moskau jetzt eigene Institute für »Demokratie und Zusammenarbeit« in den »Vorzeigedemokratien«

wie den USA gründet, um dort die Lage der Menschenrechte zu untersuchen. »Kein Land allein hat das Monopol auf die Definition von Demokratie und Menschenrechten, die Menschenrechtsberichte über Russland sind oft ideologisch geleitet und parteiisch«, begründet der kremlnahe Initiator des Projekts, Anatolij Kutscherena, die Farce, mit der Moskau von den eigenen Problemen ablenken will. Weil sich eben viele Menschen im Westen das Ausmaß der Menschenrechtsverletzungen in Russland nicht vorstellen können, solange sie es nicht am eigenen Leib erfahren haben, stößt die Moskauer Propaganda oft auf fruchtbaren Boden. Dies liegt natürlich auch daran, dass es im Westen in der Tat viele Missstände gibt – nur sind sie Ausnahme und nicht die Regel; sie werden bekämpft und von der Regierung nicht stillschweigend toleriert, wenn nicht sogar gefördert.

»Die pauschale Selbstgerechtigkeit der Moskauer Propaganda zwingt zur konsequenten Klarstellung«, mahnt der Russland-Experte Vogel und spricht gar von einem Borderline-Syndrom der russischen Politik, also einer »emotional instabilen Persönlichkeitsstörung«: »Es wird Zeit, sie auf ihre Ernsthaftigkeit hin zu überprüfen, denn sie schaltet blitzschnell um von weinerlich-mimosenhafter Empfindlichkeit (Russland als Opfer westlicher Erniedrigung und Arroganz) auf bösartige Unterstellungen von Subversionsabsicht sowie aggressive Großmachtrhetorik (›Wir haben immer nur für die Wiederherstellung dessen gekämpft, was uns von anderen geraubt wurde‹).« Wenn aber Russland, wie es doch immer wieder beteuert, zum europäischen Kulturkreis gehören will, dann müsse es auch die Standards der politischen Kultur respektieren, mahnt Vogel. »Akzeptiert dagegen die politische Klasse Europas die schleichende Erosion eigener Standards durch Toleranz gegenüber russischen Verstößen, dann gefährdet dies die eigene Glaubwürdigkeit. Dass ein Land mit antidemokratischen Traditionen wie Russland nicht von heute auf morgen eine ›lupenreine Demokratie‹ realisieren kann, ist mehr als plausibel. Wenn die führenden Politiker aber alles tun, um die Entwicklung ihres Landes zum Rechtsstaat zu behindern, und wenn dabei sogar gegen die Europäische Menschenrechtskonvention verstoßen wird, dann ist Kritik nicht nur erlaubt, sondern geboten.«[44]

Sosehr auf der einen Seite klare Töne Richtung Kreml vonnöten sind, so wichtig ist es andererseits, den Dialog nicht abreißen zu lassen. Die rhetorischen Vorschusslorbeeren für Medwedew von westlichen Politikern wie Erler oder Schockenhoff sind sicher überzogen. Doch auch wenn sie auf den ersten Blick naiv klingen, haben sie doch ihre taktische Berechtigung. Denn genauso dumm, wie es wäre, die Reden des neuen Präsidenten für bare Münze zu nehmen, genauso ungeschickt wäre es, ihn gleich zu Beginn seiner Präsidentschaft vor den Kopf zu stoßen und ihm den Rücken zu kehren. »Ich glaube, wir sollten ihn da einfach beim Wort nehmen«, sagt der Christdemokrat Schockenhoff. Und er hat nicht Unrecht: Würde der Westen Medwedews Ankündigungen jetzt schon schroff zurückweisen, nähme er sich selbst die Möglichkeit, genau diese Versprechungen später bei ihm einzuklagen.

Putins Erblasten

Das hatte es so noch nicht gegeben. Wladimir Putin konnte bislang stets auf die Meistbegünstigungsklausel in den wichtigen russischen Medien zählen. Auch die Wirtschaftszeitung »RBK Daily« war dem Kremlchef im Großen und Ganzen immer gewogen gewesen. Und dann so etwas. Unter der Überschrift »Ein schweres Erbe« veröffentlichte das Blatt wenige Tage vor der Wahl, am 28. Februar 2008, eine böse Abrechnung mit dem Kurs des Noch-Präsidenten. Was da stand, deckte sich in weiten Teilen mit dem, was vorher allenfalls die Opposition in irgendwelchen Hinterzimmern äußerte, wenn sie denn welche anmieten durfte.[45]

»Eine auf die Rohstoffe fixierte, monopolisierte, verstaatlichte Wirtschaft, in der das Vertrauen an die Regierung verloren gegangen ist, das sind die Resultate der letzten acht Jahre Regierungsarbeit«, mit dieser vernichtenden Kritik beginnt der Artikel. Zwar gebe es auch Verdienste wie den steigenden Wohlstand und das Wirtschaftswachstum. Aber der neue Präsident trete ein schweres Erbe an: »Er wird schwierigere Aufgaben lösen müssen.« Einer der wichtigsten Faktoren für Putins Erfolg seien die hohen Ölpreise in seiner Regierungszeit gewesen, schreibt »RBK Daily«. »Die stiegen mit dem Moment, in dem Putin an die Macht kam.« Im Vergleich zu den durchschnittlichen Preisen zwischen 1992 und 1999 habe Putins Regierung so 500 Milliarden Dollar mehr eingenommen als sein Vorgänger Boris Jelzin. Vom Öl-Faktor abgesehen sei das Wirtschaftswachstum in Russland allerdings geringer als in anderen früheren Sowjetrepubliken, die kein Öl haben. Auch im sozialen Bereich sei Putins Bilanz durchwachsen. Zwar habe sich die Zahl der Armen nach offiziellen Angaben unter ihm halbiert, aber die Schere zwischen Arm und Reich gehe immer weiter auseinander. Entgegen der offiziellen Inflation von 11,9 Prozent im Jahr 2007 habe die tatsächliche Inflation für die sozial Schwachen, für die Lebensmittel und einfache Waren einen Großteil ihrer Ausgaben ausmachen, rund 20 Prozent betragen. Keine einzige der Reformen sei erfolgreich umgesetzt worden, alle wenigstens halbwegs erfolgreichen fielen in die erste Amtszeit Putins. »Es ist, als ob es in der ersten und zweiten Amtszeit zwei völlig verschiedene Regimes gegeben hätte«, zitiert »RBK Daily« den Leiter der Wirtschaftsweisen, Jewsej Gurwitsch. »Statt Wirtschaftspolitik wurde in der zweiten Amtszeit Business betrieben. Es wurden in großem Umfang Staats-Kooperationen gegründet. Statt Entbürokratisierung bekamen wir ein Mehr an Bürokratie. Die Korruption begann zu wachsen, die Effizienz des Staats zu sinken.« Wenn der neue Präsident die Aufgaben, die Putin ihm hinterlasse, nicht sofort löse, würden in 10 bis 15 Jahren unlösbare Probleme auf das Land zukommen, warnt Sergej Gurijew, der Rektor der renommierten »Russischen Wirtschaftsschule«, Töne, die wenige Monate zuvor von Offiziellen kaum denkbar waren.

Putin selbst antwortete am 14. Februar 2008 auf seiner großen Pressekonferenz im Kreml auf die Frage, was der größte Fehler in seiner Amtszeit war, ihm sei keiner bekannt. Dabei hatte
er offenbar vergessen, was er selbst noch sechs Tage zuvor bei
einer Rede vor dem Staatsrat im Kreml eingestanden hatte: dass
es nicht gelungen sei, von der Rohstoff-Export-Wirtschaft zu einer »Innovations-Ökonomie« überzugehen. »Wir befassen uns
nur fragmentarisch mit wirtschaftlicher Modernisierung.« Und
das, obwohl er selbst genau dies seit Jahren einforderte. Das
Land, so Putin am Ende seiner zweiten Amtsperiode, schlage
sich nach wie vor mit Problemen herum, die schon die UdSSR in
den Bankrott getrieben hätten: die »übermäßige Zentralisierung« und der »kolossale staatliche Sektor«, in dem 25 Millionen Menschen arbeiten.[46]

Tatsächlich ist die im Westen oft verbreitete Ansicht, Putins
Regierungszeit sei eine Erfolgsgeschichte für Russland, ein mo-
dernes, von Propaganda getragenes Märchen. »Die allgemein
akzeptierte Bilanz der Amtszeit des russischen Präsidenten Wladimir Putin liest sich – auch in Deutschland – etwa so: Putin hat
zwar Demokratie und Menschenrechte beschränkt, aber dafür
hat er seinem Land Stabilität, Wohlstand und neues Selbstbe-
wusstsein verschafft. Und er hat das Chaos beendet, das in den
90er-Jahren in Russland herrschte«, schreibt Nils Kreimeier am
29. Februar in einer glänzenden Analyse in der »Financial Times«
Deutschland. »Mit der Realität hat dies wenig zu tun.«[47] Tatsächlich ging es den meisten Russen acht Jahre nach Putins
Amtsantritt wirtschaftlich deutlich besser, die Löhne stiegen, die
Zahl der Armen sank, die Renten werden wieder pünktlich aus-
gezahlt, der Wohlstand wächst, die großen Städte boomen.
Doch die Basis für diesen Boom wurde in einer Zeit gelegt, die
heute verteufelt wird, nämlich unter den Reformern der neunziger Jahre. Wie der Russlandexperte Anders Aslund in seinem
Buch »Russia's Capitalist Revolution« nachweist, haben erst
die schmerzlichen Einschnitte der Preis-Freigabe, der Privatisierung und des Zurückstreichens der Subventionen eine Markt-

wirtschaft entstehen lassen. Als Putin in den Kreml einzog, lag Russland nach der Bankenkrise 1998 wirtschaftlich am Boden; nach dem schmerzhaften, aber reinigenden Gewitter dieser Finanzkrise konnte es wirtschaftlich eigentlich nur noch bergauf gehen, zumal sich der Ölpreis und damit die Einnahmen von Russlands Staatskasse vervielfachten.[48]

Ein weiterer Mythos ist die angebliche neue Stärke Russlands, seine vermeintliche Rückkehr zum Weltmachtstatus. Hinter den Muskelspielen steckt aber eher pubertäres Imponiergehabe und Autosuggestion von Stärke als realer Einflussgewinn: Wer wirklich Gewicht hat, muss nicht bei jeder Gelegenheit schreien, um ernst genommen zu werden. Putins außenpolitische Bilanz ist geprägt von Misserfolgen, von dem Sieg der demokratischen Kräfte in der Ukraine 2004 gegen massiven russischen Einfluss über die zahlreichen Gaskonflikte mit seinen Nachbarn, allen voran der Ukraine 2006, bis hin zur Kosovo-Krise, in der Moskau sich als Wahrer der serbischen Interessen präsentierte, aber letztlich ein Papiertiger blieb und klein beigab. Europa war unter Putins Präsidentschaft zu einer echten, für beiden Seiten vorteilhaften Zusammenarbeit so bereit wie selten zuvor. Stattdessen erschreckte Putin die Europäer mit seiner Gashahn-Diplomatie und seiner aggressiven Diktion. Längerfristig hat er damit den Interessen Russlands geschadet, denn für die ist es ganz entscheidend, dass das Land als zuverlässiger Partner angesehen wird. Was in schwindendem Maße der Fall ist – die Europäer suchen schon heute fieberhaft nach alternativen Energiequellen.[49] Putin hat es zu verantworten, dass die Beziehungen Russlands zu fast allen Nachbarländern bis auf das autoritär regierte China inzwischen angespannt sind; statt Kooperation setzt Moskau auf Konflikt, ja versucht seine Nachbarn und die EU-Staaten auch gegeneinander aufzubringen und verspielt aufgrund kurzfristiger Vorteile längerfristiges Vertrauen. Zu Beginn des 21. Jahrhunderts ist Russlands Außenpolitik im 19. stecken geblieben – und selbst dabei meilenweit von den Qualitätsstandards entfernt, die einst Bismarck mit seiner Bündnispolitik setzte. Denn schon der preußische Reichskanzler hatte verinnerlicht, dass zumindest zu einigen wichtigen Partnern aus bündnistaktischen Gründen stets ein gutes Verhältnis zu wahren ist. »Putins außenpolitisches Credo lässt sich mit einem Satz formulieren – bei Krisen immer eher zu zündeln als schlichtend einzugreifen, damit der Ölpreis hoch bleibt«, sagt Garri Kasparow, eine Einschätzung, die zwar sicherlich überzogen ist, aber doch auch einen Funken Wahrheit enthält.[50]

Ein dritter Mythos ist die vermeintliche Stabilität, die Russland unter Putin nach dem Chaos der Jelzin-Zeit erreicht habe. In Wirklichkeit handelt es sich um politische Friedhofsruhe. Putin hat alle Macht in seinen Händen konzentriert und alle Gegengewichte ausgeschaltet, von den Gouverneuren über das Parlament und die Opposition bis hin zur Justiz und den Medien. Solange hohe Ölpreise für Rekordeinnahmen sorgen, lässt sich das Fehlen von ausgleichenden Mechanismen und Balance-Faktoren durch Griffe in die Staatskasse vertuschen. In einer Krise wäre das System aber handlungsunfähig – wie eine Armee, in der kein Offizier eine Anweisung geben darf, ohne den Oberbefehlshaber zu fragen, und kein Soldat ohne Kommando von einem Offizier etwas tun darf. Solch eine Truppe wird Beobachter in Friedenszeiten durch vermeintliche Ordnung begeistern. Bei einem Konflikt hingegen kann sie weder vor noch zurück. Stabilität beruht auf einem dynamischen, auf Widerspruch und Ausgleich von Interessen verschiedener Kräfte beruhenden System. Stellt man diese Kräfte jedoch ruhig, geraten sie irgendwann außer Kontrolle.[51]

Hartnäckig hält sich eine weitere Mär – dass unter Putin die Kriminalität zurückgegangen sei. In Wirklichkeit wird sie wohl eher nur weniger wahrgenommen. Tatsächlich waren kriminelle Geschäftsmethoden und Bandenkriege in den neunziger Jahren weit verbreitet, ebenso Schutzgelderpressung. Abseits von der Propaganda hat sich daran aber nichts geändert. Nach wie vor übernehmen Gangster willkürlich erfolgreiche Unternehmen, oft sogar Hand in Hand mit korrupten Sicherheitsbeamten.

»Die Kriminalität ist die Gleiche geblieben, nur statt von den Banditen wird sie jetzt zum Großteil von denen kontrolliert, die sie eigentlich bekämpfen sollten, nämlich den Rechtsschutz-Organen«, kritisiert der Moskauer Anwalt Viktor Parschutkin.[52] Die Korruption stieg nach den Erkenntnissen internationaler Organisationen wie der Weltbank unter Putin an. Die Zahl der Morde ist der offiziellen Statistik zufolge nicht geringer geworden. Der Polizei fehlt es an Mitteln, von ihren Gehältern können die Beamten kaum leben, die meisten Bürger haben eher Angst vor der Miliz, als sie als Freund und Helfer zu sehen.[53]

Weit verbreitet ist schließlich auch die Illusion, Putin sei gegen die Oligarchen vorgegangen, jene Wirtschaftsführer, die es unter Boris Jelzin mit dubiosen Geschäften zu enormen Reichtümern gebracht haben. Tatsächlich ging die Justiz mit teilweise zweifelhaften Methoden bis hin zur Rechtsbeugung und Erpressung gegen drei dieser Oligarchen vor, die es gewagt hatten, Putin zu kritisieren – Boris Beresowskij, Wladimir Gussinskij und Michail Chodorkowskij. Dabei war es ausgerechnet Letzterer, der sein Unternehmen als eines der ersten im Land zu einem transparenten Konzern wandelte. Die übrigen Oligarchen aber erfreuen sich nach wie vor ihres Reichtums. Einige wie Oleg Deripaska und Roman Abramowitsch verfügen weiter über politischen Einfluss und konnten ihr Vermögen vervielfachen, nicht zuletzt mit Hilfe des Kreml, dem sie sich dafür anderweitig erkenntlich zeigten – etwa, indem sie Dmitrij Medwedew und Sergej Iwanow im Wettbewerb um die Putin-Nachfolge finanziell unterstützten.[54] Zu den »alten« Oligarchen kamen zahlreiche neue hinzu, viele von ihnen aus dem Umfeld des Präsidenten. Nach der bekannten Liste des Magazins »Forbes« liegt Russland im Jahr acht unter Putin bei der Anzahl der Dollar-Milliardäre mit 87 Superreichen an zweiter Stelle hinter den USA – und hat damit Deutschland mit seinen 59 Milliardären vom zweiten Platz verjagt. Noch ein Jahr zuvor, 2007, gab es in Russland »nur« 53 Milliardäre, womit es auf Platz drei lag.[55] Zum Vergleich: Noch 2002 lag die Zahl der russischen Milliardäre bei sieben.[56]

Putin, so das Fazit der »Financial Times Deutschland«, war kein großer Präsident: »Er hat Glück gehabt und von der Arbeit seiner Vorgänger profitiert. Die Folgen seiner Amtszeit werden kommende russische Regierungen ausbaden müssen. Sie sind nicht zu beneiden.« Kreml-Insider berichten, dass die zahlreichen Probleme und die drohende Krise einer der Gründe für Putin waren, sich gegen eine Verfassungsänderung und eine dritte Amtszeit zu entscheiden.

Es häufen sich aber auch Stimmen, die Putin noch viel mehr ankreiden als nur politische Fehler. Der frühere KGB-Oberst habe »Korruption, den Handel mit Einfluss und den Missbrauch von Sozialleistungen zu gewöhnlichen Methoden in der Regierung des Landes gemacht«, schreibt etwa Vincent Jauvert in der renommierten französischen Wochenzeitung »Le Nouvel Observateur«. Diese Methoden funktionierten heutzutage in allen Bereichen der russischen Gesellschaft, würden aber vor allem von Putins Clan und seinen Komplizen angewandt, die sich ohne jeden Skrupel und ohne viel Federlesen Staatseigentum aneigneten.[57] Ungeheuerliche Vorwürfe, doch wer die Verhältnisse in Moskau kennt, weiß, dass sie nicht aus der Luft gegriffen sind – und sehr viele Indizien sie stützen. Wie etwa ein Interview mit Oleg Schwarzman in der Zeitung »Kommersant«, die dem Medwedew-Vertrauten Alischer Usmanow gehört: Der Unternehmer mit bestem Draht zum »Silowiki-1-Clan« im Kreml und dessen Anführer, Putins Bürovorsteher Igor Setschin, berichtet ganz ungeniert von illegalen Methoden, mit denen hohe Beamte Firmen unter ihre Kontrolle bringen und die eher an einen Film über Geschäftssitten in Sizilien erinnern als an ein Lehrstück moderner Unternehmensführung. Schwarzman erzählt, er verwalte ein Vermögen von 3,2 Milliarden Dollar für Familienmitglieder von Kremlbeamten, die aus dem Geheimdienst stammen.[58] Er habe in einer Organisation namens »Union der sozialen Gerechtigkeit Russlands« gearbeitet, die 2004 geschaffen wurde, nachdem Putin die »soziale Verantwortung« der Großunternehmen gegenüber dem Staat anmahnte. »Damals haben unsere Kollegen aus dem FSB beschlossen, dass eine Organisation entstehen soll, die die ganzen Chodorkowskijs überreden, überzeugen oder einschüchtern soll, um sie zu sozialen Aktivitäten zu bewegen«, berichtet Schwarzman. Die Organisation sei eine Art »kollektiver Erpresser«. Wie ein Staubsauger sauge sie Vermögenswerte auf und nehme sie »in die Bilanz von Strukturen auf, aus denen dann später ein Staatsunternehmen hervorgeht«. Das habe nichts mit feindlichen Übernahmen oder Plünderung zu tun. »Wir übernehmen keine Unternehmen, wir minimieren den Marktwert mithilfe verschiedener Instrumente«, so Schwarzman. »In der Regel sind das freiwillige Zwangsinstrumente – der Marktwert, ein Mechanismus, der das Wachstum blockiert, und alle Arten von administrativen Angelegenheiten. Aber normalerweise verstehen die Leute, wo wir herkommen ...«[59] Im Klartext heißt das: Mit Hilfe von Behörden senken Schwarzman und seine Kollegen den Wert von Unternehmen und pressen sie dann den Eigentümern ab, um sie zu »reprivatisieren«. Ehemalige Geheimdienstler erledigten dabei laut Schwarzman die Drecksarbeit.[60] Wenn ein hochrangiger Kreml-Beamter heute jemanden als Direktor eines Staatsbetriebs einsetze, ginge es dabei nicht um dessen Qualifikation, sondern darum, dass er dort Geld für den Clan seines Paten abzweigt, berichtet der Unternehmer. »Dazu trifft er etwa eine Absprache mit der privaten Bank, in der die freien Gelder des Unternehmens liegen, und die Bank überweist einen Teil der Zinsen auf das Nummernkonto im Ausland, das man ihr nennt.«[61] Eine andere Methode der Apparatschiks, Kasse zu machen, sei es, die Erzeugnisse von Staatsunternehmen weit unter Preis an Zwischenhändler zu verkaufen, hinter denen die Apparatschiks selbst stecken.[62]

»Das Regime hat eine Klasse von hochgestellten Beamten und reichen Managern geschaffen, über deren Machenschaften man im Kreml bestens Bescheid weiß. Der Kompromiss besteht darin, dass diese Nomenklatur Loyalität zeigen und den ungeschriebenen Vertrag einhalten muss; im Gegenzug mischt sich der Staat nicht in ihre Geschäfte ein, solange sie gehorsam sind«, lautet Jauverts Fazit im »Le Nouvel Observateur«. Die Polizei, die Justiz und auch die Geheimdienste blieben untätig, weil sie selbst Teil dieses korrupten Systems sind. Polizisten mit einem Monatsgehalt von rund 500 Euro böten für 1000 Euro pro Tag »Lauschangriffe« auf jedermann an, Gerichtsurteile seien für 2000 bis 40 000 Euro zu haben, je nach Fall. Die geringen Gehälter in den Sicherheitsbehörden würden dadurch kompensiert, dass man beide Augen zudrückt, wenn es um die eigenen dubiosen Geschäfte geht. Wer heute ein erfolgreiches Unternehmen kapern wolle, müsse dazu lediglich gute Kontakte zu einem Staatsanwalt und einer Polizeieinheit haben – und natürlich genügend Geld, um diese zu entlohnen: »Mit einer gefälschten Eigentumsurkunde«, so bestätigt Jauvert, »kann man dann die Inhaber einer Firma loswerden und ihr Geschäft übernehmen, man muss nur noch ins Büro des Direktors umziehen. So unglaublich das klingt, solche Übergriffe sind praktisch Alltag in Russland.« Vorgemacht hat es die Regierung: Von der Übernahme des kritischen TV-Senders NTW über die Yukos-Affäre bis hin zum Russneft-Konzern, dessen Inhaber das Unternehmen nicht verkaufen wollte, bis sein Sohn unter mysteriösen Umständen ums Leben kam. Im Ergebnis, so Jauvert, habe Putin die Medien unter Kontrolle gebracht, den Öl- und Gas-Kuchen für sich gesichert und ein eindeutiges Signal an die Unternehmer im Land gegeben: »Entweder ihr kooperiert, oder ihr geht zugrunde!« Auch mit den Provinzfürsten gebe es eine ungeschriebene Vereinbarung, wie der frühere Duma-Abgeordnete Anatolij Jermolin berichtet: »Ihr könnt Übergriffe verantworten oder dubiose Aktionen mit Hilfe des FSB durchführen, wir werden die Augen verschließen, aber nur unter einer Bedingung – ihr haltet das Volk an der Kandare.«[63]

»Wir haben gesunder Konkurrenz den Rücken gekehrt«, klagt der liberale Reformer Andrej Scharonow, der bis 2007 im Wirtschaftsministerium arbeitete. »Das System belohnt diejenigen, die sich näher am Zentrum der Macht befinden, und nicht diejenigen, die besser arbeiten. Es ist leichter, seinen Konkurrenten hinter Gitter zu bringen, als mit ihm in Wettbewerb zu treten.« Viele leidgeplagte Unternehmer klagen, dass die Korruption, die bereits in den neunziger Jahren wucherte, heute noch tiefere Wurzeln geschlagen habe – und die zu zahlenden Summen wachsen. Neben der traditionellen Bestechung, dem Bakschisch für das Umgehen von Gesetzen, gibt es eine zweite Art der Korruption, die »direkt vom Kreml ausgeht und Vorteile für Beamte und ihre Freunde bringt, die parallel Business betreiben«, schreibt der »Economist«. Beide Arten von Korruption schadeten dem Land, Letztere aber sei heimtückischer. Ohne die Strickfehler des Putin'schen Systems hätte Russland demzufolge den Ölboom für ein Wirtschaftswachstum im zweistelligen Bereich nutzen können. So aber bleiben die alten strukturellen Probleme bestehen, etwa die enorme Bedeutung der Großunternehmen: Nur 15 Prozent des Bruttoinlandsprodukts werden durch kleine und mittlere Unternehmer erzeugt, die von Bürokratie und Korruption besonders hart betroffen sind, weil sie weniger Möglichkeiten zur Gegenwehr haben. Der Anteil von Öl und Gas am Bruttoinlandsprodukt wuchs nach Angaben des Moskauer Instituts für ökonomische Analyse von 12,7 Prozent 1999 auf 31,6 Prozent im Jahre 2007. Rohstoffe machen 80 Prozent des russischen Exports aus. »Wie eine starke Droge haben die Öldollars die Schmerzen ausgeglichen, die der Kreml der russischen Wirtschaft zufügt. Aber die Krankheit bleibt«, schreibt der »Economist«.[64]

Noch halte die Bevölkerung still, doch es könne sich um eine Ruhe vor dem Sturm handeln, glaubt auch Vincent Jauvert. Um das Clan-System am Leben zu erhalten, den eigenen Kopf zu retten und sich an der Macht zu halten, seien die Männer im Kreml »buchstäblich zu allem bereit«. Noch einmal: Für westliche Beobachter mögen Jauverts Thesen unglaublich klingen. Die Mehrzahl der Russen wird ihnen jedoch nicht widersprechen. Fast alles, was Jauvert beschreibt, entspricht der Lebenswirklichkeit in Russland. Nur dass die Mehrzahl der Bürger wohl der Auffassung ist, all diese negativen Erscheinungen gebe es trotz Putin, während Jauvert sie für eine Folge der Putin'schen Politik hält.

Tatsächlich hat sich Putin durch viele fragwürdige Aktionen wie etwa die Yukos-Zerschlagung, die inzwischen offensichtliche Clan-Wirtschaft oder die mangelnde Aufklärung des Polonium-Mordes vom November 2006 an Alexander Litwinenko in London den Weg für einen einfachen Rückzug aus der Politik ins Private abgeschnitten: Es gibt zu viele Fragen, die einem Privatmann Putin gestellt werden könnten, von Journalisten, aber auch von Staatsanwälten und Richtern. Und er hat sich zu viele Feinde gemacht, vor allem durch seine oft geradezu hämische Personalpolitik, mit der er auch engste Vertraute gegeneinander ausgespielt und regelmäßig bloßgestellt hat; man denke etwa an den geschilderten Fall von Duma-Chef Gryslow und dem Sprecher des Föderationsrats Mironow, die er im Zusammenhang mit der Ernennung Medwedews ohne jeden zwingenden Grund öffentlich demütigte. Bei der Gleichschaltung des Parlaments und der Medien ging Putin mit an Brutalität grenzender Härte vor. Zurück blieben im Wesentlichen Konformisten und Ja-Sager statt Persönlichkeiten; gerade aber die Loyalität solcher Opportunisten geht gegen null, sobald sich der Wind dreht. Und viele Anzeichen stehen genau dafür. Innerhalb der Nomenklatur wächst die Unzufriedenheit über Putin, über seinen Konfrontationskurs gegenüber dem Westen, über seine Rückkehr zu sowjetischen Eigenarten wie plumpen sowjetischen Inszenierungen, die als längst überwunden galten.

Viele hohe Vertreter des Systems Putin, die nach außen hin loyal sind und sich auf die Zunge beißen, warten deshalb sicher nur auf die Stunde X, auf den Moment, in dem Putin schwach wird und sie sich rächen können. »Wenn Medwedew Putin loswerden will, muss er ihn gar nicht selbst absägen«, sagt ein Kreml-Insider. »Es reicht aus, wenn er ihn nicht aktiv schützt, nicht all diejenigen zurückhält, die offene Rechnungen mit ihm haben.«

Medwedews Handschrift

In der gesteuerten Demokratie gehen die Uhren manchmal etwas anders. In westlichen Staaten mit einem Präsidial-System wie den USA ist es Brauch, dass die Parteien zuerst einen Kandidaten auswählen – und dieser dann ein Programm erarbeitet, mit dem er in den Wahlkampf startet. Kaum eine Partei, kaum ein Kandidat käme dabei auf die Idee, diesem Programm den Namen des Amtsinhabers zu geben. Nicht so in Russland. Die Kreml-Partei »Einiges Russland« verabschiedete auf ihrem Parteitag am 1. Oktober 2007 in Moskau ihr Programm unter dem Namen »Putin-Plan«. Zu diesem Zeitpunkt, fünf Monate vor den Wahlen, ahnte wohl noch niemand im Land, wer als Präsidentschaftskandidat der Regierungspartei in Frage kommt, außer möglicherweise Wladimir Putin selbst. Auf dem Parteitag gab es nicht einmal eine Debatte darüber, wer sich um die Nachfolge bewerben soll; allein eine entsprechende Frage hätte wohl als Majestätsbeleidigung gegolten. Fast vier Monate später, rund vier Wochen vor der Wahl, erklärte die Regierungspartei den »Putin-Plan« zum Wahlkampfprogramm von Dmitrij Medwedew, so die offizielle Sprachregelung. Tatsächlich musste der »Putin-Plan« – in Ermangelung eines eigenen Programms des Kandidaten – dann als Ersatz herhalten.[65]

Wahlkampfprogramme sind bedauerlicherweise auch in westlichen Demokratien oft alles andere als ein zuverlässiges Mittel, um den wirklichen Kurs von Parteien und Kandidaten nach der Wahl vorherzusagen. Allein diese Entstehungsgeschichte des wichtigsten programmatischen Dokuments von Medwedew zeigt aber, dass solche Papiere in Russland mit noch größerer Vorsicht zu behandeln sind. Doch nicht einmal das: Der »Putin-Plan« ist so unklar und verwaschen, dass er nicht einmal falsche Erwartungen wecken kann. Oder genauer gesagt: Jeder Wähler kann sich die Erwartungen hineininterpretieren, die ihm persönlich am nächsten kommen – und erhält seine Enttäuschung dann gegebenenfalls auch ganz individuell. Die Autoren haben sich gar nicht erst die Mühe gemacht, ein echtes Programm zu entwerfen; das Programm besteht schlicht und einfach aus Zitaten Putins.[66] Das ist etwa so, als würde der republikanische Präsidentschaftskandidat John McCain in den USA mit einem Wahlprogramm antreten, das aus wild zusammengewürfelten Aussprüchen von George W. Bush besteht.

Das Groteske am »Putin-Plan« ist, dass niemand genauer erklärt hat, was er eigentlich konkret bedeutet.[67] Selbst nach intensiver Suche lässt sich niemand finden, der auch nur eine ungefähre Vorstellung davon hat, wie die Eckpunkte des Plans aussehen. Das liegt daran, dass er in den staatlich gelenkten Medien immer nur als Schlagwort auftaucht, aber nie genauer vorgestellt oder gar diskutiert worden ist. Typisch sind daher Aussagen wie die des 35-jährigen Ingenieurs Michail Kalinitschenko in Murmansk, der vor den Wahlen sagte, er werde zwar voraussichtlich für Medwedew stimmen, aber bezeichnenderweise nicht erklären konnte, wofür der genau stehe: »Ich weiß ehrlich gesagt nicht, was das ist, der ›Putin-Plan‹. Denn im Fernsehen ist davon nichts zu hören und zu sehen. Ich kann ihn nirgendwo nachlesen. – Aber was jetzt konkret getan wird, das unterstützen meine Freunde und ich.«[68]

Das Wort »Plan« steht im russischen Jugend-Jargon für einen Joint, eine Haschisch-Ration, weswegen der Begriff »Putin-Plan« zumindest bei jüngeren Russen vor allem ein Schmunzeln hervorruft. Mit einem Putin-Rap macht sich die Band Koreijskie Ljodtschiki (Koreanische Piloten) denn auch lustig über das Projekt: »Wenn der Putin-Plan dich voll high macht, ist es egal, wen du küsst, einen Fisch oder einen Nikita, egal, was das Jahr 2008 bringt, wenn du einen Putin-Plan hast, hast du immer Zigaretten.« Bemerkenswerterweise hat die Buckelei vor Putin solche Ausmaße angenommen, dass viele Hörer den ironischen Charakter des Liedes gar nicht erkannten und die völlig absurde Hymne allen Ernstes als Putin-Verehrung auffassten – nicht zuletzt wegen Strophen wie dieser: »Wir glauben an unsere Kraft, und darauf kommt es an. Wir wissen: Mit Putins Plan können wir alles packen! Unser großes, russisch-orthodoxes Land ist auf dem Weg zu neuen Höhen! Mit uns ist Putin, der Herrgott und ›Einiges Russland‹!«[69]

Dass solche Töne für bare Münze genommen werden, liegt daran, dass auch völlig ernst gemeinte Bauchpinseleien dieser Art im heutigen Russland regelmäßig zu hören sind. Lobeshymnen ersetzen weitgehend wirkliche Informationen über den »Putin-Plan«; Medwedews offizielles Wahlkampfprogramm ist nicht einmal auf seiner Wahlkampf-Internetseite zu finden. Dafür steht es auf der Homepage der Kreml-Partei »Einiges Russland«. Unter anderem heißt es in dem Papier: »Im Land gibt es einen nationalen Führer – den Präsidenten Wladimir Putin. ... Russland realisiert souverän einen Kurs, der sicherstellt, dass es eines der Zentren von politischem und wirtschaftlichem Einfluss wird, von kultureller und moralischer Anziehungskraft, einen Kurs, der die Festigung einer neuen Lebensqualität für alle Bürger garantiert. Wir nennen diesen Kurs den Putin-Plan. Im Laufe seiner Realisierung ist es bereits gelungen, die schwierigsten und schärfsten Probleme zu beseitigen, die sich in Jahrzehnten angehäuft haben.«[70]

Für die Jahre 2008 bis 2012 sieht der »Putin-Plan« fünf Ziele vor: »Die weitere Entwicklung Russlands als einzigartige Zivilisation, die Verteidigung des gemeinsamem Kulturraums, der russischen Sprache und unserer geschichtlichen Traditionen; die Erhöhung der Konkurrenzfähigkeit der Wirtschaft durch das Erreichen eines neuen innovativen Entwicklungswegs in der Förderung der Wissenschaft, der Entwicklung der Infrastruktur, der Erhöhung von Investitionen vor allem in Hochtechnologien und den Branchen, die Lokomotiven für das Wirtschaftswachstum sind; die Sicherung eines neuen Lebensstandards durch Fortsetzung der Nationalprojekte, Erhöhung der Löhne, der Renten und Stipendien, Hilfe der Bürger bei der Lösung ihrer Wohnungsprobleme; Unterstützung von Institutionen der Bürgergesellschaft, Stimulierung der sozialen Mobilität und Aktivität, Förderung gesellschaftlicher Initiativen; Stärkung der Souveränität Russlands, der Verteidigungsfähigkeit des Landes, Sicherstellung eines würdigen Platzes für Russland in der multipolaren Welt.«[71]

»Der Putin Plan ist die Grundlage für unseren historischen Erfolg. Er ist der Sieg Russlands«, heißt es weiter in dem Programm. Gelobt wird unter anderem, dass die »Finanzierung von Extremismus« aus dem Ausland unterbunden wurde – gemeint ist damit offenbar vor allem auch die Unterstützung von gemeinnützigen Organisationen durch ausländische Stiftungen, die Putins Behörden derart rigoros und wahllos angriffen, dass selbst viele soziale Projekte wie Aids-Hilfe und Waisenheime in Existenzgefahr gerieten. Sodann erfolgt ein Bekenntnis zu den »Prinzipien der souveränen Demokratie«, ein Begriff, mit dem die Hardliner die autoritären Tendenzen umschreiben – und den Medwedew früher einmal kritisiert hat.

Insgesamt liest sich der »Putin-Plan« wie eine Mischung aus einem Rechenschaftsbericht der KPdSU für die Abwicklung des Fünf-Jahres-Plans, der Sowjetverfassung, die zwar Freiheit und Rechte garantierte, dies aber immer nur auf dem Papier, und der Werbebroschüre einer Investmentgesellschaft für ein nicht genauer bezeichnetes Projekt. Bemerkenswert ist, dass bereits dieses Mini-Programm, das im Oktober 2007, also mehr als zwei Monate vor der Ernennung Medwedews zum Nachfolger, beschlossen wurde, einige der Punkte enthält, die später aus Medwedews Munde für große Aufmerksamkeit im Westen und als Beleg für seine liberale Gesinnung, ja für eine Distanz zu Putin gewertet wurden: So heißt es im »Putin-Plan« unter anderem, der Staat müsse zuverlässig die garantierten »Rechte und Freiheiten der Menschen und Bürger verteidigen, auf der Grundlage von gerechten Gesetzen und deren strikter Anwendung«. Weiterhin steht dort geschrieben, es sei nicht gelungen, die zerstörerische Tendenz zur Bürokratisierung in allen Bereichen des Machtapparats zu stoppen, der Staatsapparat sei aufgeblasen, ineffizient, die Zahl der Beamten müsse verringert werden und die Staatsdiener müssten künftig »streng und im Rahmen der

Gesetze ihre Pflicht vor Bürgern und Staat erfüllen.« Außerdem ist hier ein Bekenntnis zur Bürgergesellschaft zu finden, ja mehr noch: Auch im Jahr 2012 müsse es Sphären des öffentlichen Lebens geben, die sich außerhalb der staatlichen Kontrolle befinden. Wichtigster Faktor für die demokratische Entwicklung sei die Entwicklung eines Mehrparteiensystems. In fetten Buchstaben ist sodann zu lesen: »Die Transparenz der Macht, die Bürgerkontrolle über die Bürokratie, die Effizienz des Staatsapparates, das Vertrauen der Öffentlichkeit in die Machtorgane, unabhängige Gerichte und Rechtsschutzorgane, die als ihre Hauptaufgabe die Verteidigung der Rechte und Freiheiten der Menschen ansehen – das sind die wichtigsten Züge des russischen Staats, den wir bauen werden.«

Solange diese Sätze auf dem Papier des »Putin-Plans« standen, nahm sie kaum jemand wahr, alle Beobachter hielten sie für die üblichen Putin'schen »Nebelgranaten«, verbale Feigenblätter, mit denen die autoritären Züge des Systems verdeckt werden sollen. Als Medwedew diese Punkte drei Monate später aus dem Putin-Plan öffentlich äußerte, war die Begeisterung im Westen, aber auch unter großen Teilen der russischen Intelligenzija bis hinein ins Lager der Opposition groß, bis hin zu Äußerungen deutscher Wirtschaftsvertreter, Medwedews Aussagen seien »vom Geist der Freiheit und der wirtschaftlichen Liberalität durchweht«.[72] Ein bekanntes deutsches Internet-Portal bescheinigt ihm gar, er habe sich »bei seinen bisherigen Auftritten mitunter bemerkenswert scharf von der Politik der aktuellen russischen Führung abgegrenzt«.[73] Wunschdenken, Unkenntnis oder Anbiederung ersetzen hier nüchterne Analyse. Ein entscheidender Faktor schien sehr schnell vergessen: Die Ankündigungen klingen in vielem wie Hohn auf das, was Putin und mit ihm auch sein treuer Helfer Medwedew in den acht Jahren an der Macht tatsächlich getan haben. Die Freiheiten und Errungenschaften, die sie preisen und einfordern, haben sie selbst fast gänzlich zugrunde gerichtet – auch und gerade Medwedew an vorderster Front und in verantwortlicher Position. Gasprom, dessen Aufsichtsrat er leitete, hatte eine federführende Rolle bei der Gleichschaltung der wichtigsten Medien im Land, Gasprom machte aus den TV-Sender NTW und TNT, den Bättern »Iswestija«, »Komsomolskaja Prawda« und »Itogi« Propaganda-Instrumente, in denen nicht einmal mehr Nischen der Freiheit übrig bleiben. Seine Weigerung, an Wahlkampfdebatten mit den Gegenkandidaten teilzunehmen, begründete Medwedew damit, er habe es angesichts der politischen Erfolge Putins »nicht nötig, in Wortgefechten die Überlegenheit über diejenigen zu demonstrieren, deren Hand niemals am Steuer der Staatsmaschine war und deren Programme offensichtlich veraltet sind und keinerlei Chancen auf Realisierung haben«. Öffentliche Diskussionen seien nicht das Wichtigste für die Wahlentscheidung der Bürger, und wenn er sich auf »direkte Polemik« – gemeint sind Debatten – mit seinen Opponenten einließe, dann würde der »Kandidat der Macht« ihnen damit nur zu mehr Beliebtheit verhelfen, so Medwedew.[74] Angesichts solcher Aussagen und seines Wirkens in acht Jahren im Kreml erscheinen die Bekenntnisse Medwedews zu demokratischen und liberalen Werten wie Potemkinsche Fassaden in sowjetischer Tradition.

Einerseits muss dieser Widerspruch nicht zwangsläufig bedeuten, dass Medwedew seine Bekenntnisse nicht aufrichtig meint und nicht persönlich hinter seinen Aussagen steht. Andererseits kann er aber auch kaum so naiv sein, die gewaltige Kluft zwischen Anspruch und Realität nicht zu erkennen. Die entscheidende Frage, auf die bislang nur Medwedew selbst die Antwort weiß, ist wohl, ob er, wie der KGB-Offizier Putin, das Auseinanderklaffen von Wort und Tat für selbstverständlich hinnimmt und solche hehren Worte als ebenso unvermeidliche wie unverbindliche Lippenbekenntnisse versteht – oder ob er genau dieses Auseinanderklaffen verurteilt und nur notgedrungen gute Miene zum bösen Spiel macht. Damit wären wir bei der Schlüsselfrage, die wohl entscheidend sein wird für Medwedews künftige Rolle im Kreml.

Für eine Prognose oder gar eine Antwort ist es noch viel zu

früh – und Medwedew hält sich bedeckt. Seine öffentlichen Auftritte vermittelten den Zuhörern keinerlei Einblick in seine Denkweise, weil darin keinerlei Gedanken zu erkennen seien, klagt Wladimir Inosemzew, der Direktor des Forschungszentrums für postindustrielle Gesellschaft. »Wenn es darum gehen würde, sich zwischen Dmitrij Medwedew und Sergej Iwanow zu entscheiden, der vor Kurzem auch noch zu den möglichen Nachfolgern gehörte, dann wäre ich für Iwanow. Obwohl ich dessen Ansichten nicht teile, aber wenigstens verstehe ich ihn.« Iwanow habe eine eigene Weltanschauung und eine klare Position, bei ihm sei klar, was man von ihm zu erwarten habe, was er wolle und anstrebe. Im Fall Medwedew hingegen habe er, so Inosemzew, auf all das keine Antwort. »Medwedew ist natürlich ein eigenständiger Mensch und seine zukünftigen Handlungen sind heute noch nicht klar absehbar. Doch in dieser Unklarheit verbirgt sich auch eine gewisse Gefahr. Die Intelligenz alleine ist also noch nicht alles«.[75]

Tatsächlich lassen sich nur vage Anhaltspunkte für eine Prognose über Medwedews wirklichen Kurs finden. Nach dem Wahlsieg zeigte sich der Neue erst einmal kurz angebunden. Auf einer Pressekonferenz mit ausgewählten Journalisten, die kritische Töne tunlichst vermieden, gab er auf die Frage, wie es nun weitergehe, nur lakonisch zur Antwort: »Was den Kurs angeht, den durchzuführen ich vorschlagen würde, so habe ich darüber bereits mehrfach gesprochen. Ich denke, das ist der Weg, den unser Land nun seit acht Jahren praktisch beschreitet. Die wichtigsten Prioritäten habe ich auf dem Bürgerforum und den großen Wirtschaftsforen klargestellt, etwa beim Forum in Krasnojarsk.«[76]

Auf dem sogenannten Bürgerforum im Kreml am 22. Januar 2008, einem Treffen mit 6000 Mitgliedern gemeinnütziger Organisationen von handzahmen Menschenrechtlern über Verbraucherschützer und Afghanistan-Veteranen bis hin zu Mitgliedern des Architektenverbandes, hatte Medwedew unter anderem gesagt, dass Russland sich zu den »wenigen« Ländern zähle, für die es wichtiger sei, »ein selbstständiges Spiel, eine selbstständige Außenpolitik zu führen«, als sich mit der Suche kollektiver Lösungen zu beschäftigen, »was Dutzende, Hunderte Länder gelernt haben«. Medwedew bezeichnete die aktive Position Russlands im GUS-Raum als »naturgegeben«.[77] Angesichts solcher Aussagen ist es nur konsequent, dass Wladimir Putin anlässlich der Beschnupper-Visite von Angela Merkel bei Medwedew sechs Tage nach der Wahl warnte, die Hoffnung, unter dem Nachfolger werde auch der Umgang mit Russland leichter werden, sei falsch. Medwedew sei »im guten Sinne des Wortes russischer Nationalist und echter Patriot«.[78] Doch wird er sich dabei vielleicht nicht immer so aggressiv gebärden wie Putin. Während der androhte, russische Raketen auf die Ukraine zu richten, wenn sie amerikanische Abwehrsysteme auf ihrem Territorium stationiere, versprach Medwedew, die energiepolitischen Interessen Russlands »ruhig und ohne Hysterie« zu vertreten.[79]

Medwedew sprach sich auf dem Bürgerforum zudem für einen Gesellschaftsvertrag aus, der die Verantwortung der Staatsmacht gegenüber dem Volk definiert und die gegenseitigen Pflichten klar benennt. Und er betonte, dass die gesellschaftliche Kontrolle, ausgeübt durch Nicht-Regierungs-Organisationen (NGOs), eine wichtige Rolle spielen müsse; gemeint sind dabei offenbar aber nur russische, vom Staat kontrollierte NGOs, denn die anderen stehen ja unter staatlichem Beschuss. »Ein moderner, blühender Staat« könne »heute nur in einem freien Informationsfluss existieren, dessen untrennbarer Bestandteil einflussreiche und unabhängige Medien sind.« Den Kampf gegen die Korruption werde er zu einem nationalen Programm machen, kündigte Medwedew an – und beklagte entschieden den »Rechtsnihilismus« in Russland: Kein anderes europäisches Land könne sich einer Missachtung des Rechts in solchen Ausmaßen »rühmen«. Dieser Missstand sei nicht neu und nicht nur eine Folge des Kommunismus, allerdings seien die Probleme in diesem Bereich vor der Revolution durch religiöse Traditionen abgefedert worden. Im 20. Jahrhundert aber seien die geistlich-moralischen Grundlagen der Gesellschaft de facto vernichtet worden.[80] Es sind solche Nuancen, die aufhorchen lassen, wenn man Medwedew zuhört. Dann ist es so, als spreche da einer, der nicht nur Lippenbekenntnisse abgebe wie Putin. Denn für Lippenbekenntnisse klingen derartige Zwischentöne zu beherzt, zu pointiert. Von Hand habe Medwedew Änderungen am fertigen Rede-Manuskript für das Bürgerforum vorgenommen, berichtet ein Journalist, der das Papier zu Gesicht bekam: Laut dem gedruckten Text hätte Medwedew loben sollen, dass die zu erwartende Rolle, die Putin künftig im Parlament spielen wird, ein Anzeichen für eine wachsende Macht der Parteien im Lande sei, dass der Westen aber versuche, in Russland einen Aufstand nach dem Muster der orangen Revolution in der Ukraine anzuzetteln. Medwedew strich also diese Passagen – und fügte stattdessen die Textstelle mit dem »Rechtsnihilismus« ein.[81] Auch wenn der Begriff nicht von ihm stammt, sondern bereits im Jahr 2000 von Putin verwendet wurde: Dass er ihn selbst wieder aufgriff und sogar handschriftlich anführte, kann man bei optimistischer Betrachtungsweise als Anlass für gewisse Hoffnungen sehen.

Auf den beiden Säulen Recht und Freiheit werde seine Politik fußen, verspricht Medwedew auf dem Wirtschaftsforum im alten Theater von Krasnojarsk am 15. Februar 2008 den versammelten Managern und Milliardären, die er ganz in Putin'scher Tradition auf seinen Auftritt fast eine Stunde lang warten lässt. Die mächtigen Männer harren brav aus, in die engen Sitzreihen in den vorderen Reihen gepresst.[82] Als er dann endlich eintrifft, kündigt der 42-Jährige vier Hauptrichtungen an, »die vier ›I‹s«, wie er es nennt: Institutionen, Infrastruktur, Innovationen und Investitionen. Und er gibt folgende weitere Hauptaufgaben für die nächsten vier Jahre aus: die Überwindung des Rechtsnihilismus, den radikalen Abbau bürokratischer Schranken, Steuersenkungen zur Anregung von Innovationen, den Aufbau eines großen, unabhängigen selbstständigen Finanzsystems und die Förderung des Rubels als regionale Reserve-Währung sowie eine Stärkung der Sozialpolitik.[83] Der Auftritt erinnere ihn »an die Rede von Friedrich Merz auf dem Leipziger Parteitag der CDU [im Dezember 2003]«, sagt Michael Harms, Chef der Deutsch-Russischen Auslandshandelskammer. »Medwedew sprach von der Steuererklärung auf einer DIN-A4-Seite, Merz von der Steuererklärung auf dem Bierdeckel. Wie der Abbau administrativer Barrieren, Steuersenkung, Liberalität, weniger Einmischung des Staates in die Wirtschaft waren das alles Ansätze, die in eine sehr positive Richtung gehen. Jetzt müssen wir natürlich sehen, was wirklich umgesetzt wird.«[84]

In Krasnojarsk zitiert Medwedew auch Katharina die Große: »Freiheit ist die Seele von allem, ohne sie ist alles tot. Ich will, dass man den Gesetzen gehorcht, nicht den Gesetzen der Sklaverei.«[85] Und wieder ist es der Zungenschlag, der aufhorchen lässt, und der sich von Putins Bekenntnissen zu Demokratie und Freiheit unterscheidet. Skeptiker sehen darin lediglich eine bessere Verkaufsstrategie der alten, autoritären Politik, Optimisten hingegen Anzeichen dafür, dass es Medwedew mit seinen Worten ernster meinen könnte als sein Vorgänger. Russland stehe vor einer historischen Wahl, sagt der Jurist – und in Wirklichkeit ist es nicht zuletzt er selbst, der die Entscheidung zu treffen hat: »Die erste Variante ist, weiter nach der bekannten Redensart zu leben, dass die Härte der russischen Gesetze dadurch kompensiert wird, dass sie nicht zwingend angewandt werden. Aber so eine Herangehensweise entspricht meiner Ansicht nach nicht den Anforderungen eines modernen Staatsaufbaus.« Missachtung des Gesetzes führe immer zur Missachtung der Rechte anderer und zur Nichtbeachtung eigener Verpflichtungen. »Wie können wir von gleichen Möglichkeiten sprechen, wenn immer der Recht bekommt, der die schärferen Zähne hat, und nicht derjenige, der das Gesetz einhält?« Daher müsse die Anwendung des Rechts in Russland »radikal geändert« werden: »Beginnen müssen wir bei uns selbst. Die Beamten und Polizisten, die Richter und Staatsanwälte, die Unternehmer.« Dann würden die Bürger sich als Herren im eigenen Land fühlen, dann würden sie ihre

Ehre und ihre Würde verteidigen können, ihre Freiheit und Sicherheit.« Und sie werden wissen, dass der Staat sie vor der Willkür und Missachtung des Rechts schützt, die heute in unserer Gesellschaft herrschen.«[86] Eine solche Aussage des Präsidentschaftskandidaten könnte fast wortgleich von den heftigsten Kreml-Kritikern stammen. Das gilt auch, wenn er etwa ankündigt, er wolle den Menschen wieder das Vertrauen in das Gerichtssystem zurückgeben: »Wir müssen die Praxis rechtswidriger Entscheidungen ›auf Anweisung von oben‹ oder ›gegen Bakschisch‹ ausmerzen.«

Klang Putins Kritik an den gleichen Missständen immer eher pflichtschuldig, bekommt man bei Medwedew, obwohl er alles andere als ein begnadeter Redner ist und seine Ansprachen fast wie gequält vom Blatt abliest, den Eindruck, es könne doch so etwas wie Herzblut mitspielen. Ob sich da tatsächlich Unmut breit macht über die Zustände und Entwicklungen in den vergangenen acht Jahren, die er mit zu verantworten, über die er aber nicht mitzubestimmen hatte, oder ob Medwedews Redenschreiber schlicht mehr Freiräume bekommen haben und der Neue noch unverbrauchter wirkt als sein Ziehvater, wird erst die Zukunft zeigen. Mit Ankündigungen künftiger Reformen, Verbesserungen und Segnungen hat auch Putin nie gegeizt. Bei Medwedew aber entsteht zumindest der Eindruck, dass seine Kritik an den Missständen weiter geht, als der Wahlkampf allein es erforderlich machen würde. Auch Putin etwa bezeichnete in seiner Rede vor dem Staatsrat im Februar 2008 die Demokratie als Grundpfeiler der russischen Gesellschaft. Doch nicht ohne hinzuzufügen, dass Parteien, die vom Ausland finanziert würden, unmoralisch handelten und das Volk beleidigten.[87] Es ist das Fehlen solcher aggressiven Gegenpole zu den demokratischen Parolen, das vielen Hoffnung macht. Selbst eingefleischte Kreml-Kritiker wie der frühere Jelzin-Berater Georgij Satarow sehen denn auch Anzeichen für ein »Tauwetter« – in Anspielung an die leichte Liberalisierung der Sowjetunion unter Chruschtschow. »Alles bleibt beim Alten, nur die Fassade des Systems bekommt einen neuen Anstrich«, glaubt dagegen Wladimir Ryschkow, bis 2007 Duma-Abgeordneter und einer der klügsten Köpfe der Opposition. Beide Prognosen sind nicht ohne Weiteres von der Hand zu weisen.

Szenario 1: Putins Prinzregent

Niemand hatte damit gerechnet, dass der Kreml-Herr wirklich diesen Schritt tun würde. Selbst für seine Vertrauten kam es überraschend, dass er sich tatsächlich dazu entschloss, den Kreml zu verlassen. Und niemand wusste so recht, was ihn dazu gebracht hatte: Kam der Rückzug wirklich freiwillig? Hatte er Angst vor einer Verschwörung? Musste er außenpolitische Rücksichten nehmen – oder führte er andere Pläne im Schilde? Mit der Auswahl des Nachfolgers waren die Männer aus seinem Umfeld zufrieden. Er war ein Außenseiter und hatte nichts zu sagen, aber formell gehörte er doch zu ihnen, zur Führungsschicht. Der »Alte« bezog ein Haus in der Petrowka-Straße, nur ein paar Minuten Fußmarsch vom Zentrum der Macht entfernt, und wenn er seinen Nachfolger besuchte, zeigte er sich untertänig und wagte sich nicht einmal nahe an den neuen Regenten heran. Er fasste Bittschriften ab und war wie ein gewöhnlicher Sterblicher mit seinem Wagen auf Moskaus Straßen unterwegs. Doch der Schein trog: Offiziell herrschte nun zwar der Neue über das weite Land, doch in Wirklichkeit war der nicht mehr als eine Marionette. Die Zügel hielt nach wie vor sein Vorgänger in der Hand – und sicherheitshalber verfügte dieser über großen privaten Besitz noch aus seiner Zeit im Kreml. Dass die neue Konstellation nichts als Fassade war, erklärte er hinter verschlossenen Türen denn auch recht ungeniert: Er habe die Macht, so vertraute er einem englischen Gesandten an, nicht so weit aufgegeben, dass er nicht jederzeit, wenn er es wolle, wieder zurückkehren könne, auf den alten Posten, versteht sich. Sein Nachfolger sei schließlich »nicht durch eine allgemeine

Wahl, sondern nur durch meine Willensbekundung« ernannt worden. Der Neue säuberte inzwischen mit harter, hinter den Kulissen vom Alten gelenkter Hand die Führungsschicht und entfernte unliebsame Gegner. Nach elf Monaten freilich musste er seinen Sessel räumen – um tatsächlich dem Vorgänger wieder Platz zu machen.

Nein, bei dieser Erzählung handelt es sich nicht um ein Szenario für die ersten zwölf Monate nach der Amtseinführung von Dmitrij Medwedew im Mai 2008, sondern um eine Episode in der russischen Geschichte. Der zurückgetretene Kreml-Herrscher und Marionettenspieler war nicht Wladimir Putin, sondern Iwan IV., besser bekannt als Iwan der Schreckliche. Im Alter von 45 Jahren überließ er im Herbst 1575 den Thron Simeon Bekbulatowitsch, geboren als Tataren-Khan unter dem Namen Sain-Bulat Chan, der später mit seinem Vater in die Dienste des Zaren wechselte, getauft und in den Bojarenstand erhoben wurde. In der Maria-Entschlafens-Kathedrale im Kreml organisierte Iwan eine Art Krönung. Bekbulatowitsch saß der Duma vor und erließ Ukase, doch etwas zu sagen hatte er nie. Die Antworten auf seine Anfragen und Briefe schickten die Beamten direkt an Iwan den Schrecklichen, der sich zwischenzeitlich Iwanez Moskowskij nannte. Bis heute sind sich die Historiker nicht einig, was den grausamen Herrscher damals zu seinem taktischen Rückzug bewegte. Von der Angst vor der Vorhersage eines Astrologen, der »Herrscher der Reußen« werde 1576 sterben, ist ebenso die Rede wie von der Angst vor einer Verschwörung der Bojaren und von Fluchtplänen nach England oder außenpolitischen Beweggründen. Als wahrscheinlichstes Motiv gilt aber, dass Iwan der Schreckliche weitere Säuberungen vornehmen und Kirchengüter enteignen wollte, ohne sich dabei selbst die Hände schmutzig zu machen. Der Zorn der Opfer richtete sich auf den neuen Herrscher, der sich offiziell »Großfürst Simeon von ganz Russland« nannte. Nach elf Monaten kehrte Iwan auf den Thron zurück, schickte Simeon Bekbulatowitsch als Großfürst in die Ehrenverbannung nach Twer – und gab den Geschädigten nur einen Teil ihres Vermögens zurück. Simeon wurde nach dem Tod des Zaren von dessen Nachfolger Boris Godunow als Großfürst abgesetzt, verarmte und lebte in einfachsten Verhältnissen. Später schickte Godunow dem unglücklichen Kurzzeit-Herrscher aus Angst, er könne von seinen Gegnern als Konkurrent für den Zarenthron in Stellung gebracht werden, einen vergifteten spanischen Wein; Bekbulatowitsch trank ihn mit einem Trinkspruch auf die Gesundheit Godunows und erblindete sodann, ebenso wie sein Diener, der mitgetrunken hatte. Godunow ließ Bekbulatowitsch schließlich verbannen; er wurde in ein Kloster geschickt.

Ähnliches Ungemach droht Dmitrij Medwedew sicher nicht. Dennoch halten viele Kreml-Kritiker Putins »Operation Nachfolge« für eine ähnliche Posse, wie sie einst Iwan der Schreckliche uraufführte. Der Oppositionspolitiker Wladimir Ryschkow ist überzeugt: Medwedew wird ein treuer Diener Putins bleiben, eine Art moderner Simeon Bekbulatowitsch. »Putin wird in den Kreml zurückkehren, möglicherweise die Amtszeit des Präsidenten auf sieben Jahre verlängern lassen, und dann kann er nochmals 14 Jahre regieren.«

In Russland erlebt der politische Witz, zu Sowjetzeiten weltweit berühmt, eine neue Blüte. Der neueste Kalauer: Ein Schneider prüft vor Medwedews Amtseinführung den Sitz von dessen Sakko. »Hier steht es noch etwas über«, meint er und streicht ihm über die Brust. »Da haben wir noch ein Fädchen«, sagt er dann, streckt sich Richtung Hals, schneidet den Faden ab und langt dann an die beiden Arme Medwedews: »Da sind auch noch zwei Fäden.« Auf einmal ertönt von oben brüsk die Stimme Putins: »Die sind notwendig, die Fäden, lass gefälligst die Finger weg!«

»Volk und Partei sind eine Einheit«, lautete einst ein Propaganda-Spruch der Kommunisten. Die meisten Bürger und die Nomenklatur sind sich heute einig in der Erwartung, dass Medwedew eine Marionette seines Übervaters Putin bleibt und brav dessen Kurs fortsetzt. Kreml-Kritiker sehen das ähnlich – allerdings unter umgekehrtem Vorzeichen. Der Neue habe keinerlei

Befähigung für das höchste Staatsamt, glaubt Michail Deljagin, früher Regierungsberater unter dem heute in die Opposition gewechselten Ministerpräsidenten Kassjanow. »Medwedew hat so eine schwache Persönlichkeit, dass ihn die Lobbyisten schon am zweiten Tag seiner Amtszeit direkt auf seinem eigenen Schreibtisch vergewaltigen werden«, behauptet Deljagin und fügt hinzu: »Putin weiß das.«[88] Und der alte Präsident hat deutliche Zeichen gesetzt. Knapp einen Monat vor der Wahl verkündete er am 8. Februar bei einer Sitzung des Staatsrats sein Programm für Russland bis zum Jahr 2020. Ein ungewöhnlicher Schritt für einen Präsidenten, der nur noch wenige Monate im Amt bleibt. Prompt meldet auch der Staatssender »Stimme Russlands«: »Putin bestimmt die Richtlinien der Entwicklung Russlands bis zum Jahr 2020« – also auch 12 Jahre über sein Ausscheiden aus dem Amt hinaus. Aber darüber scheint sich niemand zu wundern. Bezeichnend ist dabei, dass sich Medwedew kurz darauf in Krasnojarsk bei seiner Programm-Rede nur auf seine Pläne für die nächsten vier Jahre konzentriert. Dass Putin ausgerechnet das Jahr 2020 wählte und nicht 2015 oder 2025, muss nicht unbedingt der geraden Zahl allein zuzuschreiben sein: Das Jahr 2020 wäre das Ende von Putins Herrschaft, wenn er – nach vier Jahren Medwedews im Kreml – 2012 wieder als Präsidentschaftskandidat antreten und dann nochmals, wie von der Verfassung erlaubt, Russland durch zwei Amtszeiten hindurch führen würde. Die entscheidende Voraussetzung dafür ist allerdings, dass Medwedew mitspielt und seinen Thron artig räumt. »Es ist äußerst unwahrscheinlich, dass er zum Verrat in der Lage ist, und darum geht es ja, wenn man ehrlich ist«, glaubt die Elitenforscherin Olga Kryschtanowskaja. »Medwedew wird Putin nicht wegdrängen, er wird nicht versuchen, die Rolle Napoleons zu spielen und die Decke in seine Richtung zu ziehen – also Leute aus dem Team Putins oder Vollmachten für seine Zwecke zu nutzen. Dafür sehe ich keinerlei Grundlage. Putin und Medwedew sind ein Team. Medwedew wird minimal zwei, maximal vier Jahre am Steuer stehen.«[89]

Auf die Frage, die für viele Russen viel aussagekräftiger als die formelle Machtverteilung laut Verfassung ist, hat Wladimir Putin bereits geantwortet. Ob er, wie es Brauch ist bei allen höheren Beamten in Russland, in seinem Amtszimmer auch ein Porträt des Staatsoberhaupts, also Medwedews, aufhängen würde, wurde er auf seiner großen Pressekonferenz Anfang 2008 gefragt. Für ein gutes Verhältnis zu Medwedew brauche er dessen Bild nicht, in ihrer Beziehung liege ohnehin eine »gewisse Einmaligkeit«, wiegelte Putin ab.[90] Beide betonen unentwegt, dass sie einander voll vertrauen können. Für Putin spielt dabei sicher auch eine Rolle, dass Medwedew anders als etwa Sergej Iwanow, der ebenfalls lange als Präsidentschaftskandidat gehandelt wurde, immer sein Untergebener war, immer eine Rangstufe tiefer stand, immer der gehorsame Helfer war.

Viel spricht für eine Machtverteilung innerhalb des Tandems nach dem Vater-Sohn-Prinzip, in der Putin als der Ältere das letzte Wort hat, während Medwedew den Juniorpartner gibt, der seinen Übervater nach wie vor siezt, sich von ihm in patriarchalisch-russischer Manier aber duzen lässt. Und schon mal in aller Öffentlichkeit brüskiert wird – etwa beim Antrittsbesuch von Angela Merkel, als Putin selbst ankündigte, was für eine Außenpolitik sein Protegé führen werde und ihn in Abwesenheit de facto zum Falken erklärte.[91] Das Verhältnis der beiden erinnert an eine Fahrstundensituation: Medwedew sitzt zwar am Steuer, lenkt auch fleißig und darf aufs Gas drücken, doch Putin sitzt daneben, mit eigenem Gashebel und eigener Bremse und dem Recht, jederzeit ins Lenkrad greifen zu können, wenn er es für nötig hält. Das große Rätsel bleibt, ob hinten auf dem Rücksitz noch ein »Prüfer« sitzt, der entscheidet, ob der Eleve weiterfahren darf, oder die Prüfung vorzeitig beendet und ihn aus dem Wagen wirft. Einiges spricht dafür, dass dort hinten die »Silowiki« – die Geheim- und Sicherheitsdienste, jene mächtigen Organe, die unter Putin in weite Teile des Staatsapparates vorgedrungen sind – das Sagen haben, und dass denen der Fahrschüler Medwedew überhaupt nicht gefällt. Schließlich haben sie ihn nur zähneknirschend und unter der Auflage ans Steuer gelassen, dass Fahrlehrer Putin ein Auge auf ihn und beide Füße an seinen Zweit-Pedalen hat, wenn er schon das Auto nicht selbst weiter lenkt, oder nicht lenken darf, weil sein Führerschein abgelaufen ist und die Führerscheinaufsicht – der Westen – geradezu spießig streng ist. Fast regt sich angesichts solch einer Konstellation Mitgefühl mit Medwedew.

Laut Verfassung ist zwar alles umgekehrt. Der Präsident kann den Premierminister ohne jede Begründung jederzeit entlassen, heißt es da. Doch de facto würde Medwedew dazu zunächst jede wirkliche Machtgrundlage fehlen. Zumindest, solange er die Geheimdienste nicht kontrolliert und die Medien, solange die Elite noch auf Putin fixiert ist und mit seiner Rückkehr rechnet. Angesichts dieser realen Machtverhältnisse löst es bei vielen Russen verwundertes bis erheitertes Kopfschütteln aus, mit welcher Hingabe zuweilen westliche Beobachter die Verfassungsparagraphen studieren und aus ihnen Rückschlüsse auf die Machtverteilung ableiten – als gelte es, einen westlichen Verfassungsstaat zu analysieren. Auf dem Papier ist der Präsident der Oberkommandierende der Streitkräfte, ihm unterstehen die »Silowiki«. Das Staatsoberhaupt befehligt laut Verfassung alle Ministerien und Organe, die mit Fragen der Verteidigung, der Sicherheit, Ausnahmesituationen und der Niederschlagung von Aufständen zu tun haben.[92] Wladimir Putin hat all das gerne und ausgiebig genutzt. Doch je näher sein Auszug aus dem Kreml rückt, umso mehr ändert sich seine Lesart der Verfassung. Die gebe auch dem Premierminister bedeutende Vollmachten, stellte Putin vor der Rochade klar. Er, der seine Premierminister als bessere Laufburschen behandelte, sprach plötzlich eine ganz andere Sprache: »Die oberste exekutive Macht im Land liegt bei der Regierung der Russischen Föderation, an deren Spitze der Vorsitzende der Regierung sitzt.«[93]

In acht Jahren an der Macht hat Putin gezeigt, dass, ganz in sowjetischer Tradition, zwischen der Verfassung und der politischen Wirklichkeit nur da eine Verbindung besteht, wo er dies für nützlich hält – und im Zweifelsfall seine eigene Interpretation des Regelwerks mehr gilt als dessen Buchstaben und das willfährige Verfassungsgericht zusammen. Das russische Grundgesetz, das etwa die Menschenrechte und alle wesentlichen demokratischen Grundprinzipien festschreibt, ist längst ausgehöhlt, frei nach Stalin, der gekalauert haben soll, die Verfassung werde »nicht für das eigene Volk, sondern für die Neger in Amerika« geschrieben, damit die glauben, in der Sowjetunion herrsche Demokratie .

Doch Medwedew wird nicht nur Putin selbst verpflichtet sein. Er wird einen braven Sachwalter von »Putins Politbüro« abgeben, jenem Kreis von Vertrauten, die hinter den Kulissen das betreiben, was in der Öffentlichkeit längst einem Schauspiel gewichen ist: Politik. Der erwähnte Jurij Kowaltschuk, informeller Anführer des erwähnten »Datschen-Clans« und Chef der Russland-Bank, ist einer der wichtigen und loyalsten dieser Vertrauten. Der oberste Drogenfahnder und »Silowiki-2«-Anführer Tscherkessow gehört ebenso dazu wie sein »Stellvertreter«, der Leiter der Präsidentenwache Viktor Solotow, Innenminister Raschid Nurgalijew genau wie der Oligarch Roman Abramowitsch als Vertreter des Jelzin-Clans, sowie, momentan etwas in der Opposition, Igor Setschin, Chef des »Silowiki-1-Clans« und FSB-Chef Nikolaj Patruschew. Etwas weniger Gewicht haben Wladimir Jakunin, ebenfalls Mitglied des »Datschen-Clans« und oberster Eisenbahner im Land, der mächtige Chef von Rostechnologia, Sergej Tschemesow, sowie, mangels Hausmacht eher mit beratender Stimme, Vize-Premier Sergej Iwanow. Im »erweiterten Kollegium« oder »Zentralkomitee«, dessen Einfluss geringer ist, kommen Vertreter weiterer einflussreicher Clans mit ihren Verbündeten aus der Wirtschaft hinzu; insgesamt soll es rund 15 kremlnahe Clans mit »Zugang« zu Putin geben. Erst allmählich dürften Vertraute Medwedews nachrücken, wie Alischer Usmanow, milliardenschwerer und eng mit Gasprom verquickter Multiunternehmer, der als Mäzen sehr aktiv ist, aber unter anderem aufgrund einer Verurteilung zu acht Jahren Gefängnisstrafe wegen Erpressung im Jahr 1980 immer wieder eine sehr schlechte Presse hat. Und dass, obwohl er 2000 von Usbekistans oberstem Gericht rehabilitiert wurde und sich erfolgreich vor Gericht gegen böse Unterstellungen wehrt, mit der Mafia verbunden zu sein.

Einerseits brauchen die Männer im »Politbüro« Putin als Garanten für ihre Geschäfte und ihre Sicherheit sowie als obersten »Schiedsrichter« für ihre regelmäßigen Fehden. Hier besteht eine gegenseitige Abhängigkeit: Jeder der wichtigen Männer und der Clans muss für sich genommen Angst haben vor Putins Machtfülle. Und Putin wiederum hat allen Grund, sich vor allen zusammen zu fürchten. Er ist regelrecht gezwungen, die Clans gegeneinander auszuspielen und dafür zu sorgen, dass Konflikte entstehen, damit sie nicht zu gefährlich werden, keine stabilen Allianzen bilden, die sich gegen ihn wenden könnten. Die Clans ihrerseits aber brauchen solche Allianzen, um stark und damit unangreifbar zu bleiben. Man könnte von einem Gleichgewicht des Schreckens sprechen. Wichtigste Waffe ist dabei der Zugang zu kompromittierendem Material, sogenanntes »Kompromat«, über die Konkurrenten; damit kann man sich in einer modernen Abart der alten Abschreckungsdoktrin permanent gegenseitig erpressen.

Und es besteht eine Abhängigkeit der Fraktionen untereinander: zwischen den Geheimdienstlern, also »Silowiki 1« und »Silowiki 2«, den Datschen-Kumpanen aus der Kolonie »Osero«, den »Liberalen«, die weniger liberal sind als dass sie einfach nicht zum Geheimdienst gehören, dem Jelzin-Clan, den Pragmatikern. Was für Demokratien die öffentliche Meinung, Parteien und die Wähler sind, ist für Russland dieses erweiterte Politbüro der Nomenklatur: Es bestimmt de facto die Politik des Landes, ohne öffentliche Diskussion und Kontrolle, ohne formelle Verantwortung und Regeln. Hauptmotiv für sein Handeln ist nicht das Allgemeinwohl, sondern vor allem die Verteidigung des eigenen Besitzes um jeden Preis, mit Zähnen und Klauen. Sehr viel spricht dafür, dass viele dieser Akteure enorme

Gelder aus staatlichen Kassen abzweigen und die Verquickung von Staatsamt und Geldbeutel ungeheure Ausmaße angenommen hat. Hinter verschlossenen Türen finden dabei offenbar Kämpfe statt, deren Brutalität und Gnadenlosigkeit allenfalls zu erahnen ist – etwa wenn wie geschildert der FSB einen General festnehmen lässt oder der Vize-Finanzminister in Haft gerät. Oder wenn in den Zeitungen schockierendes »Kompromat« über hohe Beamte zu lesen ist, bis hin zum angeblichen Milliardenvermögen Putins: »Rufmord« ist eine der beliebtesten Waffen im Kampf um Geld und Macht. Putin war für diesen illustren Kreis der Garant für innere Stabilität. Man könnte sagen, er musste dafür sorgen, dass die Bevölkerung sich trotz immer größerer Gegensätze ruhig verhält und nicht sonderlich nachdenkt über die enorme soziale Ungerechtigkeit, die etwa dazu geführt hat, dass zwar die Börsenkurse unter Putin um das 22-fache stiegen, die Löhne und Gehälter aber nur um das 2,5-fache, so dass die Kluft zwischen und Arm und Reich immer größer wird.

In vielem ist die Nomenklatur aber auch Opfer des eigenen Systems, das sie zwar einerseits auf zweifelhafte Weise reich und teilweise mächtig gemacht hat, ihnen andererseits aber weder Sicherheit noch ein wirklich ruhiges, luxuriöses Leben garantieren kann. Das aber bietet der Westen. Und genau deshalb standen die Clans immer mehr vor einem Problem: Dank seiner anti-westlichen Haltung, die bei ihm selbst durchaus innerer Überzeugung entspricht, konnte Putin zwar im Inland eine Atmosphäre der »belagerten Festung« schaffen und so den Rückhalt für das System sichern. Doch der Kollateralschaden wurde immer größer und überschritt die Toleranzgrenze, denn dummerweise wurde die antiwestliche Rhetorik von ihren Adressaten zusehends für bare Münze genommen. Der Westen nahm also die autoritären Entwicklungen und rabiaten Geschäftspraktiken in Russland genauer unter die Lupe – und ging auf Distanz. Da mussten bei den Betroffenen die Alarmglocken klingeln, wie bei einer Horde von reichen Zechern, denen die einzige noble

Hotelbar im Umkreis von zig Kilometern Hausverbot androht, weil ihr Anführer immer in der Lobby pöbelt. Die Angst vor Ungemach im eigenen Land wie etwa vor Massenprotesten war dank Putins straffer Führung geringer als die Angst um das Ansehen, das – beträchtliche – Eigentum und den Rückzugsraum im Westen. Und das selbst bei den »Silowiki«, die wie geschildert mehrheitlich auch zum Einkaufsbummel lieber nach London fliegen als nach Vietnam und zum Wochenendtrip statt nach China bevorzugt nach Sardinien. Bei aller Antipathie gegen den Zivil-Juristen aus Petersburg: Bis auf einige unverbesserliche Falken mussten auch die meisten Geheimdienstler einsehen, dass Medwedew unter allen potentiellen Putin-Nachfolgern derjenige war, der die besten Chancen für ein Tauwetter mit dem Westen bot – kombiniert mit der Perspektive, kein zweiter Gorbatschow zu werden und stets kontrollierbar zu sein. Um das zu gewährleisten, musste der frühere »Garant der Verfassung«, wie sich Putin gerne nannte, gleichsam als »Garant der Besitzverhältnisse« mit am Ruder bleiben – nicht gerade ein Beleg für die im westlichen Ausland so oft gelobte Stabilität.

In den höheren Sphären der Macht ist man sich somit im Klaren: Medwedew ist die liberale Galionsfigur für den Westen, während hinter den Kulissen, im Inland, Putin weiter für die aggressiven Töne und die Feindbilder zuständig ist. In weniger wichtigen Bereichen, so beispielsweise bei seinen Nationalprojekten, könnte Medwedew die Vollmacht für eigenständige Entscheidungen bekommen. Allerdings nur unter der Bedingung, mit dem »Politbüro« in allen existentiellen Fragen – also vor allem, wenn es um Personen, Ämter, Einfluss und den autoritären Aufbau des Staates geht – streng Rücksprache zu halten. Nach und nach wird Putin vielleicht auch viele seiner momentanen, inoffiziellen Aufgaben als Schiedsrichter und oberste Instanz im Kampf zwischen den Clans an Medwedew übertragen – wenn dieser an seiner Rolle wächst, denn zum Zeitpunkt seines Amtsantritts fehlte ihm dafür eindeutig die Statur und Autorität. Sehr viel spricht daher dafür, dass das letzte Wort weiterhin Putin selbst behält, jedenfalls insoweit, als er es bisher überhaupt hatte. Denn oft genug kam auch er gegen die mächtigen Clans nicht an: Statt Akzente zu setzen und Projekte, die ihm am Herzen lagen, auf den Weg zu bringen, galt es für ihn, seine Kräfte auf den Machterhalt und das politische Überleben zu konzentrieren.

Für eine solche interne Rollenverteilung spricht der Umstand, dass sich der »Silowiki-1-Clan« nach dem anfänglichen erbitterten Widerstand gegen Medwedew seit Anfang 2008 erstaunlich ruhig verhält. Die Sabotageakte bis hin zu einer Destabilisierung der Lage, die viele Beobachter den »Silowiki 1« im Vorfeld der Wahlen im März 2008 zugetraut haben, blieben aus. Dass Putin sie an die Kandare genommen hat, ist angesichts der realen Machverhältnisse eher die unwahrscheinlichere Variante. Denn sollten sich die »Silowiki 1« wirklich an die Wand gedrängt fühlen, könnten sie für erhebliche Unruhe sorgen. Viel mehr spricht denn auch dafür, dass es hinter verschlossenen Türen starke Zugeständnisse an die mächtigen Geheimdienstler gegeben hat. Und sie vor allem, es klang bereits an, über ausreichend Druckmittel verfügen, um Putin und Medwedew von Angriffen abzuhalten. So stark die Antipathie zwischen Medwedew und den »Silowiki 1« ist: Sie sind doch Teil eines Systems und einer Macht-Clique, die es bisher verstand, im entscheidenden Moment das Interesse am Machterhalt über die inneren Querelen zu stellen.

Um Medwedew brav auf Linie zu halten und nicht auf dumme Gedanken kommen zu lassen, geizen die Geheimdienstler hinter verschlossenen Türen allerdings nicht mit Drohgebärden: Sie feuern Warnschüsse ab, in erster Linie in Form vom Rufmord-Attacken. So bringen einige Blätter Medwedew vor der Wahl mit dem mutmaßlichen Mafia-Paten Semjon Mogilewitsch in Verbindung. Der von der US-Bundespolizei FBI als eine der meistgesuchten Personen geführte glatzköpfige Mann mit Schiebermütze und Lederjacke residierte offenbar jahrelang unbehelligt im Moskauer Hotel »Ukraine«. Ausgerechnet wenige Wochen vor der Wahl wird er Ende Januar 2008 festgenommen. Die lächerlich erscheinende Begründung: Beihilfe zum Steuerbetrug. US-Experten mutmaßen, bei dem Arrest habe Mogilewitschs angebliche Verwicklung in die Geschäfte der Firma Rosukrenergo eine Rolle gespielt, die jahrelang den Erdgashandel zwischen Russland und der Ukraine abgewickelt hat. Kritiker sehen in solchem Zwischenhandel nur einen Sinn: das Abzweigen staatlicher Gelder in private Kassen. Die ukrainische Ministerpräsidentin Julia Timoschenko hatte dem Unternehmen mehrfach Korruption und Betrug vorgeworfen; nach Angaben eines früheren Kiewer Geheimdienstchefs kontrolliert Mogilewitsch über Mittelsmänner Rosukrenergo. Offiziell gehört das Unternehmen zu 50 Prozent Gasprom, die andere Hälfte der Eigentümer wird von der österreichischen Raiffeisenbank vertreten. Im Management der dubiosen Firma sitzt als Vertreter der Gasprom-Bank ein Vertrauter Medwedews aus Sankt Petersburg: Konstantin Tschuitschenko.[94] Der kremlkritische Radiosender »Echo Moskaus« vermutet nun, Medwedew hätte mit der Festnahme Mogilewitschs Spuren verwischen wollen. Zum genau entgegengesetzten Schluss kommt die Oppositionszeitung »Nowaja gaseta«, was zeigt, wie undurchsichtig die politische Landschaft in Moskau selbst für ihre besten Kenner ist. »Die Verhaftung war ein Signal an Medwedew, nicht zu vergessen, wem Putin und er die Herrschaft verdanken«, schreibt das Blatt. Die österreichische Zeitschrift »Profil« argwöhnt denn auch, es könne »keine kaltblütige Lüge, sondern eher ein Hilfeschrei« gewesen sein, als Medwedew vor dem Wirtschaftsforum in Krasnojarsk ausrief: »Die Korruption ist ein Hauptproblem dieser Regierung.« Wie auch immer – dass der Skandal so kurz vor der Wahl hochkocht und Medwedews Name ins Spiel kommt, ist wohl kaum ein Zufall.

Noch heftigere Attacken fährt der bereits mehrfach erwähnte Politologe Stanislaw Belkowskij, dem bekanntlich enge Verbindungen zum »Silowiki-1-Clan« nachgesagt werden: Er brachte kurz vor der Wahl die absurd klingende These auf, Medwedews

Bündnisgenossen aus dem Umfeld des alten Jelzin-Clans, allen voran Ex-Präsidialamtschef Alexander Woloschin und der Oligarch und Besitzer des Fußballvereins Chelsea, Roman Abramowitsch, stünden hinter den Morden an der kritischen Journalistin Anna Politkowskaja in Moskau und dem FSB-Überläufer Alexander Litwinenko in London. Ihm zufolge waren die Verbrechen Teil eines Planes mit der Bezeichnung »Das geringere Übel«, mit dem der Jelzin-Clan Medwedew als Nachfolger Putins durchsetzen wollte. Das Projekt sei 2005 entstanden, als sich wichtige Schlüsselfiguren Gedanken darüber machten, wie es mit Russland nach dem Ende von Putins zweiter Amtszeit weitergehen solle. Sie kamen zu dem Schluss, dass die für sie vorteilhaften Seiten des Putin'schen Systems zu bewahren seien, aber die rhetorische Konfrontation mit dem Westen eingestellt werden müsse – diese sei in Wirklichkeit ohnehin nur ein Geplänkel fürs Publikum ohne echte Substanz gewesen. Dazu habe man ein Schreckgespenst, das es in Wirklichkeit überhaupt nicht gebe, aufgebaut: »Medwedew war der ideale Träger dieser Doktrin des ›geringeren Übels‹«, behauptet Belkowskij, angeblich habe man ihn als »die positive Alternative zu den ach so blutrünstigen Silowiki« gehandelt, »die es zwar in Wirklichkeit gar nicht gibt, aber die noch lange in der Mythologie der Völker der früheren Sowjetunion und der ganzen Welt existieren werden«.[95] Belkowskij, eine der umstrittensten, aber doch oft sehr gut informierten Figuren in Russlands politischer Landschaft, will hier offenbar zwei Fliegen mit einer Klappe schlagen, mit dem Ziel, einerseits Medwedews Ruf zu schaden, andererseits die »Silowiki« aus der Angriffslinie zu nehmen. So absurd seine Behauptung ist, Medwedews Hintermänner seien in die Morde an Politkowskaja und Litwinenko verstrickt – für sie gibt es nicht die Spur eines Beweises –, so wenig abwegig ist der zweite Teil seiner Theorie: dass Medwedew gezielt als »geringeres Übel« aufgebaut wurde und dabei Unterstützung durch den alten Jelzin-Clan fand.[96]

Dass Medwedew ein Liberaler sei, ist nach Ansicht Belkowskijs ein Mythos: »Er ist ein absoluter Gesinnungsgenosse Putins. Und die Hoffung auf ein ›Tauwetter‹, die jetzt aktiv kultiviert wird, ist völlig unbegründet.« Im Gegenteil. In seiner ersten Amtszeit werde Medwedew die letzten Reste einer echten Opposition vernichten und den Druck auf alle noch unabhängigen Medien verstärken, inklusive Internet. Anders als Putin, der die virtuelle Welt noch für nicht sonderlich bedeutend hielt, beginne Medwedew jeden Arbeitstag mit dem Surfen nach Nachrichten über sich selbst im Netz. »Und er will möglichst wenig Schlechtes über sich lesen«, so Belkowskij. »Das führt unausweichlich zu einer Zensur im Internet, erste Schritte in dieser Richtung gibt es bereits.«[97]

Auch die Elitenforscherin Kryschtanowskaja ist skeptisch und warnt vor einem großen Missverständnis: Medwedew sei äußerlich ein typischer Vertreter der »Intelligenzija«, höflich, gebildet, belesen, ein wenig unsicher und nachdenklich, so ganz und gar nicht frech, aggressiv, wie viele andere Politiker, sondern umgänglich und tolerant. Aus diesen angenehmen Umgangsformen werde voreilig der Schluss gezogen, er sei ein Liberaler.[98]

Dabei kommt es auf Medwedews politische Ansichten nur zweitrangig an, wenn er, wie in diesem Szenario beschrieben, ein treuer Erfüllungsgehilfe von Putin und dessen »Politbüro« bleibt. Ebenso zweitrangig ist es, welche äußere Fassade das »System Putin« letztendlich wählt: Ob der Namensgeber als Premierminister im Amt bleibt, ob er auf den Präsidentensessel zurückkehrt oder nach dem Deng-Xiaoping-Modell zum »nationalen Führer« wird, ohne formales Amt oder mit einem neu geschaffenen Posten wie etwa dem Leiter des Stabilitätsfonds oder eines neuen Energiegiganten nach einem Zusammenschluss von Gasprom und Rosneft. Selbst wenn Putin sich offiziell ins Privatleben zurückziehen sollte, würde der scheidende Präsident in diesem Szenario weiter eine entscheidende Rolle spielen; an den Grundzügen des von ihm geschaffenen Systems würde sich nichts ändern.

Szenario 2: »Das Restrisiko«

»Wir wollten nur das Beste, aber es ging schief wie immer.« Dieser legendäre Spruch Viktor Tschernomyrdins, einst Boris Jelzins Premierminister und heute Putins Botschafter in Kiew, ist im Russischen längst zum geflügelten Wort geworden. Tschernomyrdins Aussage würden sich wohl viele mächtige Russen zu eigen machen, die im Verlauf des 20. Jahrhunderts ganz nah am Hebel der Macht saßen und einen vermeintlich schwachen Mitstreiter formell zum mächtigsten Mann machten, im Glauben, sie könnten ihn kontrollieren.

Lew Kamenew und Grigorij Sinowjew beispielsweise bildeten nach 1917 im Zentralkomitee der Bolschewiken ein Triumvirat mit einem Georgier, der innerhalb der Parteispitze eher als Außenseiter mit begrenztem Einfluss und Intellekt galt: Josif Wissarionowitsch Dschugaschwili, besser bekannt als Stalin. 1922 halfen sie ihrem Freund, Generalsekretär zu werden; der Georgier, der Russisch nur mit markantem Akzent sprach, galt als einfach strukturiert und manipulierbar. Die Troika gab zunehmend den Ton an in Staat und Partei, Sinowjew profilierte sich als Redner, Kamenjew leitete die wichtigen Sitzungen, beide konnten sich als die eigentlichen Herrscher fühlen. Stalin überließen sie die eher trockene Arbeit mit dem Apparat – die ihm in Wirklichkeit allerdings enorme Macht bescherte, weil er über die Besetzung der wichtigen Ämter und einflussreichen Posten bestimmen und so loyale Weggefährten in Position bringen konnte. 1926 zerschlug Stalin das Triumvirat, 1934 ließ er Kamenjew und Sinowjew festnehmen und zwei Jahre später zum Tod durch Erschießen verurteilen. Noch in der Haft schrieb Sinowjew erschütternde Bittbriefe an Stalin, in denen er um Gnade flehte – vergebens: Das Urteil an beiden wurde unerbittlich vollstreckt.

Nach Stalins Tod am 5. März 1953 einigten sich die einflussreichsten Genossen auf eine kollektive Führung, die wichtigsten Ämter wurden getrennt. Georgij Malenkow wurde Regierungschef, Stalins Henker Lawrentij Berija sein Stellvertreter. Nikita Chruschtschow war einer von drei ZK-Sekretären; wie einst Stalin wurde er für ungebildet, simpel und beeinflussbar gehalten. Ein kapitaler Irrtum: Bei einer gemeinsamen Versammlung von Ministerrat und Parteipräsidium marschierten im Juni 1953 auf Betreiben Chruschtschows der legendäre Weltkriegsheld Marschall Schukow und andere Generäle auf und nahmen Berija fest; im Dezember wurde er erschossen. Bereits im September hatte die Führungsriege Chruschtschow als ihr vermeintlich schwächstes Mitglied zum Ersten Sekretär gewählt, Malenkow blieb Ministerpräsident. Drei Jahre später war Chruschtschow unangefochtener Herrscher der Sowjetunion – bis ihn 1964 die Verschwörergruppe um Michail Suslow, Anastas Mikojan, Leonid Breschnew, Alexej Kossygin und KGB-Chef Semitschastnyj stürzte. Die »Putschisten« teilten sich die Macht, Kossygin wurde Ministerpräsident, Mikojan als Vorsitzender des Obersten Sowjets faktisch Staatspräsident, den einflussreichsten Posten erhielt erneut der vermeintlich Schwächste: Leonid Breschnew wurde Erster Sekretär. Wenige Jahre später hatte Breschnew alle seine Mitstreiter an die Wand gespielt und wurde unangefochtener Herrscher.

Wenn sich so viele vermeintlich schwache und steuerbare Apparatschiks im Kreml in kürzester Zeit zu den wahren Herrschern wandeln, dann kann das kaum daran liegen, dass sie alle ähnliche Charaktere und Persönlichkeitsstrukturen besaßen. Natürlich brachten Stalin, Chruschtschow und Breschnew als ausgebuffte Funktionäre, die es in jahrzehntelangem Kampf aus eigener Kraft innerhalb der Partei nach oben geschafft hatten, beim Amtsantritt im Kreml ganz andere Voraussetzungen mit als Dmitrij Medwedew, der seinen gesamten Aufstieg im Karriere-Windschatten Wladimir Putins vollführte und selbst dabei zu keinem Zeitpunkt den Prozess der natürlichen politischen Auslese durchlaufen musste.

Dennoch werden auch auf Medwedew sofort nach dem Einzug in den Kreml ganz neue Kräfte und Einflüsse wirken. Da ist zum einen die Aura des Amtes, des »Zarenthrons«, von den Historikern viel beschrieben. Schon nach seiner Ausrufung zum Thronfolger im Dezember 2007 war zu spüren, wie er beinahe von Woche zu Woche an Selbstsicherheit gewann, wie seine Stimme fester und sein Blick entschiedener wurden. »Er blickt auf alle herab, ist arrogant, im direkten Gespräch überhaupt nicht so nett, wie er im Fernsehen wirkt«, berichtet ein bekannter Moskauer Politiker, der zwar nicht ausdrücklich darum bat, nicht genannt zu werden, aber zu seinem eigenen Schutz wohl doch besser anonym bleiben sollte.

Ein Land wie Russland könne nur mit Hilfe einer »starken Macht des Präsidenten« geführt werden, sagt Medwedew im Februar 2008, knapp zwei Wochen vor der Wahl, in einem Interview mit der zum Gasprom-Konzern gehörenden Zeitschrift »Itogi«, das als Wahlkampfwerbung bezahlt war. »Und zwar unabhängig davon, wer dieses Amt im Kreml zum jeweiligen Moment innehat. Wenn sich Russland in eine parlamentarische Republik verwandelt, wird es verschwinden. Das ist meine persönliche, tiefe Überzeugung.« Das Land sei immer von einer starken Macht-Vertikale zusammengehalten worden, immer eine Präsidialrepublik gewesen, und dazu gebe es keine Alternative – anders als streng könne man es nicht regieren.[99] Auf die Nachfrage, wo das Zentrum der Macht liegen werde, wenn im Kreml ein Präsident und im Weißen Haus, dem Sitz der Regierung an der Moskwa, ein »Nationaler Führer«, also Putin sitze, antwortete Medwedew: »Mir scheint, Sie hören mir nicht aufmerksam zu. Es wird keine zwei, drei oder fünf Zentren geben. Russland regiert der Präsident, und davon gibt es nach der Verfassung nur einen. Bitte beachten Sie, dass ich hier nicht von einer konkreten Person spreche, sondern über das höchste Amt im Staate.« Da es sich bei diesen Interview-Aussagen um Wahlkampf-Werbung handelt, ist ausgeschlossen, dass sich Medwedew hier im Eifer des Gefechts zu einer unüberlegten Aussage hinreißen ließ – die hätte er vor der Veröffentlichung einfach streichen können. Andererseits ist kaum wahrscheinlich, dass er seinen Gönner Putin noch vor der Amtsübergabe ohne dessen Zustimmung derart herausfordern könnte. Vieles spricht deshalb dafür, dass es sich um eine gezielte, mit Putin abgesprochene Strategie mit dem Ziel handelt zu vermeiden, dass Medwedew allzu offensichtlich als Marionette dasteht. Und doch wäre diese Interpretation zu kurz gegriffen: Auch wenn solche Aussagen Medwedews Teil eines abgekarteten Spiels sein sollten – er ist klug genug, um zu verstehen, dass sie mehr sind, zumindest mehr sein könnten. Und er kann auf den Geschmack kommen. Warum sollte er das, was er jetzt aufgrund einer Absprache öffentlich kundtut, nicht verwirklichen? Mehr noch: Wie würde er dastehen, wenn er solche Ankündigungen danach nicht wahrmacht?

Sehr viel spricht dafür, dass hier psychologische Automatismen in Kraft treten, die Putin einerseits kaum erahnen kann, andererseits aber selbst bestens kennen muss. Denn auch er selbst war ja einst als Prinzregent angetreten, auserkoren als braver Sachwalter der Interessen des Jelzin-Clans. Den hat er zwar nie verraten, zumindest nicht, was dessen Vermögen und die Straffreiheit seiner Mitglieder angeht. Politisch hat er sich in vielen Bereichen emanzipiert. Die Regierungszeit seines Vorgängers Jelzin gilt heute als abschreckendes Beispiel, als Epoche des Chaos und der Wirren. Und keiner erinnert mehr daran, dass Putin dabei in führender Funktion mitwirkte, zuletzt als Geheimdienstchef. Wenn sich Medwedew daran ein Beispiel nimmt, könnten die acht Putin-Jahre bald als Epoche des Rückfalls zu sowjetischen Traditionen und autoritären Methoden, als Zeit der verpassten Chancen und der Stagnation gelten. Medwedew könnte sich dabei durchaus ein Beispiel an seinem Ziehvater nehmen – und dabei seinen Vorgänger persönlich nicht haftbar machen. Bei aller lautstarken Kritik an der Jelzin-Zeit hat Putin Jelzin selbst sogar postum nie attackiert; er hat sogar ein feierliches Staatsbegräbnis mit höchsten Ehren erlaubt, wenn auch nicht ohne subtile Ohrfeige auf diesem letzten Weg: Ausgerechnet Jelzin, der die Sowjethymne verachtete und abschaffte, ja sogar bei ihrer faktischen Wiedereinführung durch Putin verhalten Kritik übte, ausgerechnet der Sarg dieses Boris Nikolajewitsch Jelzin also wurde vor den Augen von Millionen Fernsehzuschauern unter den Klängen der ihm tief verhassten Hymne ins Grab hinabgelassen. Zu Lebzeiten des greisen Ex-Präsidenten hatte Putin nach Angaben eines Jelzin-Vertrauten lediglich mit diskretem Druck auf die Familie und unter Hinweis auf deren Reichtümer dafür gesorgt, dass Jelzin den Mund nicht aufmacht und die autoritären Tendenzen seines Nachfolgers nicht kritisiert. Für Medwedew wäre es ein Leichtes, Putin etwa in eine ehrenhafte Verbannung nach Sardinien zu schicken, in die Nachbarschaft seines Freundes Silvio Berlusconi, zumal Putin dort unbestätigten Zeitungsberichten zufolge sogar eine Villa besitzen soll.

Anfällig für Ambitionen könnte Medwedew gerade seine augenfällige Schwäche machen. Dass er ganz offensichtlich und vor den Augen der ganzen Welt nicht aus eigener Kraft, sondern sozusagen mit Putin als Krückstock in den Kreml einmarschiert ist, dürfte einen Stachel im Fleisch des Juristen hinterlassen, der ohnehin ja zu etwas überhöhtem Ehrgeiz neigt. Irgendwo tief oder weniger tief in Medwedews Psyche muss das Verlangen schlummern, allen zu zeigen, dass er mehr ist als nur ein Hampelmann Putins. Und wenn dieses Verlangen nicht von selbst erwacht, können es andere wecken.

Denn selbst wenn er der Aura des Kremls und den eigenen Ambitionen standhaft widerstehen möchte und sich vornimmt, in Nibelungentreue zu seinem Vorgänger zu stehen, wird er auf enormen Widerstand stoßen: Die Apparatschiks in der Kreml-verwaltung sind die mächtigsten Beamten in ganz Russland, ihr Einfluss übersteigt in vielen Bereichen den der Regierung. Sollte sich das Machtzentrum wirklich aus dem Kreml und damit auch dem Präsidialamt am Alten Platz in Moskau ins Weiße Haus an der Moskwa verlagern, wäre das für die Männer im Präsidialamt eine enorme Einbuße, die sie wohl kaum kampf-los hinnehmen würden. Es ist vielmehr anzunehmen, dass sie alle ihre zahlreichen langen Hebel in Bewegung setzen würden, um Medwedew dazu zu bringen, Kompetenzen an sich und damit auch an sie zu reißen. Um dieses Ziel zu erreichen, würden sie wohl auch versuchen, Streit zwischen Putin und Medwedew zu schüren – und mit etwas Einfallsreichtum, Nutzung der Geheimdienste und ihres Abhörapparats dürfte ihnen da sicher einiges einfallen. Der Phantasie sind hier keine Grenzen gesetzt: Eine flapsig dahin gesagte Bemerkung Putins in der Mittagspause oder zu Hause am Esstisch, dass Medwedew, der »Bär«, ja doch nach seiner Pfeife tanzen müsse – auf Tonband abgespielt im Amtszimmer des Präsidenten könnte sie durchaus Wirkung zeigen. Ebenso wie ein diskretes Anstacheln von Medwedews großem Ehrgeiz: Ständige Hinweise aus verschiedenen Richtungen, auch an Swetlana Medwedewa, er sei der Klügere, der Bessere, der Nützlichere für das Land, weswegen er nicht um seiner selbst, nein, um Russlands willen endlich die Zügel an sich reißen müsse – und dergleichen mehr. Der »Hof« im Kreml besteht nicht aus folgsamen Untergebenen, in vielem ist der Präsident abhängig von seiner Entourage. Sie bestimmt maßgeblich, wen er trifft und wen nicht, was er liest, was er sieht und was nicht. Sie kann sein Vertrauen monopolisieren, auf diese Weise andere Kräfte eliminieren und damit eine gewaltige Macht über ihn gewinnen – so geschehen bei Jelzin und Putin. Die Zahl der Manipulationsmöglichkeiten scheint unendlich, zumal in einem Land wie Russland, mit seiner jahrhundertealten und bis heute ungebrochenen Tradition von Hofintrigen, ein enormes Wissen und sehr viele Fachleute auf diesem Gebiet vorhanden sind.

Aber auch die Einflüsterer außerhalb der Kremlmauern werden nicht schlafen. Der Einsatz mag hoch sein, aber auch der Gewinn: Demjenigen, oder besser gesagt dem Clan, dem es gelingt, Medwedews Vertrauen zu erlangen und ihn zu überzeugen, sich zu emanzipieren, winkt anschließend die Meistbegünstigungsklausel. Es ist davon auszugehen, dass einflussreiche Männer bereits bei Medwedew Schlange stehen – und sich mit der Zeit bei ihren Ratschlägen wohl immer weniger vorsichtig in Richtung Putin umdrehen werden.

Dabei wird Medwedew wegen seiner vermeintlichen Schüchternheit und Unscheinbarkeit oft stark unterschätzt. »Medwedew ist sehr intelligent und leistet sich noch keine eigene Meinung. Dadurch wirkt er unentschlossen und formbar. Genauso wie am Anfang Wladimir Putin«, glaubt Alexander Margolis, einst Kollege Medwedews als Berater von Bürgermeister Sobtschak. Er attestiert dem neuen Präsidenten »Nachdenklichkeit, Zielstrebigkeit, Hartnäckigkeit – und das alles hinter einer netten und flexibel wirkenden Fassade.« [100]

Der »Junge in kurzen Hosen«, wie Spötter in Moskau Medwedew nennen, hat in acht Jahren in höchsten Ämtern enorme Erfahrungen im harten Moskauer Machtkampf gesammelt: Als Vize-Premier, Gasprom-Chefkontrolleur und Präsidialamtschef hat der Zierfisch-Liebhaber und begeisterte Schwimmer bewiesen, dass er sich auch im Haifischbecken durchaus durchsetzen kann. Natürlich hatte er dabei stets Putin im Rücken – doch das alleine war sicher nicht immer eine Erfolgsgarantie. So hat er beispielsweise regelmäßig Juristenfreunde aus Petersburger Uni-Zeiten in wichtige Machtpositionen befördert. 2004 konnte er gegen den Willen sämtlicher Richter seinen Kommilitonen Anton Iwanow als Präsident des Obersten Schiedsgerichts durchboxen, das für Konflikte zwischen Firmen zuständig ist.[101] In Moskau ist bereits von der »Jura-Connection« die Rede. Sie besteht aus rund 50 meist jungen Männern und Frauen, die Mehrzahl von ihnen noch auf Warteplätzen auf dem Weg nach oben, Kommilitonen, Gasprom-Kollegen, ehemalige Untergebene aus dem Präsidialamt und Freunde aus der Regierung.[102] Hier könnte sich ein eigener Clan entwickeln, von Medwedew genauso gefördert wie die »Silowiki« und die Datschler unter Putin.

Dass sich Medwedew auf die eine oder andere Weise emanzipieren wird – oder es zwar versucht, den Machtkampf aber verliert, das legt auch ein Blick in die Geschichtsbücher nahe. Eine

»Doppelherrschaft«, wie die Russen das Nebeneinander von zwei Herrschern nennen, das im Westen auch als Gewaltenteilung bekannt ist, hat in der Geschichte des Landes mit seinen immer noch leicht byzantinisch, wenn nicht sogar tataren-mongolisch geprägten Herrschaftstraditionen noch nie funktioniert. Der Wunsch nach einem allmächtigen Herrscher stecke ihnen in den Genen, glauben sehr viele Russen. Ob sich der dabei an Recht und Gesetz hielt, schien für die Mehrzahl seiner Untertanen eher zweitrangig zu sein. So wird Stalin bis heute von vielen verehrt, oft auch von Russen, deren engste Verwandte im Gulag umkamen. Weniger scheint die Mehrheit der Russen ihren Führern hingegen Schwäche zu verzeihen – sowohl Michail Gorbatschow als auch Boris Jelzin stehen ganz oben auf der Liste der meistgehassten Landsleute: Gorbatschow wird angekreidet, er habe die Sowjetunion zerstört und vor dem Westen kapituliert, Jelzin das Land in Chaos und Niedergang geführt, seine Bekannten und Vertrauten unendlich reich und die breite Masse arm gemacht. [103]

Putin und Medwedew als »doppeltes Lottchen« an der Staatsspitze passen also kein bisschen in die jahrhundertealten Machttraditionen.[104] Von einer »Doppelherrschaft« spricht Moskaus politische Klasse in einem Tonfall, als handle es sich um eine Geschlechtskrankheit. Selbst die beiden Köpfe des Adlers im russischen Staatswappen schauten in zwei entgegengesetzte Richtungen, begründen Skeptiker ihre Zweifel ironisch. Doch sie haben auch ernsthaftere Argumente aufzubieten. Das letzte Mal funktionierte eine »Doppelspitze«, wenn auch nur eine vermeintliche, im 17. Jahrhundert. Damals saß der erste Romanow-Zar Michail I. auf dem Thron, in Wahrheit aber regierte sein Vater, der Patriarch Filaret. Es war die Periode nach der Zeit der Wirren, das Volk sehnte sich nach Stabilität. Aktuellere Beispiele gibt es nicht.[105] Die Rivalität zwischen Gorbatschow und Jelzin verhinderte 1991 eine geordnete Auflösung der Sowjetunion. Als sich das Parlament 1993 gegen die Reformpolitik wehrte und sich zur Gegenmacht ausrief, ließ Jelzin die Abgeordneten, die ihn Jahre zuvor zu ihrem Vorsitzenden gewählt hatten, im Weißen Haus an der Moskwa mit Panzern beschießen. Als ihm Viktor Tschernomyrdin als Ministerpräsident zu mächtig wurde und gar Gerüchte aufkamen, er könnte Jelzin ablösen, entließ ihn »Zar Boris« umgehend. Russlands Apparatschiks sind es nicht gewöhnt, mehreren Herren zu dienen: Sie sind weniger selbstständiges Entscheiden als Gehorsam gewohnt, und der erfordert ein klares Subjekt für die Unterordnung. Ein Lavieren zwischen verschiedenen Machtgruppen, wie es die deutschen Spitzenbeamten zum politischen Überleben beherrschen müssen, haben die russischen Machtfunktionäre nie gelernt. Und auch die Bürger wünschen sich das Idealbild vom guten Zaren im fernen Moskau, um die alltäglichen Gemeinheiten seiner Beamten in Form von Willkür, Bakschisch und dergleichen ertragen zu können. Denn die Illusion, es gebe eine letzte Instanz der Gerechtigkeit und Rechtschaffenheit, die von dem Treiben der Untergebenen nichts wisse und irgendwann Abhilfe schaffen werde, ist wohl für viele Menschen nötig, um angesichts der eigenen Rechtlosigkeit nicht ganz den Glauben an die Menschheit insgesamt und Russland im Besonderen zu verlieren. Demokratie und Gewaltenteilung halten die meisten Russen dagegen nach der Erfahrung der Jelzin-Zeit für westliche Propaganda und ein Zeichen von Schwäche, ganz nach der Devise: Wenn es schon einem allmächtigen Herrscher nicht gelingt, für Recht und Ordnung zu sorgen – um wie viel schlechter würde das gelingen, wenn sich mehrere Personen die Macht teilen?

Ob Putin seinen Nimbus als »guter Zar« auf Dauer auch im Sessel des Premierministers behalten kann, ist mehr als fraglich. In Russland hat es seit Boris Jelzin Tradition, dass der Präsident für die Erfolge und sein Ministerpräsident für die Misserfolge zuständig und im Zweifelsfall der Prügelknabe ist. Putin selbst hat dieses System vervollkommnet. Wer künftig die Fehlschläge und Probleme im Land auf seine Kappe nehmen soll und kann, bleibt bislang offen. Ebenso wie unklar ist, wie Putin, dem nach acht Jahren Personenkult Eitelkeit nicht fremd ist, mit der Rolle als formale Nummer zwei zurechtkommt. Wie er darauf reagiert, wenn die »Rosinen« wie Staatsbesuche, G8-Gipfel und Erfolgsmeldungen künftig bei einem anderen im Terminkalender stehen – er dagegen marode Betriebe vor dem Bankrott und Kolchosen vor der Flut retten soll, de facto also vom Hausherrn zum Hausmeister wird. Und als solcher auch noch für alle Schäden an dem schlecht renovierten Haus verantwortlich ist. Wie lange wird Putin dieses Spiel mitspielen, ohne die Rollen zu vertauschen oder in eine andere Position zu wechseln? Schon der Umzug setzt Putin sicher zu: Im Weißen Haus, seinem Arbeitsplatz als Premierminister, müssen Baubrigaden den fünften Stock für den neuen Hausherrn erst auf Präsidial-Niveau bringen. Zum Zeitpunkt von Medwedews Einzug in den luxusrenovierten, prächtigen Kreml findet Putin im Weißen Haus eine Baustelle vor; die Renovierung, so sagt man ihm, werde noch Monate dauern.[106] Grund für Neid und Streit besteht also auch abseits politischer Fragen.

Über kurz oder lang, so glauben die Anhänger des »Emanzipierungs-Szenarios«, werde sich in dem Petersburger Tandem die Machtfrage stellen. Oder es drohe Ungemach, wie der Blick in die Vergangenheit zeige. Ein Duo aus einem schwachen Staatschef und starken Premier gab es in der russischen Geschichte nur einmal, und es endete in einer doppelten Katastrophe: Anfang des 20. Jahrhunderts wollte unter Nikolaj II. der Reformer Pjotr Stolypin das rückständige Agrarland mit seiner »Alleinherrschaft« der Zaren zu einem modernen europäischen Staat machen. Stolypin wurde 1911 ermordet, der Zar musste 1917 unter dem Druck der Februarrevolution abdanken.[107]

Ausblick oder »Der kleinste gemeinsame Nenner«

»Es gibt Rituale im Leben, die haben etwas Langweiliges und Unangenehmes an sich, sind aber unvermeidlich. Rasieren ist so ein Ritual – für Männer, und Wahlen – für autoritäre Regime.« So beschreibt der Oppositionspolitiker Wladimir Ryschkow Putins Dilemma mit der »Operation Nachfolge«: Ebenso wie Husni Mubarak in Ägypten, Muammar al-Gaddafi in Libyen oder Robert Mugabe in Simbabwe stehe er vor der unschönen, aber unvermeidlichen Aufgabe, seiner Herrschaft nach außen hin den Anschein von Legitimität zu geben. Was unter der Bezeichnung »Wahlen« am 2. März in Russland stattgefunden habe, sei aber in Wirklichkeit der letzte Schritt in einer seit Langem andauernden Aktion zur Vernichtung von freien und fairen Wahlen gewesen.[1] Ryschkows Diagnose ist schonungslos. Doch sie nennt beim Namen, was so manche im Westen unkritisch als »Russlands besonderen Weg zur Demokratie« verharmlosen.

Doch wäre es ebenso naiv, den autoritären Charakter des »Systems Putin« abzustreiten, wie es falsch wäre, anzunehmen, es gründe sich allein auf Unterdrückung und Manipulation. Die Wurzeln für Russlands Rückkehr zum autoritären Staat und antiwestlichen Ressentiments liegen viel tiefer als in der Persönlichkeit Putins. In vielem hat nicht er das Bewusstsein der Menschen in Russland geprägt, sondern haben umgekehrt diese die Politik des Präsidenten bestimmt. Nach dem Zusammenbruch des Kommunismus hatte das Land vom Ende der achtziger bis Anfang der neunziger Jahre eine einmalige historische Chance: Die Menschen setzten große Hoffnungen in das westliche Lebensmodell, in Demokratie, Freiheit und Marktwirtschaft. Es ist eine der großen Katastrophen des zerfallenden Riesenreiches, dass diese Chance nicht nur verpasst wurde, sondern sich zu einem Bumerang entwickelt hat. Eine korrupte, zynische Führungsschicht nutzte den demokratischen Umbruch, um die gewaltigen Reichtümer des flächengrößten Landes der Erde in ihren Besitz zu bringen. Nach Ansicht der scharfsinnigen, mittlerweile verstorbenen Wirtschaftswissenschaftlerin Larissa Pijaschewa war die gesamte Privatisierung, wenn nicht sogar schon die gesamte Perestroika ein groß angelegtes Projekt, mit dem die sowjetische Nomenklatur, von Betriebsdirektoren über Kolchosvorsitzende bis hin zu Parteifunktionären, im Schulterschluss mit den Reformern das Staatseigentum in ihren Besitz bringen wollte: Denn sie hatten zwar das Sagen im Land, doch angesichts der allgemeinen Armut und Misswirtschaft reichte ihr Lebensstandard in vielem kaum an den der Mittelklasse im Westen heran. Die Hoffnungen der Menschen, ihr Glaube an Demokratie, Gerechtigkeit und einen funktionierenden Rechtsstaat nutzte die alte sowjetische Elite quasi als Steigbügel für schamlose Bereicherung – bis sie das alles nicht mehr brauchte, ja, es sogar hinderlich wurde.

Boris Jelzin, im Westen bis heute als Demokrat angesehen, wurde de facto spätestens in seiner zweiten Amtszeit zum Totengräber der russischen Demokratie. Nachdem sein Clan ungeheure Reichtümer angehäuft hatte, gerieten schon die Wahlen im Jahr 1996 für Jelzin und seine Getreuen zur Überlebensprobe: Sie instrumentalisierten die Medien und setzten erstmals in großem Umfang jene erläuterten zwielichtigen Manöver ein, die von den Mächtigen euphemistisch »Polittechnologien« genannt werden und heute das politische Leben im Land fast zur Gänze bestimmen. Der schier grenzenlose Zynismus und die meisten negativen Herrschaftsprinzipien wie Propaganda, Imitation und Manipulation, die heute unter Putin enorme Ausmaße erreicht haben, sind damals zum gängigen Mittel in der Politik geworden: als eigens eingeflogene US-Wahlkampf-

Manager den Russen in einer beispiellosen Schmutzkampagne konsequent – und letztlich erfolgreich – eintrichterten, ein möglicher Sieg des kommunistischen Gegenkandidaten Sjuganow würde automatisch einen Bürgerkrieg und eine wirtschaftliche Katastrophe nach sich ziehen.

Das Erbe, das der korrupte Jelzin-Clan hinterließ, war katastrophal: Zum dritten Mal innerhalb eines Jahrhunderts verloren die Menschen ihren Glauben an das herrschende Gesellschaftsmodell. Nach der Oktoberrevolution waren die alten Werte des zaristischen Russlands auf den Kopf gestellt worden, nach der Perestroika die kommunistischen Ideale – und jetzt waren es die Hoffnungen auf einen demokratischen Rechtsstaat. Dieser dreimalige Bruch dürfte ganz wesentlich dazu beigetragen haben, dass eine große Mehrheit der Menschen im Land heute apolitisch ist und den Glauben an einen gerechten Staat für eine Chimäre hält. Russische Soziologen wie Lew Gudkow und Leonid Sedow sprechen sogar von einer tendenziell »amoralischen Gesellschaft«: Die ständige Unterdrückung, der permanente Bruch von Recht und Gesetz, die zynische Prinzipienlosigkeit der Führungsschicht habe den Menschen gar keine andere Wahl gelassen, als die Existenz von objektiven moralischen Werten generell abzustreiten. Man könnte provokant fast von einem »Stockholm-Syndrom eines Millionenvolkes« sprechen, in der Psychologie ein Fachbegriff dafür, dass sich Geiseln nach einer gewissen Zeit mit ihren Geiselnehmern solidarisieren, eine Art Schutzfunktion der Psyche, mit der sie Unterdrückung und Ausgeliefertsein erträglich macht. Nach all den schmerzlichen Erfahrungen, die zudem über mehrere Generationen überliefert wurden, findet die Mehrzahl der Russen offenbar Trost in der Überzeugung, in anderen Ländern gehe es der Masse der Menschen auch nicht besser und folglich seien Werte wie Demokratie, Rechtsstaatlichkeit, ja mitunter selbst Menschenrechte nichts anderes als Augenwischerei. Für Ausländer, gerade für Journalisten ist es immer wieder erstaunlich und zugleich beklemmend, mit welcher Gelassenheit und resignierter Demut viele Menschen in Russland die alltägliche Willkür und die Erniedrigungen seitens der Staatsgewalt hinnehmen, und wie sich deshalb ihr Zorn zuweilen weniger gegen die Schikanen der Apparatschiks richtet als gegen Ausländer, die auf genau diese Missstände aufmerksam machen.

Der Mangel an Urvertrauen in jegliche staatliche Ordnung wird durch die tiefe Sehnsucht nach einem starken Staat, vor allem nach einem starken Staatsoberhaupt kompensiert. Um an das Gefühl der eigenen Ohnmacht nicht dauernd erinnert zu werden, wächst so immer stärker der Wunsch, dass wenigstens das eigene Land mächtig ist und von anderen geachtet, wenn nicht gefürchtet wird.

Dieser Blick in die Untiefen der viel beschworenen, ebenso rätselhaften wie faszinierenden »russischen Seele« ist notwendig, um die realen Wurzeln des Systems Putin zu verstehen und eine Vorhersage über seine Zukunft zu wagen. Die so häufig zu konstatierende Verdrängung der Wirklichkeit, die Schönfärberei durch Propaganda, die ständigen Provokationen gegenüber dem Ausland scheinen einem massenhaften kollektiven Bedürfnis zu entspringen, nicht ständig in den Nachrichten an die Probleme erinnert zu werden, sondern lieber die Illusion aufrechtzuerhalten, Teil eines mächtigen, großen Ganzen zu sein. Es kann als sicher gelten, dass Putins Berater das Erscheinungsbild und das Auftreten ihres Dienstherrn auf diese Erwartungen der Mehrheit zugeschnitten haben – was keine schwierige Aufgabe ist, da sich Putins Persönlichkeit auch ohne aufwändige Imagekampagnen weitgehend mit diesen Erwartungen deckt.

Ganz anders Medwedew: Dem biederen, intellektuellen Spross einer Professorenfamilie dürfte es schwer fallen, auf Dauer den kraftstrotzenden starken Mann zu spielen, den sich die Russen wünschen. Womit wir bei einer Kernfrage angelangt wären: War dieses Handicap Medwedews ein Manko, das Putin und sein »Politbüro« notgedrungen in Kauf genommen haben – oder einer der Gründe dafür, dass ausgerechnet er auserwählt wurde? Anzunehmen ist Letzteres. Medwedew war offenbar der kleinste gemeinsame Nenner in einer Gleichung mit vielen Unbekannten: Auf der einen Seite Putins Bedingung, einen absolut treuen und damit eher schwachen Nachfolger zu installieren. Auf der anderen Seite die Clans, deren Anforderungsprofil weitaus vielschichtiger war. Zum einen wollten sie Putin als bewährten obersten Schiedsrichter und Schlichter nicht verlieren, zum anderen brauchten sie einen kontrollierbaren Nachfolger, mit dem sie alle mehr oder weniger leben können, und der ihnen ihren Einfluss und vor allem ihr Vermögen sichert.

Boris Jelzin oder genauer gesagt sein Clan hatte bei der Suche nach einem Nachfolger 1999 folgendes Anforderungsprofil: Der Wunschkandidat durfte seine Steigbügelhalter später nicht verraten, musste ihre Pfründe langfristig sichern und einen Pakt mit den Geheimdienstlern eingehen, weil Jelzins maroder Herrschaftsapparat ohne diese nicht mehr in der Lage war, einen Machtwechsel zugunsten der Opposition zu vermeiden. Die bei der Privatisierung zu kurz gekommenen Ex-KGBler forderten im Gegenzug offenbar Einfluss und ihren Anteil an den gigantischen Reichtümern Russlands. Putin ist die Personifizierung dieses Deals. Mit Medwedew bewegt sich das Pendel wieder zurück: Die Geheimdienstler wurden der Mehrheit der Clans zu mächtig, ihr Kurs war ihnen zu stramm, zu stark auf Konfrontation mit dem Westen gerichtet – und so soll Medwedew nun für einen Ausgleich sorgen und die Außenfassade des Systems für den Westen aufpolieren. Die Geheimdienstler ließen sich zähneknirschend auf diesen Kompromiss ein, weil auch sie, allen patriotischen Tönen zum Trotz, ihre geschäftlichen Interessen sichern müssen. Selbst Falken wie der »Silowiki-1-Anführer« Igor Setschin, Putins Bürovorsteher, hat als Aufsichtsratschef von Rosneft ein vitales Interesse daran, dass seinem Konzern die Tür für Geschäfte mit dem Westen offensteht.

Einerseits trifft damit zwar die verbreitete These zu, dass die Wahl Medwedews unter allen Optionen die für den Westen optimale ist, weil sie zeigt, dass die herrschenden Clans die angespannten Beziehungen mit Washington und der EU verbessern wollen. Die Moskauer Opposition streut gar das gewagte Gerücht, der Westen sei Medwedews Königsmacher gewesen: Washington und seine Verbündeten hätten gedroht, die Auslandskonten hochgestellter Russen unter die Lupe zu nehmen, wenn vom Stabwechsel im Kreml kein versöhnliches Signal ausgehe. Einige Kreml-Kritiker gehen noch weiter und behaupten, Putin sei als Gegenleistung für seinen Rückzug Vermögen und Straffreiheit in und außerhalb Russlands zugesichert worden. Hier ist bei seinen Gegnern offenbar der Wunsch Vater des Gedankens, auch wenn das Geschehen hinter den Kremlmauern, wie die Wirklichkeit vielfach gezeigt hat, zuweilen selbst die absurdesten Prognosen übertroffen hat.

Als sicher darf einzig und allein gelten, dass Putin und sein Politbüro noch nicht alle ihre Karten auf den Tisch gelegt haben und für Überraschungen nach wie vor gut sind: Der renommierte Russlandexperte Heinrich Vogel vergleicht die Operation Nachfolge mit einem Hütchenspiel – was aber, wenn man von der Inszenierung als Wahl einmal absieht, vom Wesen her durchaus in der Tradition so gut wie aller Machtwechsel im Lande steht: Die einfachen Menschen durften noch nie mitbestimmen und wussten auch nie, was sie wirklich bekommen.[2] Welche Züge Putins Rochade aus dem Kreml ins Weiße Haus folgen werden, wie genau die Rollenverteilung im Tandem Putin-Medwedew aussehen und welches der möglichen Szenarien eintreten wird, lässt sich angesichts dieser Umstände nicht seriös voraussagen. Abzusehen sind lediglich gewisse Grundzüge, Tendenzen und Wahrscheinlichkeiten. Dass Dmitrij Medwedew gemäß Szenario 1 als schwacher Präsident eine Fußnote in der Geschichte Russlands bleiben wird, ist weitaus wahrscheinlicher, als dass er sich, wie in Szenario 2 geschildert, mit den Jahren als ausgebuffter Machttaktiker erweist, alle Zweifler überrascht und Russland seinen Stempel aufdrückt. Doch auch das würde noch nicht zwangsweise den Beginn einer »Medwestroika« bedeuten, wie Spötter in Anspielung auf Gorbatschows

Perestroika einen möglichen neuen Reformkurs nennen. Wenn es Medwedew gelingt, das Machtgefüge in seine Richtung zu verschieben, so kann er doch nicht von heute auf morgen die autoritären Fundamente der Macht ändern. Mit einer wirklichen Demokratisierung abseits von Fassadenkosmetik würde Medwedew auf enormen Widerstand der Nomenklatur stoßen und die hart und riskant erkämpfte Macht wieder gefährden.

Insofern sollten sich Politiker und Beobachter im Westen hüten, allzu große Reformen von Medwedew zu erwarten. Selbst wenn er wollte, könnte er sich zumindest zu Anfang seiner Amtszeit allenfalls mit winzigen Schritten Richtung Demokratie und Rechtsstaat bewegen. Vor lauter Sorge um das labile Gleichgewicht der Clans wagte schon Putin in seiner zweiten Amtszeit kaum noch einen Trippelschritt – obwohl er seine Autorität vor allem auch auf seine Beliebtheit bei den Menschen stützen kann. Ganz anders Medwedew: Er hängt im Kreml quasi in der Luft; seine Wählerstimmen hat er sich nur von seinem Übervater geliehen.

Größere Änderungen sind in nächster Zeit also wohl nur in zwei Fällen möglich: Da ist zum einen die Möglichkeit einer plötzlichen »Implosion« des Putin'schen Systems, bei der aufgrund innerer Verwerfungen alles in sich zusammenbricht; das ist zwar nicht ausgeschlossen, aber auch nicht sehr wahrscheinlich. Schon eher schicksalhaft könnte die Entwicklung der Wirtschaft sein. Und die ist labiler, als es den Anschein hat; eine Krise droht. So hat die Regierung zwar seit dem Jahr 2000 die Auslandsschulden von 128 auf 35 Milliarden Dollar gesenkt. Doch in der Zwischenzeit haben die 40 größten russischen Unternehmen, von denen rund 30 mehr oder weniger Staatsunternehmen sind, im Ausland Kredite in Höhe von 440 Milliarden Dollar aufgenommen. 46 Milliarden davon sind allein bis zum Sommer 2008 fällig; allein das von »Silowiki-1«-Chef Setschin kontrollierte Staatsunternehmen Rosneft muss 5,5 Milliarden zahlen.[3]

Das »System Putin« beruht im Wesentlichen auf einer stillschweigenden Übereinkunft: Die Menschen akzeptieren den autoritären Kurs und verzichten auf politische Mitbestimmung, und im Gegenzug beschert ihnen die Regierung wirtschaftliche Stabilität und Aufschwung. Es ist weniger die Frage, ob dieser gesellschaftliche Burgfrieden ins Wanken geraten wird, als vielmehr, wann dies geschieht. Weitere Zeitbomben, die auf Medwedew warten, sind die wachsende soziale Ungleichheit und mögliche Probleme mit der inneren Sicherheit. Sobald es aber zur unvermeidlichen Krise kommt, werden die heute durch Einkommenszuwächse übertünchten Fehler der Putin'schen Herrschaftsmethoden fatale Auswirkungen haben: Ohne funktionierende Institutionen, ohne Mechanismen für einen lebendigen Interessenausgleich ist das ganze System nicht anpassungsfähig und droht deshalb aus den Fugen zu geraten. Putins Versuch der Modernisierung mit autoritären Methoden ist eine Sackgasse, wie die renommierte Politologin Lilia Schewzowa anhand dreier Paradoxa brillant darlegt: Je mehr die Elite auf Zentralisierung setzt, um Stabilität zu erreichen, umso mehr untergräbt sie diese. Indem sie aus dem Wunsch nach völliger Sicherheit den Pluralismus ausschaltete und so für klare Verhältnisse sorgen wollte, hat sie ebendiese Verhältnisse undurchsichtig und die Zukunft unvorhersehbar gemacht. Mit der Verhinderung jedes politischen Wettbewerbs und der Ablehnung eines Wandels machten Putin und seine Weggefährten eine langsame, evolutionäre Entwicklung immer weniger wahrscheinlich und erhöhten damit die Gefahr eines gewaltsamen Umsturzes. »Das System ist ausschließlich auf die Selbsterhaltung ausgerichtet«, so Schewzowa. Mit ihrem »paranoiden Bedürfnis nach Sicherheit« für sich und ihre Vermögen habe die Elite eine Situation geschaffen, in der Russland unsicherer und instabiler ist als je zuvor. Vielleicht könne erst das Scheitern des Versuchs, die Modernisierung mit autoritären Methoden voranzutreiben, die Gesellschaft davon überzeugen, dass »die Idee eines erfolgreichen Zarismus im 21. Jahrhundert« ein Widerspruch in sich ist, so Schewzowas Prognose, die Medwedew nichts Gutes verheißt.[4]

Die entscheidende Frage wird sein, ob sich bis zu diesem Moment der Krise bereits eine liberale, demokratische Alternative herausgebildet hat. Wenn nicht, dann drohen die starken radikalen, nationalistischen Kräfte, die das heutige System mit seinem antiwestlichen, oft chauvinistischen Kurs und seinem Hurra-Patriotismus gefördert hat, die Gunst der Stunde zu nutzen. Hier liegt eine Crux von Putins Politik, die für Medwedew als Gefangenen des Systems ein schweres Erbe bedeutet: Während er einerseits die demokratischen Kräfte völlig mundtot machte, förderte der Kreml nationalistische und fremdenfeindliche Tendenzen nach Kräften. Er spielte mit dem rechtsradikalen Feuer und aktivierte politisches Gift aus dem Urschlamm des 20. Jahrhunderts.[5] All das offenbar mit dem fatalen taktischen Ziel, angesichts einer solchen rechten Bedrohung selbst vor allem im Westen als das geringere Übel dazustehen und für die autoritären Machenschaften Absolution erteilt zu bekommen. Es ist nicht auszuschließen, dass dieses Feuer außer Kontrolle gerät.

Der Brandschutz liegt nicht zuletzt auch in den Händen der Politiker des Westens. Sie müssen zwei Dinge begreifen: Dass sie sich zum einen mit ihrer Strategie der »Kritik hinter verschlossenen Türen« der Logik des Putin'schen Systems beugen, denn einzig und allein klare und deutliche Worte in der Öffentlichkeit zeigen in Russland Wirkung. Medwedews Einzug in den Kreml bietet hier die Chance für einen langsamen Wechsel hin zum offeneren Dialog. Zum anderen ist die Moskauer Elite genauso existentiell auf eine enge Zusammenarbeit mit dem Westen angewiesen wie dieser auf die Energielieferungen aus Russland. Statt wie das Kaninchen auf die Schlange zu schauen, müssen die westlichen Staatsmänner als gleichberechtigte, selbstbewusste Gesprächspartner auftreten – gerade jetzt, wo Medwedew zumindest in seinem Verständnis von Außenpolitik noch bis zu einem gewissen Grad formbar ist. Sie müssen das unter Putin im Kreml und damit auch bei Medwedew nicht ganz zu Unrecht entstandene Gefühl beseitigen, im Westen seien die Entscheidungsträger genauso zynisch und korrupt wie in Russland, und im Zweifelsfall sei bei ihnen für jegliche Missetat ein Ablassbrief zu erkaufen.

»Russland ist mit dem Verstand nicht zu begreifen und mit gewöhnlichen Maßen nicht zu messen«, schrieb der große Dichter Fjodor Tjutschew im 19. Jahrhundert. So sehr seine Worte bis heute zutreffen, so oft werden sie missbraucht – als Entschuldigung und Freibrief, von den Verantwortlichen im Westen ebenso wie von der Moskauer Propaganda. Bei allen unbestreitbaren Besonderheiten Russlands: Ein unmissverständliches und lautes Bekenntnis zu westlichen Werten wie Menschenrechten, Rechtsstaat und Demokratie sind wir nicht nur den Russen schuldig – es liegt auch in unserem ureigensten Interesse. Denn wer seine Prinzipien zu kurzsichtig dem schnellen Euro opfert, wird dafür längerfristig einen sehr hohen Preis zahlen müssen.

Danksagung

Mein besonderer Dank gilt meinem Lehrer und Freund Dr. Eberhard Riegele, für seine unzähligen geistreichen Anregungen, mit denen er dieses Buch von Anfang an begleitete und wesentlich prägte.

Sehr verbunden für ihre unermüdliche und sehr kompetente Hilfe bin ich Irina Charitonowa, die mir als Assistentin seit acht Jahren ein unersetzbarer und hell strahlender Fels in der Brandung des russischen Alltags ist.

Ein herzliches Dankeschön geht an Prof. Dr. Eberhard Schneider, einen der großen Russland-Kenner, für seine tatkräftige Unterstützung.

Hilfreich zur Seite standen mir meine Kollegen Margot Zeslawski, Wolfgang Donauer und Dmitrij Popow. Zu großem Dank verpflichtet bin ich meinen exzellenten Lektoren Silvie Horch und Cornelia Kruse sowie Thomas Montasser und dem Menschenrechtsbeauftragten der Bundesregierung, Günter Nooke, der mir stets in eindrucksvoller Weise den Rücken stärkt.

Sehr wichtig für das Buch war der Gedankenaustausch mit Lilia Schewzowa, Leonid Sedow, Garri Kasparow, Andrej Illarionow, Grigorij Jawlinski, Irina Chakamada, Thomas Schmidt, Dr. Rainer Lindner, Prof. Dr. Heinrich Vogel und vielen anderen, deren Erwähnung wegen möglicher negativer Folgen für sie weniger ein Dank als ein Bärendienst wäre.

Für ihr lebhaftes Interesse an Russland und das, was man in Moskau »moralische Unterstützung« nennt, danke ich Ruprecht Polenz, Claudia Roth, Sabine Leutheusser-Schnarrenberger,

Otto Graf Lambsdorff, Martina Weyrauch, Volker Beck, Arnold Vaaz, Erika Steinbach, Jürgen Roth, Gernot Erler, Otto von Habsburg, Daniel Cohn-Bendit, Harald Leibrecht und Ali Mahdjoubi.

Besonderer Dank gebührt auch den Journalistenkollegen, vor allem denen in Moskau, deren Artikel eine enorme Hilfe waren, und deren Solidarität und journalistisches Ethos ich sehr schätze.

Unmöglich gewesen wäre dieses Buch ohne Helmut Markwort, Ulrich Schmidla und Hanspeter Oschwald, die 1999 den Mut hatten, mich als damals noch ungewöhnlich jungen Korrespondenten nach Moskau zu schicken und mich seither unterstützen und fördern.

Boris Reitschuster, im März 2008

Homepage des Autors

Außergewöhnliches, Alltägliches und Analytisches aus Russland ist regelmäßig im Internet nachzulesen auf der Homepage des Autors: www.reitschuster.de

Das Angebot reicht von Kommentaren über aktuelle politische Ereignisse und Reaktionen auf das vorliegende Buch bis hin zu russischen Alltagsgeschichten und Episoden aus dem Kampf gegen die Moskauer Bürokratur.

Anmerkungen

Vorwort

1 www.dradio.de/dkultur/sendungen/politischesbuch/355480/
2 http://newsru.com/world/01mar2008/mo.html sowie http:// newsru.com/russia/29feb2008/morar_contunie.html
3 www.kp.ru/daily/24007/83681

Teil 1: Operation Nachfolge

1 http://grani.ru/Politics/Russia/Election/m.131079.html
2 Ebd.
3 www.tagesspiegel.de/politik/international/russland/ Russland-Wladimir-Putin;art1186,2437034
4 NZZ Online, 28.11.2007, www.go-ahead.or.at/index.php? id=firstpagenews&category=742157459701778704&request edUrl=935800
5 http://gzt.ru/incident/2007/10/03/133309.html
6 www.kommersant.ru/doc.aspx?DocsID=750263&print=true sowie http://2005.novayagazeta.ru/nomer/2005/36n/n36n-s00.shtml
7 www.newsru.com/russia/14jun2006/grand.html
8 Im Gespräch mit dem Autor
9 FAZ, 16.10.2007
10 http://newtimes.ru/news/2008-01-07/2008-01-07-2
11 Ebd.
12 Kommersant, 9.10.2007, www.kommersant.ru/doc.aspx?Docs ID=812840
13 Focus, 11.12.2006, »Macht der Geheimen«
14 http://grani.ru/Politics/Russia/President/p.114307.html

15 http://newtimes.ru/news/2008-01-07/2008-01-07-2

16 www.dradio.de/dkultur/sendungen/politischesbuch/355480/

17 www.newsru.com/russia/15nov2007/zaputina2.html

18 www.newsru.com/russia/15nov2007/zaputina2.html

19 www.newsru.com/russia/15nov2007/zaputina2.html

20 www.newsru.com/russia/15nov2007/zaputina2.html

21 www.rg.ru/2007/10/16/pismo.html sowie http://diepresse.com/
    home/politik/aussenpolitik/339729/index.do?_vl_backlink
    =/home/index.do

22 http://diepresse.com/home/politik/aussenpolitik/339729/in-
    dex.do?_vl_backlink=/home/index.do

23 www.newsru.com/russia/25oct2007/letters.html

24 http://diepresse.com/home/politik/aussenpolitik/339729/in-
    dex.do?_vl_backlink=/home/index.do

25 www.novayagazeta.ru/data/2008/13/00.html

26 AFP, 24.10.2007, »Kremltreue Jugendliche schießen auf Bilder
    von Oppositionellen«

27 www.newsru.com/russia/10jan2008/action.html

28 www.newsru.com/russia/23dec2007/fd.html

29 www.newsru.com/russia/13feb2008/disapp.html

30 http://newtimes.ru/news/2008-03-04/2008-03-04-10

31 www.newsru.com/russia/04mar2008/meeting.html

32 www.newsru.com/russia/15feb2008/ingushet.html sowie www.
    ingushetiya.ru/news/13587.html

33 www.rosbalt.ru/2008/02/26/459750.html

34 www.focus.de/politik/ausland/moskau_aid_229479.html so-
    wie http://grani.ru/War/Arms/Nukes/m.132528.html und http:
    //russlandonline.ru/schlagzeilen/morenews.php?iditem=42155

35 www.spiegel.de/politik/ausland/0,1518,512287,00.html

36 Ebd.

37 Radio Echo Moskaus, Kod Dostupa, 15.12.2007

38 www.rian.ru/politics/russia/20071211/91865776.html

39 Die Welt, 12.11.2007, www.welt.de/politik/article1352592/
    Warum_Putin_gar_nicht_Praesident_bleiben_will.html

Teil 2: Medwedew, der »Wesir«

1 Moskowskij Komsomolez, 21.2.2008, www.mk.ru/blogs/MK/2008/02/21/society/340016/
2 Cicero, »Jugend eines Karrieristen«, 3/2008
3 Itogi, 8/2008, »Prostye istiny«
4 The New Moscow Times Nr. 15, 21.5.2007
5 Itogi, 8/2008, »Prostye istiny«
6 Ebd.
7 Cicero, »Jugend eines Karrieristen«, 3/2008
8 Itogi, 8/2008, »Prostye istiny«
9 Ebd.
10 MR v Pitere, 19.12.2007, www.mk-piter.ru/2007/12/19/002
11 Cicero, »Jugend eines Karrieristen«, 3/2008
12 Itogi, 8/2008, »Prostye istiny«
13 Ebd.
14 Ebd.
15 Cicero, »Jugend eines Karrieristen«, 3/2008
16 Itogi, 8/2008, »Prostye istiny«
17 Ebd.
18 Cicero, »Jugend eines Karrieristen«, 3/2008
19 MK, 17.1.2008, »Serschant is Chuchojamjaki«
20 The New Moscow Times Nr. 15, 21.5.2007
21 MK, 17.1.2008, »Serschant is Chuchojamjaki«
22 www.kp.ru/daily/23628/47820
23 Cicero, »Jugend eines Karrieristen«, 3/2008
24 www.gazeta.ru/comments/2008/03/03_a_2655810.shtml
25 Itogi, 8/2008, »Prostye istiny«
26 Cicero, »Jugend eines Karrieristen«, 3/2008
27 Newsweek, 18.2.2008
28 www.kp.ru/daily/23628/47820
29 Newsweek, 18.2.2008
30 Vgl. Sobesednik 14.1.2004, sowie Wladimir Putin, »Ot pervogo liza«, S. 182, Moskau, 2000
31 Sankt Petersburger Rat der Volksdeputierten, Kleiner Rat, Beschluss vom 8.5.1992, Nr. 88
32 www.newsru.com/russia/28jan2008/lurie.html
33 Profil, 17.11.2003
34 Vgl. Sobesednik, 14.01.2004

35 Nesawissimaja gaseta, 30.11.2005
36 Bratskij lesopromyschlennij kombinat
37 The New Moscow Times Nr. 15, 21.5.2007
38 Newsweek, 18.2.2008
39 Der Spiegel, 9/2008. »Der Traum des Zarewitsch«
40 http://lenta.ru/lib/14160889/full.htm
41 Washington Profile, 21.12.2007
42 Kommersant Wlast, Nr. 7 (358) vom 22.2.2000
43 Ebd.
44 http://lenta.ru/lib/14160889/full.htm#62
45 www.russland.ru/rumed0010/morenews.php?iditem=929
46 www.welt.de/politik/article1464593/Wer_ist_der_Mann_der_
   in_Russland_herrschen_wird.html
47 www.newsru.com/russia/30jan2008/aleksanyn.html
48 www.medvedev2008.ru/program_02_15.htm
49 www.newsru.com/russia/18feb2008/nacepi.html
50 www.newsru.com/russia/30jan2008/aleksanyn.html
51 Die Welt, 16.12.2007, »Dimitri Medwedew wird Kremlherr
   von Putins Gnaden«
52 Handelsblatt online, 27.2.2008
53 www.novayagazeta.ru/data/2007/color48/03.html
54 Süddeutsche Zeitung, 28. 2.2008, Dmitrij Medwedjew: »An
   der Spitze kann es nur einen geben«
55 www.russland.ru/rupol0010/morenews.php?iditem=13105
56 Nowaja gaseta, 13.12.2007. Nr. 95/2007 (1315)
57 www.kommersant.ru/news.aspx?NewsID=101449&Nodes
   ID=0
58 Im Gespräch mit dem Autor
59 Iswestija, Beilage »Nauka«, 4.2.2006 sowie Iwan Rybkin,
   zitiert nach Moskowskie Nowosti, 4/2004
60 Nesawissimaja gaseta, 30.9.2005 sowie Wedomosti, 1.3.2005
61 The New Times, 18.2.2008, »Smena dekorazii«
62 Ebd.
63 www.guardian.co.uk/world/2008/mar/04/shortestworldleader
64 Süddeutsche Zeitung, 6.3.2008, »Kleiner Mann ganz groß«
65 Ebd.
66 www.guardian.co.uk/world/2008/mar/04/shortestworldleader
67 Financial Times Deutschland, 28.2.2008, »Putins Präsident«
68 Taz, 4.3.2008, »Kein Büro für Putin«

69 Die Welt, 4.3.2008, »Proteste gegen Medwedjews Sieg«
70 Süddeutsche Zeitung, 28.2.2008, Dmitrij Medwedjew: »An der Spitze kann es nur einen geben"
71 www.focus.de/politik/ausland/tid-9048/dmitri-medwedew_aid_262879.html
72 www.spiegel.de/politik/deutschland/0,1518,538794,00.html
73 Cicero, »Jugend eines Karrieristen«, 3/2008
74 www.novayagazeta.ru/data/2008/01/00.html
75 www.lenta.ru/news/2008/01/21/income/
76 www.novayagazeta.ru/data/2008/01/00.html
77 Itogi, 8/2008, »Prostye istiny«
78 Moskowskij Komsomolez, 21.2.2008, www.mk.ru/blogs/MK/2008/02/21/society/340016/
79 AFP, 4.3.2008, »Umfrage: Russen wissen wenig über künftigen Präsidenten Medwedew«
80 Itogi, 8/2008, »Prostye istiny«
81 Sobesednik, 20.2.2008, »Schtrichi k portretu buduschtschej pervoj ledi«
82 www.expert.ru/articles/2007/12/12/medvedica/
83 www.kp.ru/daily/24017/87863/
84 Ebd.
85 www.dnkrus.ru/issue.shtml/project/74.html
86 www.novayagazeta.ru/data/2007/58/00.html
87 zhizn.ru/article/politic/9873/
88 www.patriarchia.ru/db/text/354551.html
89 www.expert.ru/articles/2007/12/12/medvedica/
90 www.welt.de/politik/article1740468/Die_geheimnisvolle_Frau_hinter_Dmitri_Medwedjew.html
91 www.newsru.com/russia/03mar2008/svetlana.html
92 www.welt.de/politik/article1740468/Die_geheimnisvolle_Frau_hinter_Dmitri_Medwedjew.html
93 Ebd.
94 www.newsru.com/russia/03mar2008/svetlana.html
95 www.welt.de/politik/article1740468/Die_geheimnisvolle_Frau_hinter_Dmitri_Medwedjew.html

Teil III: Der Umzug

1 Die Welt, 28.1.2008, »Russland: Metamorphose im Fernsehen«
2 www.lenta.ru/news/2007/12/27/rate/
3 The Moscow Times, 22.2.2008, »Voters Pressured to Choose Medvedev«
4 www.newsru.com/russia/06mar2008/elections.html
5 RTVI, Nowosti, Rossija, 4.3.2008 sowie www.newsru.com/russia/03mar2008/kavkaz.html
6 RTVI, Nowosti, Rossija, 4.3.2008
7 www.spiegel.de/politik/ausland/0,1518,534677,00.html
8 Ebd.
9 Im Gespräch mit dem Autor
10 www.dradio.de/dlf/sendungen/europaheute/746836/
11 The New Times, 25.2.2008
12 www.dradio.de/dlf/sendungen/hintergrundpolitik/748038/
13 www.spiegel.de/politik/deutschland/0,1518,538794,00.html
14 1. Kanal, Wremja, 10.2.2008
15 www.dradio.de/dlf/sendungen/europaheute/746836/
16 1. Kanal, Wremja, 10.2.2008
17 RTVI, Nowosti, Rossija, 4.3.2008
18 dpa, 4.3.2008, »Ein Präsident zum Ausschneiden«
19 www.kremlin.ru/text/appears/2000/05/28742.shtml
20 www.kremlin.ru/text/appears/2000/01/28883.shtml
21 www.kremlin.ru/text/publications/2003/05/44678.shtml
22 www.spiegel.de/politik/ausland/0,1518,531889,00.html
23 www.kremlin.ru/appears/2007/05/16/2214_type63376typ e63381_129310.shtml
24 www.kremlin.ru/text/appears2/2001/12/19/29364.shtml
25 www.kremlin.ru/appears/2000/01/21/0000_type63374typ e63378type82634_28807.shtml
26 www.spiegel.de/politik/ausland/0,1518,538885,00.html
27 Die Welt, 28.1.2008, »Russland: Metamorphose im Fernsehen«
28 RTVI, Nowosti, Rossija, 4.3.2008
29 www.focus.de/politik/ausland/tid-9129/interview_aid_263961.html
30 Im Gespräch mit dem Autor

31 www.edinros.ru/news.html?rid=3144 , der »Putin-Plan«, der später zum Wahlkampfprogramm Medwedews erklärt wurde, vgl. http://de.rian.ru/russia/20080201/98202736.html

32 www.focus.de/politik/ausland/tid-9048/dmitri-medwe-dew_aid_262879.html

33 www.dradio.de/dkultur/sendungen/interview/750844/

34 Radio Echo Moskaus, 10.3.2008, www.echo.msk.ru/pro-grams/beseda/500536-echo/

35 Die Welt, 23.1.2008, Interview: »Ist Putin ein lupenreiner De-mokrat, Herr Erler?«

36 www.bundesregierung.de/nn_1516/Content/DE/Mitschrift/Pressekonferenzen/2007/05/2007-05-18-pk-bk-putin-sa-mara.html

37 http://debatte.welt.de/kolumnen/73/periskop/24549/russland+wer+wird+putins+nachfolger+putin

38 SüddeutscheZeitung, 18.10.2007, Heinrich Vogel: »Moskauer Sprüche«

39 www.newsru.com/russia/09mar2007/ketchum.html

40 SüddeutscheZeitung, 18.10.2007, Heinrich Vogel: »Moskauer Sprüche«

41 www.forbes.com/opinions/2008/02/26/putin-russia-today-vote-oped-cz_hb_0227putin.html

42 SüddeutscheZeitung, 18.10.2007, Heinrich Vogel: »Moskauer Sprüche«

43 Ebd.

44 Ebd.

45 RBK Daily, 28.2.2008, »Nelegkoe nasledstwo«

46 www.spiegel.de/politik/ausland/0,1518,538885,00.html

47 Financial Times Deutschland, 29.2.2008, »Die Legende um Putin beenden«

48 Ebd.

49 Ebd.

50 Im Gespräch mit dem Autor

51 Financial Times Deutschland, 29.2.2008, »Die Legende um Putin beenden«

52 Im Gespräch mit dem Autor

53 Vgl. Financial Times Deutschland, 29.2.2008, »Die Legende um Putin beenden«

54 Ebd. sowie www.gazeta.ru/2006/11/15/oa_223832.shtml

55 http://de.rian.ru/society/20080306/100795055.html
56 www.welt.de/welt_print/article1100595/Russen_erobern_all-maehlich_den_Kunstmarkt.html
57 http://hebdo.nouvelobs.com/hebdo/parution/p2260/articles/a 367586.html
58 Stern, 28.2.2008, »Der Zar und sein Zimmermann«
59 Kommersant Nr. 221(3797) vom 30.11.2007
60 www.faz.net/s/RubDDBDABB9457A437BAA85A49C26FB2 3A0/Doc~EB27ABC8457664B7590EA0E188BCCB77C~AT pl~Ecommon~Scontent.html
61 http://hebdo.nouvelobs.com/hebdo/parution/p2260/articles/a 367586.html
62 Ebd.
63 Ebd.
64 www.economist.com/finance/displaystory.cfm?story_id=1076 5120
65 http://de.rian.ru/russia/20080201/98202736.html
66 www.aktuell.ru/russland/news/putin_laesst_sich_als_spitzen-kandidat_zur_duma_aufstellen_19290print.html sowie www. edinros.ru/news.html?rid=3144
67 Neue Züricher Zeitung, 3.12.2007, »Blankoscheck für Putin«
68 www.dradio.de/dlf/sendungen/hintergrundpolitik/748038/
69 www.polit.ru/news/2007/10/03/plan_putina_mp3.html
70 www.edinros.ru/news.html?rid=3144
71 Ebd.
72 Michael Harms, Chef der Deutsch-Russischen Handelskammer, im Interview mit stern.de, 7.3.2008, www.stern.de/wirtschaft/unternehmen/maerkte/:Russland-Medwedews-Geist-Freiheit/613118.html
73 www.spiegel.de/politik/ausland/0,1518,535532,00.html
74 Itogi, 20.2.2008, »Prostye istiny«
75 www.ruvr.ru/main.php?lng=ger&q=1376&cid=108&p=09.0 2.2008
76 www.medvedev2008.ru/performance_2008_03_02.htm
77 www.dw-world.de/dw/article/0,2144,3087458,00.html sowie www.aktuell.ru/rupol0010/morenews.php?iditem=372
78 www.newsru.com/russia/08mar2008/merkel.html sowie www. taz.de/1/politik/europa/artikel/1/russland-will-schwierig-bleiben/?src=AR&cHash=4639d97e87

79 Newsweek, 18.2.2008

80 www.medvedev2008.ru/performance_2008_01_22.htm
    sowie http://www.dw-world.de/dw/article/0,2144,3087458,
    00.html

81 Newsweek, 18.2.2008

82 Handelsblatt, 28.2.2008, »Von Putins Gnaden«

83 http://de.rian.ru/analysis/20080218/99510523.html

84 www.stern.de/wirtschaft/unternehmen/maerkte/:Russland-
    Medwedews-Geist-Freiheit/613118.html

85 www.medvedev2008.ru/performance_2008_02_15.htm

86 Ebd.

87 www.sueddeutsche.de/ausland/artikel/381/156965/

88 www.welt.de/politik/article1448269/Zar_Putin_und_sein
    _perfekter_Nachfolger.html

89 Russkij Schurnal, 6.3.2008, »›Politbjuro Putina‹ prinjalo re-
    schenie ob ›ottepeli‹.

90 www.sueddeutsche.de/ausland/artikel/294/160854/

91 www.taz.de/1/politik/europa/artikel/1/russland-will-schwie-
    rig-bleiben/?src=AR&cHash=4639d97e87

92 www.sueddeutsche.de/ausland/artikel/294/160854/

93 Newsweek, 18.2.2008

94 www.news.at/articles/0809/560/198956.shtml

95 www.svobodanews.ru/Transcript/2008/02/29/20080229211
    629223.html

96 Focus, 10.3.2008, »Der schüchterne Macho«

97 www.svobodanews.ru/Transcript/2008/02/29/20080229211
    629223.html

98 Russkij Schurnal, 6.3.2008, »›Politbjuro Putina‹ prinjalo re-
    schenie ob ›ottepeli‹

99 Itogi, 8/2008, »Prostye istiny«

100 Handelsblatt, 28.2.2008, »Von Putins Gnaden«

101 www.news.at/articles/0809/560/198956.shtml

102 Russkij Schurnal, 6.3.2008, »›Politbjuro Putina‹ prinjalo re-
     schenie ob ›ottepeli‹

103 Der Spiegel, 9/2008, Christian Neef, »Gefährliches Tandem«

104 Ebd.

105 Alexej Makarkin, Vize-Direktor des Moskauer Zentrums für
     Politische Technologie, lt. www.sueddeutsche.de/ausland/
     artikel/381/156965/

106 http://debatte.welt.de/kolumnen/73/periskop/63565/wie+sic
h+medwedjew+und+putin+die+macht+aufteilen
107 Der Spiegel, 9/2008, Christian Neef, »Gefährliches Tandem«

Ausblick oder »Der kleinste gemeinsame Nenner«

1 The Moscow Times, 3.3.2008, A Dull and Boring show
2 Heinrich Vogel, Russlandanalysen, Nr. 154/2008, «Machtwechsel als Hütchenspiel«, http://www.laender-analysen.de/
russland/pdf/Russlandanalysen154.pdf
3 http://www.sueddeutsche.de/ausland/artikel/256/160816/
4 IP, Februar 2008, Lilia Schewzowa, »Der Schein trügt«
5 Heinrich Vogel, Russlandanalysen, Nr. 154/2008, »Machtwechsel als Hütchenspiel«, http://www.laender-analysen.de/
russland/pdf/Russlandanalysen154.pdf

Personenregister

Nicht aufgeführt sind Dmitrij Medwedew und Wladimir Putin